Kurt-Georg Ciesinger, Jürgen Howaldt, Rüdiger Klatt,
Ralf Kopp (Hrsg.)

**Modernes Wissensmanagement in Netzwerken**

WIRTSCHAFTSWISSENSCHAFT

Kurt-Georg Ciesinger, Jürgen Howaldt,
Rüdiger Klatt, Ralf Kopp (Hrsg.)

# Modernes Wissens-
# management in Netzwerken

Perspektiven, Trends und Szenarien

Mit einem Geleitwort von Dr. Volker Schütte

Deutscher Universitäts-Verlag

Bibliografische Information Der Deutschen Bibliothek
Die Deutsche Bibliothek verzeichnet diese Publikation in der Deutschen Nationalbibliografie;
detaillierte bibliografische Daten sind im Internet über <http://dnb.ddb.de> abrufbar.

1. Auflage Februar 2005

Alle Rechte vorbehalten
© Deutscher Universitäts-Verlag/GWV Fachverlage GmbH, Wiesbaden 2005

Lektorat: Ute Wrasmann / Anita Wilke

Der Deutsche Universitäts-Verlag ist ein Unternehmen von Springer Science+Business Media.
www.duv.de

Das Werk einschließlich aller seiner Teile ist urheberrechtlich geschützt. Jede Verwertung außerhalb der engen Grenzen des Urheberrechtsgesetzes ist ohne Zustimmung des Verlags unzulässig und strafbar. Das gilt insbesondere für Vervielfältigungen, Übersetzungen, Mikroverfilmungen und die Einspeicherung und Verarbeitung in elektronischen Systemen.

Die Wiedergabe von Gebrauchsnamen, Handelsnamen, Warenbezeichnungen usw. in diesem Werk berechtigt auch ohne besondere Kennzeichnung nicht zu der Annahme, dass solche Namen im Sinne der Warenzeichen- und Markenschutz-Gesetzgebung als frei zu betrachten wären und daher von jedermann benutzt werden dürften.

Umschlaggestaltung: Regine Zimmer, Dipl.-Designerin, Frankfurt/Main
Druck und Buchbinder: Rosch-Buch, Scheßlitz
Gedruckt auf säurefreiem und chlorfrei gebleichtem Papier
Printed in Germany

ISBN 3-8244-0767-1

# Geleitwort

Wieder einmal wurde am Landesinstitut Sozialforschungsstelle Dortmund ein großes sozialwissenschaftliches Forschungsprojekt abgeschlossen. Dortmund ist nicht nur die Hauptstadt der deutschen Arbeitsforschung. Nein, Dortmund ist auch ein Zentrum des Wissensmanagements. Der Stammvater aller Lexika, Friedrich Arnold Brockhaus, ist hier geboren worden. Und heute, wo selbst die Insignien der Bierimperien aus der Silhouette der Ruhrgebietsmetropole zu verschwinden drohen, begrüßt noch immer das Harenberg-Hochhaus die am Bahnhof Ankommenden.

Und auch das nunmehr beendete crosscomp-Projekt ist hier beheimatet. Das Forschungs- und Entwicklungsvorhaben „crosscompany knowledge management" ist im Rahmen der Bekanntmachung „Wissensintensive Dienstleistungen" des Bundesministeriums für Bildung und Forschung (BMBF) beantragt, positiv begutachtet und anschließend im Kontext des Rahmenkonzepts „Innovative Arbeitsgestaltung – Zukunft der Arbeit" gefördert worden. Es hat neue Fragen gestellt und beantwortet – aber auch weiterführenden Forschungs-, Entwicklungs- und Handlungsbedarf formuliert. Dafür danke ich im Auftrag des BMBF und für den Projektträger „Arbeitsgestaltung und Dienstleistungen" im DLR von ganzem Herzen.

Als innovativ entpuppten sich dabei mindestens drei Themenfelder von crosscomp:

- die Arbeitsform „Lernlaboratorium" und die dort zur Anwendung gebrachten Methoden;

- die Frage, wie in Unternehmen die Wissensweitergabe besser motiviert werden kann;

- und schließlich die andere, die dunkle, die Nachtseite des Wissens, deren Facetten in jedem Fall näher beleuchtet gehören.

Wissen soll handlungsfähig machen! Dennoch kann selbst das gediegenste Wissen handlungsunfähig machen. Die Ressource „Wissen" kann nämlich selbst zum Ressourcenfresser werden. Geld, Aufmerksamkeit und Lebenszeit sind begrenzte Ressourcen, aber Wissen ist es tendenziell nicht. Zu viel Wissen kann Entscheidungen blockieren und lässt Macher zu Bedenkenträgern mutieren. Wissen als Machtfaktor, in Form des Herrschaftswissens gebraucht, kann mittels des berüchtigten Zukippens des zu „Desinformierenden" lähmen, diese gezielte, aber naturgemäß getarnte Strategie als Gegenaufklärung wirken.

Die Relevanz von Wissen lässt sich auch nicht per Googlen ermitteln. Die Trefferhäufigkeit in Suchmaschinen kann nämlich inzwischen ohne Weiteres manipuliert werden. Außerdem gilt laut Dreyfus: „Wenn wir Relevanz beurteilen, müssen wir wissen, wer wir sind, was wir sind, in welcher Welt wir uns bewegen und warum wir das wollen, was wir suchen." Der Mensch innerhalb und außerhalb der Arbeitswelt hat die Ziele zu setzen, die Strategien in seinem Umgang mit dem Wissen zu entwerfen. Dafür besitzt er eine Fähigkeit, die auch der leistungsfähigste Computer nicht besitzt: die Abduktion, die Fähigkeit, wegzulassen.

Handeln unter Unsicherheit und Zeitdruck verlangt heute mehr denn je „kreative Ignoranz", die sog. Selektionskompetenz, gleichermaßen einzusetzen beim Sortieren von Müll und von Wissen und bei der Trennung von beidem. Ein kognitives Filtersystem als Humanressource. Unternehmen, deren Wissensmanagementsystem von ihren Mitarbeitern Gewinn bringend genutzt werden soll, empfiehlt sich daher, das explizite Organisationswissen so vorzustrukturieren, zu kanalisieren und zu fokussieren, dass es zur Reduktion von Wissensbeständen kommt.

> „Ist jemals eine Organisation deshalb am Überleben gescheitert, weil sie etwas Wichtiges vergessen hat? Es ist wahrscheinlicher, dass Organisationen deshalb scheitern, weil sie zu vieles zu lange im Gedächtnis behalten und fortfahren, zu oft zu viele Dinge so zu tun, wie sie sie schon immer getan haben" (Weick, zit. nach Wahren 1996[1], S. 176).

---

[1] Wahren, H.-K. E. (1996): Das lernende Unternehmen: Theorie und Praxis des organisationalen Lernens, Berlin

# Geleitwort

Neben den Strategien der Wissensabwehr haben nachgelagert also auch das Vergessen (von Gedächtnisinhalten) und das Entlernen (von Verhaltensmustern und Organisationsroutinen) zu treten. Vergessen muss dafür zunächst seinen Ruf verlieren, den es als Freuds „Fehlleistung", als erstes Anzeichen von beginnender Altersdemenz, als Trost dessen, der wie die fromme Helene Sorgen hat und damit auch Likör, in der Moderne gewonnen hat. Hilfreich könnte da die Hirnforschung sein, die nämlich jetzt herausgefunden hat, dass nur derjenige gut erinnert, der auch gut vergisst (vgl. DIE ZEIT Nr. 40/03). Die Losung der Saison muss daher lauten: „Mit dem Frühjahrsputz das Wissen von Mensch und Organisation vom Ballast befreien und damit Platz schaffen für Neues, aktuell Wichtigeres."

Und dass man bewusst vergessen kann, wusste schon Goethe: „Wo die Anteilnahme sich verliert, verliert sich auch das Gedächtnis."

Nun entwickelte Adorno nicht nur die kritisch gemeinte „Theorie der Halbbildung", sondern auch mein alter Mathelehrer predigte fortlaufend: „Halbwissen ist Nichtwissen." Ganz richtig: Um auf Wissen von vornherein oder später (nach Erwerb) verzichten zu können, bedarf es des Metawissens als Orientierung. Wissen ist bereits nötig für die Wissensaskese. Schlüsselqualifikationen können laut „Pisaforschung" ohne Faktenwissen, das absolut sitzt, gar nicht erlernt werden. Es kann also nicht um die eine oder die andere Seite des Wissens gehen, sondern immer nur um beide. So werden wir weiter getrost das nach Hause tragen, was wir schwarz auf weiß haben. Doch dann werden wir (mit Weinrich 1997[2]) auch Lethe trinken (oder wie die Substanz heute heißen mag).

Dr. Volker Schütte<br>
(Deutsches Zentrum für Luft- und Raumfahrt e. V.<br>
Projektträger des BMBF)

---

[2] Weinrich, H. (1997): Lethe. Kunst und Kritik des Vergessens, München

# Vorwort

Das Thema „Wissen" ist in aller Munde: „Wissensgesellschaft", „Wissensarbeit", „Wissensorganisation", „Wissensmanagement" etc. etikettieren auf unterschiedlichen Ebenen Wandlungsprozesse, die durch eine zunehmende Bedeutung der Ressource Wissen charakterisiert sind. Innovative Produkte, intelligente Güter und Dienstleistungen erfordern die effiziente Vernetzung und Neukombination kollektiver Wissensbestände. Die Frage nach geeigneten Konzepten und Tools zur Transformation von Wissen in Nutzen entlang der interorganisationalen und interinstitutionalen Wertschöpfungskette Wissen wird zum Dreh- und Angelpunkt wirtschaftlichen Erfolgs. Während das Management traditioneller Ressourcen (Kapital, Maschinen, Werk- und Rohstoffe) in der tayloristischen Organisationsweise perfektioniert wurde[1], steht das Management von Wissensarbeit und von Wissensarbeitern in lernenden Organisationen noch am Anfang.

Vor diesem Hintergrund erlebte Wissensmanagement in Wissenschaft und Praxis eine steile Karriere, die als Ausdruck einer zunehmenden Problematisierung von Wissensprozessen in Organisationen zu interpretieren ist, ohne dass damit bereits nachhaltige Lösungen ermöglicht werden können. Die Realität ist ernüchternd und verweist auf eine Landschaft ambitioniert begonnener Aktivitäten, die freilich die teilweise geradezu euphorischen Erwartungen nicht einlösen konnten und auf breiter Front „Wissensmanagementruinen" hinterließen.

Der vielen gescheiterten Wissensmanagementprojekten zugrunde liegende Begriff der „Ressource Wissen" erwies sich als zu eng gefasst und führte nicht zuletzt deshalb in die Sackgasse eines exzessiven Wissensmanagements, welches überwiegend kontextlose informationstechnologisch verwaltete Datenbestände mit enormen finanziellen, zeitlichen und personellen Folgekosten für Einspeisung, Suche und Pflege erzeugte.

Mit dem vorliegenden Buch wird ein Beitrag zur konzeptionellen und methodischen Fundierung eines Wissensbegriffs geleistet, welcher die spezifischen

---

[1] Durchaus auch zulasten der vielfach kritisierten Arbeitsbedingungen.

Eigenschaften der „Ressource Wissen" einschließlich ihrer „anderen Seite" (Paradoxien, Dysfunktionalitäten, Nichtwissen) ernst nimmt und zum Ausgangspunkt einer radikal veränderten Suchrichtung macht. Damit wird weder mythologisch überhöhten Versprechen vergangener Debatten gefolgt noch wird der inzwischen sich verbreitende Pessimismus zu Sinn und Bedeutung von Wissensmanagement geteilt. Vielmehr wird eine Perspektive ausgelotet, in der „Wissen" als integraler Bestandteil manageriellen Handelns (in Netzwerken) gefasst wird.

Unter diesen Vorzeichen wurde im März 2004 ein wissenschaftlicher Kongress „Perspektiven eines modernen Wissensmanagements in Netzwerken – Trends und Szenarien" in Dortmund durchgeführt. Die Tagung markierte den Schlusspunkt eines durch das BMBF geförderten Projektes „cross company knowledge management" (www.crosscomp.de) welches auf die Erforschung und Erprobung neuer Konzepte und Methoden der Wissensgenerierung in organisationsübergreifenden Netzwerken entlang der „Wertschöpfungskette Wissen" zielte. Das besondere Interesse richtete sich auf den Modus der Wissensintegration unter Perspektive der effizienten Entwicklung qualitativ hochwertiger Dienstleistungsangebote bei kleinen und mittelgroßen Dienstleistungsunternehmen im Bereich Organisationsberatung und Multimedia. In den beiden Branchen wurden zudem zwei Modellversuche zur Entwicklung und Erprobung geeigneter Konzepte, Infrastrukturen und Methoden des Wissensaustauschs in Netzwerken untersucht. Grundlage der Ergebnisse sind neben umfangreichen Literatur- und Datenbankrecherchen und eine Reihe von sog. Lernlaboratorien[2], ca. 15 Experteninterviews und 15 Fallstudien im deutschsprachigen Raum sowie 4 Fallstudien am MIT in den USA. Die Ergebnisse wurden an anderer Stelle ausführlich dokumentiert (vgl. hierzu bspw. auch den im selben Verlag erschienen Endbericht von Howaldt u. a. 2004a[3], sowie weitere Publikationen von Howaldt u. a. 2004b[4]; gaus/sfs 2004[5]) und fließen hier nur in

---

[2] Lernlaboratorien sind eine Methodenentwicklung der Sozialforschungsstelle zur dialogbasierten Integration heterogener Wissensbestände aus Wissenschaft, Praxis und Beratung.
[3] Howaldt, J./Klatt, R./Kopp, R. (2004a): Neuorientierung des Wissensmanagements – Paradoxien und Dysfunktionalitäten im Umgang mit der Ressource Wissen, Wiesbaden
[4] Howaldt, J./Klatt, R./Kopp, R. (2004b): Fallstudien zum Wissensmanagement im Bereich wissensintensiver Dienstleistungsnetzwerke aus Berater- und IT- bzw. Multimediabranche, Beiträge aus der Forschung, Bd. 143, Dortmund
[5] gaus gmbh/Sozialforschungsstelle Dortmund (Hg.) (2004): Wissensmanagement in Netzwerken. ConLearn®, CD-ROM, Dortmund

Form verdichteter Thesen ein. Die Thesen aus dem crosscomp-Projekt bilden den impulsgebenden Ausgangspunkt der drei Teile, in die der Tagungsband gegliedert ist. Die weiteren Fachbeiträge dienen der Ergänzung, Modifikation, aber durchaus auch der Kritik dieser Überlegungen. Sie beziehen sich auf Basis von Erfahrungen aus anderen Disziplinen teilweise direkt auf die crosscomp-Ergebnisse oder schließen sich thematisch an.

Im **ersten Teil „Strategien und Trends des Wissensmanagements"** wird auf eher grundlegende Tendenzen einer Neuorientierung der Wissensmanagementdebatte fokussiert. **Howaldt/Kopp** weisen in ihrem **Beitrag „Paradoxien und Dysfunktionalitäten des betrieblichen Wissensmanagements"** auf vorherrschende Missverständnisse eines exzessiven Wissensmanagements hin und kontrastieren dieses idealtypisch mit einem Konzept des „selektiven Wissensmanagements", welches die Transformation von Wissen in Nutzen, die Mobilisierung impliziten Wissens und die Erhöhung der Selektionspotenz in den Mittelpunkt stellt und ebenso der „anderen Seite" des Wissens, insbesondere dem Nichtwissen als Ressource Aufmerksamkeit schenkt.

**Ursula Schneider** betont in ihrem Beitrag **„Wie viel Wissen verträgt Handeln?"** nicht nur die Bedeutung und Notwendigkeit personengebundenen Erfahrungswissens, sondern arbeitet insbesondere die produktive Bedeutung des Nichtwissens heraus, indem sie eine Typologie der Ignoranz entwickelt.

**Uwe Wilkesmann** geht in seinem Beitrag **„Lässt sich Wissensarbeit managen?"** der Frage nach, ob Wissensarbeit überhaupt gemanagt werden kann und setzt zu diesem Zweck bereits die Auseinandersetzung mit dem bisher in der allgemeinen Debatte unzulänglich entfalteten Wissensbegriff fort, indem er zu diesem Zweck ihre betriebswirtschaftlichen, arbeitssoziologischen und systemtheoretischen Entwicklungslinien nachzeichnet. Vor diesem Hintergrund lotet er institutionelle Voraussetzungen des Managements von Wissensarbeit aus.

Der folgende Beitrag nimmt diesen Faden auf. Im Rahmen eines im Kontext des crosscomp-Projektes durchgeführten Interviews mit **Fredmud Malik** zum Thema **„Wissensmanagement oder Management von Wissensarbeitern?"** bestreitet er auf Basis eines stark subjektorientierten Wissensbegriffs die „manageability" von Wissen und reduziert Wissensarbeit auf Kopfarbeit. Er positioniert sich damit kritisch zu Auffassungen, die neben personalem auch dem organisationalen Wissen Bedeutung für die Wissensorganisation zuweisen.

Den Abschluss des ersten Teils bildet ein Blick in Zukunft. **Peter Heisig** stellt dazu die Ergebnisse einer Delphi-Studie zum Wissensmanagement vor, in der weltweit 250 WM-ExpertInnen und -PraktikerInnen hinsichtlich der drängendsten, theoretischen und praktischen Aufgaben sowie hinsichtlich der erfolgversprechendsten Lösungsansätze befragt wurden. Seine Ausführungen zu **„Stand und Zukunft des Wissensmanagements"** korrespondieren in vielerlei Hinsicht mit den Ergebnissen des crosscomp-Projektes. Organisatorische und personale (emotionale) Barrieren bilden ebenso wie kulturelle Hindernisse herausragende Problemfelder. Gegenüber informationstechnologischen Lösungen zeichnet sich dabei eine Verschiebung der Aufmerksamkeit auf Humanfaktoren und auf die organisationale Einbettung ab.

Im **zweiten Teil „Tools und Methoden"** wird danach gefragt, wie die konzeptionellen Überlegungen, Trends und Herausforderungen methodisch bewältigt werden können. Wie der im ersten Beitrag des ersten Teils skizzierte Rahmen eines selektiven Wissensmanagements methodisch unterfüttert werden kann, zeigt der Beitrag von **Ralf Kopp** über **„Methodische Konsequenzen eines selektiven Wissensmanagements"**. Dazu werden eine Bewertung der bestehenden (nicht technologiebasierten) Methodenangebote und entsprechende Systematisierungsversuche vorgenommen, um Kriterien einer „kleinen Methodik selektiven Wissensmanagements" abzuleiten. Anschließend werden beispielhaft einige der in den Modellprojekten des crosscomp-Projektes (weiter)entwickelten und erfolgreich erprobten Tools skizziert.

**Bernd Benikowski** und **Sigita Urdze** reflektieren am Beispiel des im crosscomp-Projekt entwickelten Instrumentes eines elektronisch gestützten Wissensmanagementtrainings das Thema **„eLearning – ein Konzept zur Förderung von Selbstlernkompetenz?"**. Es wird gezeigt, dass sich eLearning dann als probates Mittel zur Deckung eines gesteigerten selbstbestimmten Weiterbildungsbedarf in der Wissensgesellschaft erweist, wenn es in eine adäquate Lernarchitektur eingebettet und mit Präsenzveranstaltungen sinnvoll kombiniert wird.

**Patricia Spallek** und **Stefan Dietlein** beschreiben in ihrer „**Fallstudie: Wissensmanagement bei Arthur D. Little**" ein elaboriertes technologisches Wissensmanagementtool und verweisen auf die enormen Einsparpotenziale eines derartigen Systems in einem internationalen Netzwerk. Zugleich unterstreichen die Autoren die Bedeutung einer ganzheitlich-integrierten Herangehensweise, deren zentrale Bestimmungsmomente Inhalte, Kontexte, Prozesse und Kultur sind.

Die Beiträge des **dritten Teils** „**Wissensmanagement in Netzwerken**" fokussieren ihre Aufmerksamkeit auf die Besonderheiten von Wissensmanagement in Netzwerken. **Jürgen Howaldt, Rüdiger Klatt** und **Ralf Kopp** stellen vor dem Hintergrund dreier Netzwerktypen „**Wissensmanagement in Netzwerken als Gestaltungsaufgabe**" dar und beschreiben die Bedeutung der Pflege des organisationsübergreifenden Beziehungskapitals zur Integration heterogener und zudem weitgehend implizit gehaltener Wissensbestände.

**Marion A. Weissenberger-Eibl** vertritt in ihrem Beitrag „**Wissensmanagement in Netzwerken für Klein- und Mittelbetriebe**" auf Grundlage einer aktuellen empirischen Studie die These, dass die Nutzung von Wissensmanagement in Unternehmensnetzwerken Kosten-, Zeit-, und Qualitätsvorteile birgt, sofern – was leider noch die Ausnahme bleibt – Gestaltungsoptionen ganzheitlich (Humanressourcen, Methoden, Technologie, Organisation, Kultur) entwickelt werden. Zur Unterstützung ganzheitlicher Konzepte werden mehrere Ansatzpunkte skizziert.

**Torsten Strulik** lenkt die Aufmerksamkeit in seinem Beitrag „**Wissensarbeit im Netz**" auf die sozialen Dimensionen von intra- und interorganisationalen Wertschöpfungsnetzwerken. Sein Ziel ist es, Anregungen für die Gestaltung von Dienstleistungen zu liefern, deren Erbringung nicht nur auf einem kreativen Umgang mit Wissen beruht, sondern in besonderem Maße die Kombination des heterogenen Know-hows unterschiedlicher Wissensträger verlangt. Anhand des Beispiels der Kundenberatung von Banken wird verdeutlicht, welche Problemlagen und Potenziale mit wissensintensiver vernetzter Leistungserbringung einhergehen und welche Maßnahmen zur Unterstützung der Mitarbeiter bei der Bewältigung dieser Problemlagen wirksam sind.

**Rüdiger Klatt** bearbeitet den Gegenstand der Wertschöpfungskette Wissen nicht wie die übrigen Autoren im Hinblick auf interorganisatorische Aspekte, sondern akzentuiert interinstitutionelle Dimensionen, nämlich „**Die schwierige Kommunikation zwischen Wissenschaft und Praxis**". Er stellt das lineare, kausale Modell des Wissenstransfers zwischen Wissenschaft und Praxis in Frage. Andere Zeithorizonte, unterschiedliche Arbeitsprogramme und gegensätzliche Mentalitäten führen häufig zu einer stabilen Kultur missverständlicher Kommunikation und Sprachlosigkeit. Erst eine dauerhafte personelle und projektförmige Verzahnung von Lehrstühlen und klein- und mittelbetrieblichen Unternehmen, in der wechselseitige Lernprozesse und dialogisches Handeln im Vordergrund stehen, kann demnach neben unabdingbaren Reformen in den überregulierten Handlungsstrukturen der Universitäten den Wissensaustausch erfolgreich befördern.

Am Beispiel der eigenen Unternehmensgründung veranschaulicht **Maciej Kuszpa** in seinem Beitrag „**Schnittstellen zwischen Wissenschaft und Praxis**" die Probleme und Chancen des Wissenstransfers an der Schnittstelle von Wissenschaft und Wirtschaft. Die vielseitige Unterstützung der FernUniversität Hagen hat für ihn auch über die Gründungsphase hinaus bis zum heutigen Tag einen wichtigen Stellenwert. Die kontinuierliche Begleitung erleichterte nicht nur die Unternehmensgründung und hat das Wachstum des Unternehmens begünstigt, sondern sie hat zudem auch die persönliche Entwicklung der Gründer gefördert. Kuszpa kritisiert allerdings die mangelhafte Einbindung der Unternehmensgründer in die Wissenschaft. Denkbar wären aus seiner Sicht thematische Impulse aus der Praxis sowie die Weitergabe wertvoller Praxiserfahrungen, die als Praktikervorträge in Lehre und Forschung einfließen könnten.

Auch **Gerhard Fatzer** und **Sabina Schoefer** verdeutlichen die erheblichen Schwierigkeiten der Vernetzung von Wissenschaft und Praxis. Sie haben u. a. für die „Society of Learning Organizations" (SOL) ein Netzwerk – zusammengesetzt aus Wissenschaftlern der Sloan School of Management (MIT), Praktikern und Beratern – untersucht und amerikanische Erfahrungen in das crosscomp-Projekt eingespeist. Ihr Beitrag „**Wissensentwicklung in Beratungsnetzwerken**" fasst zentrale Ergebnisse zusammen.

Einen abschließenden Blick „zurück nach vorne" werfen **Peter Le** und **Pascale Holmgren** in ihrem Beitrag **„Wissensnutzung in Kooperationsnetzwerken kleiner und mittlerer Unternehmen"**. Die Autoren evaluierten die Modellversuche im crosscomp-Projekt und nehmen diese Erfahrungen zum Ausgangspunkt einer allgemeinen Reflexion über Anforderungen einer effizienten Wissensnutzung in Netzwerken.

Zum Schluss bleibt uns der Dank an die Autorinnen und Autoren des Bandes für die facettenreichen Beiträge. Wir hoffen, mit der hier vorliegenden Veröffentlichung ein Thema angesprochen zu haben, welches in Zukunft wachsende Aufmerksamkeit erfahren dürfte. Die hier versammelten Aufsätze geben einen Einblick in die damit verbundenen Chancen und Probleme und werfen zugleich neue Fragen auf, die uns in den nächsten Jahren weiterhin beschäftigen werden.

Kurt-Georg Ciesinger  
Jürgen Howaldt  
Rüdiger Klatt  
Ralf Kopp

# Inhaltsverzeichnis

*Volker Schütte*
Geleitwort ........................................................................... V

*Kurt-Georg Ciesinger/Jürgen Howaldt/Rüdiger Klatt/Ralf Kopp*
Vorwort ............................................................................. IX

**Teil I: Strategien und Trends des Wissensmanagements** ............... 1

*Jürgen Howaldt/Ralf Kopp*
Paradoxien und Dysfunktionalitäten des betrieblichen Wissensmanagements
Vom Ende einer Managementmode ........................................ 3

*Ursula Schneider*
Wie viel Wissen verträgt Handeln?
Anleitungen zum Umgang mit Ignoranz, Glaube und Zweifel ......... 21

*Uwe Wilkesmann*
Lässt sich Wissensarbeit managen?
Eine institutionelle Lösung des strategischen Dilemmas ............... 41

*Fredmund Malik*
Wissensmanagement oder Management von Wissensarbeitern? ..... 65

*Peter Heisig*
Stand und Zukunft des Wissensmanagements ........................... 71

**Teil II: Tools und Methoden** .................................................. 91

*Ralf Kopp*
Methodische Konsequenzen eines selektiven Wissensmanagements ... 93

*Bernd Benikowski/Sigita Urdze*
eLearning – ein Konzept zur Förderung von Selbstlernkompetenz?
Überlegungen zum Thema eLearning am Beispiel
von „Wissensmanagement in Netzwerken" ............................... 115

*Stefan Dietlein/Patricia Spallek*
Fallstudie: Wissensmanagement bei Arthur D. Little
Organisation und Technologie .............................................. 125

## Teil III: Wissensmanagement in Netzwerken ............ 141

*Jürgen Howaldt/Rüdiger Klatt/Ralf Kopp*
Wissensmanagement in Netzwerken als Gestaltungsaufgabe ............ 143

*Marion A. Weissenberger-Eibl*
Wissensmanagement in Netzwerken für Klein- und Mittelbetriebe ............ 161

*Torsten Strulik*
Wissensarbeit im „Netz"
Anforderungen und Gestaltungsmöglichkeiten wissensintensiver
Dienstleistungen ............ 177

*Rüdiger Klatt*
Die schwierige Kommunikation zwischen Wissenschaft und Praxis
Das Beispiel wissensintensiver Netzwerke kleiner Unternehmen ............ 191

*Maciej Kuszpa*
Schnittstellen zwischen Wissenschaft und Wirtschaft am Beispiel einer
Unternehmensgründung an der Hochschule ............ 205

*Gerhard Fatzer/Sabina Schoefer*
Wissensentwicklung in Beratungsnetzwerken ............ 219

*Peter Le/Pascale Holmgren*
Wissensnutzung in Kooperationsnetzwerken kleiner und mittlerer
Unternehmen
Herausforderungen und Lösungswege in der Beratungs- und Multimedia-/IT-
Branche ............ 237

Verzeichnis der Autoren und Herausgeber ............ 249

# Teil I: Strategien und Trends des Wissensmanagements

Jürgen Howaldt/Ralf Kopp

# Paradoxien und Dysfunktionalitäten des betrieblichen Wissensmanagements
## Vom Ende einer Managementmode

1. Einleitung ..................................................................................... 4

2. Mythos Wissensmanagement
   Eine ernüchternde Bestandsaufnahme ........................................ 4

3. Die Ressource „Wissen"
   Ein Stoff besonderer Art ............................................................... 7

4. Paradoxien des exzessiven Wissensmanagements ................... 11
4.1 Der Idealtyp des exzessiven Wissensmanagements ................. 11
4.2 Konturen eines selektiven Wissensmanagements ..................... 14

5. Fazit ............................................................................................ 18

Literatur ............................................................................................ 18

## 1. Einleitung

Die Diskussion zum Thema Wissensmanagement hat gegenwärtig eine Talsohle erreicht. Die feststellbare Enttäuschung im Hinblick auf den Beitrag von Wissensmanagementkonzepten zur Lösung der zentralen Probleme von Unternehmen verweist auf die Begrenztheit der gegenwärtigen Debatte, die sich eng an den Anforderungen einer leicht verdaulichen Managementmode orientiert. Damit werden jedoch die bestehenden Paradoxien und Dysfunktionalitäten im Umgang mit der Ressource Wissen nicht gelöst, sondern weiter verschärft. Als zentrales Problem erweist sich, dass die Managementpraxis zwar die besondere Bedeutung der Ressource Wissen anerkennt und nach Möglichkeiten effektiverer Wissenskoordination und -nutzung sucht, bisher jedoch weder deren Besonderheit noch ihre „andere Seite" systematisch zum Ausgangspunkt des Handelns macht.

Vor diesem Hintergrund schlagen wir in unserem Beitrag eine Neuorientierung der Wissensmanagementdebatte vor, die in der Entwicklung hochselektiver Wahrnehmungsorgane und der effektiven Nutzung des jeweils fokussierten Wissensausschnitts die eigentliche Herausforderung von Wissensmanagementsystemen sieht. Ein so verstandenes Wissensmanagement kann seine Selektionskraft jedoch nicht, wie teilweise vorgeschlagen, aus formalen, an den Definitionen und Praktiken des Wissenschaftssystems orientierten Kriterien gewinnen.

## 2. Mythos Wissensmanagement – eine ernüchternde Bestandsaufnahme

Der Wunsch, die wichtigsten Ressourcen einer Organisation effizient und systematisch zu nutzen, ist nicht neu und nimmt im Laufe der Geschichte des Managements unterschiedlichste Formen an. Angesichts der zunehmenden Wissensintensität im Produktions- und Dienstleistungsbereich gewinnt dieser Wunsch unter dem Label „Wissensmanagement" besondere Aktualität und erfährt in der Managementliteratur entsprechende Aufmerksamkeit.

Aktuelle Tendenzen eines veränderten Umgangs mit Wissen lassen die Konturen einer neuen Managementpraxis erkennen, die wir unter dem Begriff des selektiven Wissensmanagements zusammenfassen. Im Mittelpunkt eines entsprechenden manageriellen Handelns steht die Transformation von Wissen in Nutzen, die gegenstandsbezogene Mobilisierung von implizitem Wissen und die Erhöhung von Reflexivität und Ambiguitätstoleranz angesichts zunehmender Ambivalenzen und Unsicherheiten im Kontext wissensintensiver Entscheidungssituationen.

Die Frage nach angemessenen Formen der Wissensorganisation wird in der Praxis immer häufiger auch durch Kooperation zwischen Unternehmen beantwortet. Insbesondere für kleine und mittelgroße Unternehmen ist die Bildung von Netzwerken zu einer Überlebensfrage geworden. Dies gilt auch für die von uns untersuchten Unternehmen der Beratungs- und Multimediabranche. Die Fähigkeit zur kontinuierlichen Innovation und zur permanenten Behauptung eines „Wissensvorsprungs" wird zur primären Quelle der Konkurrenzfähigkeit. Während große Unternehmen der Branche in den letzten Jahren umfangreiche (mehr oder minder funktionierende) Wissensmanagementsysteme aufgebaut haben, sind kleine und mittelgroße Unternehmen aufgrund mangelnder finanzieller, zeitlicher und personeller Ressourcen häufig überfordert. Aus diesem Grunde schließen sich die Unternehmen zunehmend zu Netzwerken zusammen, in denen die Generierung, Verteilung und Weiterentwicklung der Wissensbasis bzw. die auftragsbezogene projektförmige Kopplung verteilter Wissensdomänen erfolgt. Insofern bedeutet Netzwerkmanagement immer auch organisationsübergreifendes Wissensmanagement.[1]

---

[1] Betont werden muss jedoch, dass diese Tatsache den handelnden Akteuren in den Netzwerken häufig nicht bewusst ist. So wird die Frage nach dem Vorhandensein eines Wissensmanagements von den Beteiligten in Netzwerken oft zunächst verneint. Dennoch steht bei genauer Betrachtung die Generierung, (Neu-) Verteilung, Speicherung etc. von Wissen im Mittelpunkt der Arbeit des Netzwerks. Wir sprechen in diesem Fall von implizitem Wissensmanagement. Diese Unterscheidung zwischen explizitem und implizitem Wissensmanagement wird im Laufe der folgenden Ausführungen noch von Bedeutung sein. Vor diesem Hintergrund zielte das vom BMBF im Rahmen des Programms „Innovative Arbeitsgestaltung" geförderte crosscomp-Projekt auf die Erforschung und Erprobung neuer Konzepte und Methoden der Wissensgenerierung in organisationsübergreifenden Kooperationsnetzwerken bei Unternehmen im Bereich Organisationsberatung und Multimedia.

Unsere Ergebnisse der Untersuchung von Wissensmanagementsystemen in Netzwerken der Beratungs- und IT-Branche zeigen im Hinblick auf den Stand der Einführung von Wissensmanagement ein **diffuses und z. T. verwirrendes Bild**. Selbst auf einzelorganisatorischer Ebene waren funktionierende Wissensmanagementsysteme eher die Ausnahme. In den Netzwerken ließen sich bestenfalls Ansätze eines systematischen Wissensmanagements erkennen, die zudem auf fragwürdige Übertragungen einzelbetrieblicher Erfahrungen basierten.

Dies ist umso erstaunlicher, als es sich bei den untersuchten Branchen im Bereich der wissensbasierten Dienstleister um potentielle Vorreiter der Einführung von Wissensmanagementsystemen handelt. Denn Vieles, was im Kontext der Diskussion um die Wissensgesellschaft zur wachsenden Bedeutung von Wissen als zentrale Ressource für wirtschaftliche Prozesse formuliert wird (vgl. Willke 1998; Stehr 2001), trifft für die Beratungs- und IT-/Multimediaunternehmen in besonderer Weise zu. Für diese Unternehmen ist Wissen inzwischen zu einem überlebenswichtigen Kapital und zentralen Produkt geworden, welches über die Wettbewerbsfähigkeit entscheidet. Darüber hinaus treten eine Reihe dieser Unternehmen auf dem Beratungsmarkt als Anbieter von Wissensmanagementsystemen auf.[2]

Diese Befunde legen nahe, die steile Karriere von Wissensmanagementkonzepten eher als Ausdruck einer zunehmenden Problematisierung von Wissensprozessen in Organisationen zu interpretieren denn als deren Lösung. Viele aktuelle Diskussionsbeiträge verweisen in eine ähnliche Richtung (vgl. u. a. Heisig 2004; Katenkamp 2003; Kieser 1999; Schreyögg/Geiger 2003; Spallek 2004 u. v. m.). Im auffälligen Kontrast zu den optimistischen Verheißungen der unüberschaubar gewordenen Konzepte stehen die vorliegenden empirischen Untersuchungen. Sie belegen eine enttäuschte und resignative Praxis. So kommt bspw. Katenkamp in seiner Auswertung einer Reihe von Wissensmanagementprojekten in Unternehmen und Forschungseinrichtungen zu dem Ergebnis:

---

[2] Kieser verweist auf diese Problematik. Aus seiner Sicht haben viele Unternehmensberater sogar für sich „die Hoffnung, über das Wissensmanagementsystem auf effektive Weise an relevantes Wissen zu kommen, ... schon aufgegeben" (Kieser 1999, S. 9).

„Ganzheitliches Wissensmanagement ist sowohl in Unternehmen als auch in der Wissenschaft immer noch selten anzutreffen. In der Praxis des Wissensmanagements überwiegen punktuelle Umsetzungen... Viele Ansätze verfahren eklektizistisch und verwenden modulare Programme: Instrumente und Methoden werden pragmatisch nach dem Einsatzbereich ausgewählt. Eine Strategie oder unternehmensweite Vision ist dort nicht vorgegeben..." (vgl. Katenkamp 2003, S. 46 f.).

Sowohl die Praxis als auch Literatur des Wissensmanagements verweisen auf eine kaum eingrenzbare Bandbreite von Zielen, Gegenständen und Methoden. Wissensmanagement droht damit zu einer Leerformel ohne erkennbare Konturen zu werden (vgl. Schreyögg/Geiger 2003).

Insofern besteht kein Mangel an Methoden oder Tools. Vielmehr verunsichert die disparate Vielfalt der Instrumente sowie die ebenso zahlreich verfügbaren Konzepte kleine und mittelgroße Unternehmen (vgl. Heisig 2004). Zudem wird häufig mit Kanonen auf Spatzen geschossen: Der konzeptionelle und methodische Aufwand der Einführung von Wissensmanagement übersteigt den Nutzen oft bei weitem.

## 3. Die Ressource „Wissen" – ein Stoff besonderer Art

Wo aber liegen die Ursachen für diese Entwicklungen? Denn weder in der Wissenschaft noch in der Praxis fehlt es an Bewusstsein im Hinblick auf die wachsende Bedeutung der Ressource Wissen. Die Bereitschaft, sich systematisch mit Wissensmanagement zu beschäftigen ist durchaus vorhanden, wenn auch überschattet durch die Fragwürdigkeit bisheriger Lösungsansätze. In diesem Punkt gab es in allen von uns geführten Expertengesprächen und Fallstudien einen breiten Konsens.

In Übereinstimmung mit den Thesen (vgl. Schreyögg/Geiger 2003) lassen unsere Befunde folgende Erklärung zu: Zwar erkennt das Management die wachsende Bedeutung der Ressource Wissen und sucht nach Möglichkeiten effektiverer Wissenskoordination und -nutzung. Es hat bisher jedoch **weder die Besonderheiten dieser Ressource** (Dynamik, Personengebundenheit,

Kontextabhängigkeit) **noch die „andere Seite" des Wissens systematisch zum Ausgangspunkt seines Handelns gemacht.**

Schon die Auswertung unserer Experteninterviews zeigte, dass der Wissensbegriff Gefahr läuft, zu einer Leerformel mit hohem Abstraktionsgrad und geringer empirischer Aussagekraft zu werden. Die Grenzen zu Begriffen wie Information, Daten etc. sind nicht trennscharf zu ziehen. Die Gegenstände, auf die sich der Wissensbegriff bezieht, sind dabei ebenso vielfältig wie die möglichen Wissensformen.

Im Hinblick auf die wissenschaftliche Debatte sind die Konturen eines allgemein akzeptierten Wissensbegriffs nicht erkennbar. So nehmen die Unschärfen bei der Definition weiter zu, je mehr man sich der Praxis annähert. Eine aussagefähige Differenzierung und Kontextualisierung des Wissensbegriffs ist nicht zu beobachten.

Dies ist an sich nicht weiter beklagenswert, da die Arbeit mit exakten Begriffen eher eine Aufgabe der Wissenschaft als der Praxis darstellt. Problematisch ist jedoch, dass sich die im Hinblick auf den Wissensbegriff attestierten Unschärfen bei der Definition des Begriffs „Wissensmanagement" fortsetzen – und hier dann mit enormen praktischen Konsequenzen verbunden sind. So war in unseren Gesprächen mit Praktikern aus den Unternehmen eine unüberschaubare Vielfalt von Zielen, Gegenständen, Konzepten und Methoden im Hinblick auf die Wissensmanagementpraxis auszumachen. Einigkeit bestand nur in einem, allerdings zentralen Punkt: **Wissensmanagement scheint unverzichtbarer und überlebensnotwendiger Bestandteil eines jeden Managements zu sein.** Vor dem Hintergrund der begrifflichen Unschärfe ist diese Grundüberzeugung jedoch hoch problematisch und wenig aussagekräftig.

Schreyögg/Geiger ist zuzustimmen, wenn Sie davon ausgehen, „dass eine derart unspezifische Wissenskonzeption keine sinnvolle Grundlage für ein erfolgreiches Wissensmanagement bilden kann" (Schreyögg/Geiger 2003, S. 8).

> Sie leiten daraus die Schlussfolgerung ab, dass „für die Weiterentwicklung des Wissensmanagements ... daher nicht nur eine Spezifizierung des Wissensverständnisses ..., sondern darauf

aufbauend ein Verfahren der Wissensselektion" erforderlich sei (ebd., S. 10).

Im Rückgriff auf das Wissenschaftssystem schlagen sie drei Metakriterien (diskursiver Aussagencharakter, Begründung des Geltungsanspruchs, expertenbasierte Prüfprozeduren) vor, die eine sinnvolle Unterscheidung zwischen Wissen und Nichtwissen ermöglichen sollen. Mit dieser formalen Bestimmung wird jedoch Wissen auf explizites Wissen und – mit einigen Einschränkungen – auf narratives Wissen reduziert. Dies halten wir aus zwei Gründen für problematisch: Zum einen wird die durchaus relevante Frage nach den Formen der Verfügung des für wissensintensive Kontexte besonders wertvollen impliziten Wissens suspendiert. Zum anderen sind wir skeptisch, ob die Probleme der Praxis des Wissensmanagements durch Rückgriff auf ein wissenschaftlich begründetes Formalsystem lösbar sind.

Vielmehr gehen wir davon aus, dass Unternehmen und Netzwerke ihre **eigenen Umgangsformen und Selektionsmechanismen** bzw. Relevanzfilter mit der Ressource Wissen herausbilden müssen, die auf die Erhöhung der Handlungsfähigkeit im Rahmen einer klaren Gesamtstrategie des Unternehmens gerichtet sind. Die entscheidenden Beurteilungskriterien sind eben nicht die wissenschaftlichen Relevanzkriterien, sondern Nützlichkeit, Profitabilität, Überlebensfähigkeit (vgl. ebd., S. 13). Vor diesem Hintergrund ist dann konkret zu klären, ob es Sinn macht, implizites Wissen in Unternehmen als Wissen zu behandeln oder eben nicht. Dass dies im Wissenschaftssystem möglicherweise nicht der Fall ist, erscheint dabei für Unternehmen irrelevant. Wenn es an einer sinnvollen Definition des Wissens als Ressource und damit als Gegenstand des Wissensmanagements fehlt, kann sie nicht durch Rückgriff auf andere gesellschaftliche Funktionsbereiche gewonnen werden[3], denn:

---

[3] Dabei soll nicht bestritten werden, dass auch Unternehmen und Netzwerke von den Umgangsformen der Wissenschaft lernen können. Die Anwendung wissenschaftlicher Methoden und Vorgehensweisen in anderen Handlungsbereichen stellt vielmehr ein Kennzeichen der Wissensgesellschaft im Sinne der „Verwissenschaftlichung" anderer gesellschaftlicher Teilsysteme dar. Weingart geht davon aus, dass das „Prinzip von Wissenschaft, nämlich die erfahrungsgesteuerte Produktion und Revision von Wissen, auf andere Wissensformen und die sie produzierenden Organisationen ausgedehnt wird", (Weingart 2001, S. 334) und leitet daraus die Etablierung der Forschung als generalisierten Handlungsmodus der Wissensgesellschaft ab. So weit, so richtig! Problematisch ist jedoch die weitergehende – und für das Gesamtkonzept von Weingart – zentrale Schluss-

"Selbst wenn allerorten klar wäre, was unter ‚Wissen' zu verstehen ist, müsste das Management dies als ‚unklar' behandeln, um diejenigen Definitionen zu entwickeln, die den eigenen Eingriffsmöglichkeiten in eine Organisation des Wissens entsprechen. Es führt daher nicht sehr weit, andernorts erprobte Definitionen des Wissens auch dem Management anzudienen." Und weiter: „Auch den Produktionsfaktor Kapital versteht man erst, wenn man beobachtet wie das Management mit ihm umgeht und nicht dann, wenn unabhängig von dieser Form eine gesellschaftliche ‚Praxis' zu definieren versucht, worum es sich ‚an und für sich' handeln könnte" (vgl. Baecker 2000, S. 106).

Wirkungsvolle Selektionsregeln und Formalkriterien müssen sich eng an den relevanten Kontexten und den spezifischen Wissensanforderungen, -formen und -inhalten orientieren bzw. aus diesen heraus entwickelt werden. Nicht umsonst ist der Wissensbegriff auch in der Managementliteratur in den letzten Jahren, wie Schreyögg/Geiger eindrucksvoll zeigen, ausgeweitet worden. Im Mittelpunkt der Wissensmanagementsysteme in der von uns untersuchten Beratungsbranche steht das personengebundene Expertenwissen, welches sich nicht vollständig explizieren und kodifizieren lässt (vgl. Willke 1998; Sydow/van Well 1996). Zahlreiche „Wissensmanagementruinen" entstanden durch den Versuch, mit vollkommen ungeeigneten Mitteln auf dieses, zu großen Teilen implizite Wissen zuzugreifen.

---

folgerung, dass damit „die Grundlage der überkommenen Wissensordnung: die Orientierung an Wahrheit und die dadurch gesetzte Konkurrenz um das ‚richtigere', ‚bessere', aber in jedem Fall verlässlichere Wissen" unverändert bleibt (ebd., S. 352). Genau das aber ist nicht der Fall!
Zwar produziert auch die Praxis selbst vermehrt Wissen, orientiert an den Konzepten und Methoden der Wissenschaft (bspw. Researchabteilungen in Beratungsfirmen etc.). Allerdings geht es hier um die Produktion von nützlichem, verwertbarem, auf praktische Konsequenzen hin befragbarem Wissen. Der für die Wissenschaft konstitutive Code wahr/unwahr wird hier ersetzt durch den Code nützlich/unnütz. Damit werden zugleich auch die, für das Wissenschaftssystem und dessen spezifischer Operationsweise bezogenen formalen Kriterien, die auf einen nur in diesem Kontext sinnvollen Wissensbegriff verweisen, für die Praxis irrelevant. Ein Blick auf den Umgang mit Wissen in Organisationen belegt, dass wissenschaftliches Wissen für Organisationen in hohem Maße unverträglich ist (vgl. bspw. Baecker, 2003).

## 4. Paradoxien des exzessiven Wissensmanagements

Wir plädieren dafür die Selektionsmechanismen auf die Unternehmensziele und die zur Zielerreichung relevanten Wissensinhalte und -formen auszurichten. Damit korrespondiert ein Verständnis des Wissensmanagements, welches sich idealtypisch als „selektives Wissensmanagement" beschreiben und gegen den in der Praxis bisher dominanten „exzessiven Typus des Wissensmanagements" abgrenzen lässt.

### 4.1 Der Idealtyp des exzessiven Wissensmanagements

Dieser Typus des exzessiven Wissensmanagements, der die Grundausrichtung der aktuellen Debatte noch immer beherrscht, versucht der anschwellenden Informations- und Wissensflut primär durch einen „enzyklopädischen" Ansatz der Wissensarchivierung zu begegnen und potenziellen Nutzern des Wissensmanagementsystems mittels elektronischer Informationstechnologie umfassende Zugriffsmöglichkeiten auf das gesammelte Wissen einer Organisation bzw. eines Netzwerkes zu ermöglichen.

Um diesen Anspruch ein zu lösen, wird von Managementseite versucht, Wissen „managementkompatibel" (vgl. Baecker 2000, S. 107) zuzurichten, indem es in eine organisierte, geordnete verwalt- und archivierbare Form gezwungen wird.

Für Vertreter des exzessiven Wissensmanagements ist Nichtwissen das Problem, welches durch die möglichst umfassende Sammlung und Aufbereitung des organisationsintern vorhandenen Wissens zu überwinden ist. Wissen wird als knappe Ressource betrachtet. Es wird davon ausgegangen, dass möglichst umfassendes Wissen die Grundlage für „richtiges" Handeln und Entscheiden ist. Die Gleichung „je mehr Wissen, desto weniger Nichtwissen, desto rationaler und erfolgreicher das eigene Handeln" scheint auf den ersten Blick plausibel. Ausgeblendet bleibt allerdings der enge Zusammenhang, welcher tief in die Paradoxien eines organisierenden Zugriffs auf Wissen hineinführt.

Wissen wird aber nicht nur als „knappe", sondern auch als „normale" Ressource (vergleichbar mit anderen materiellen Ressourcen) in Bezug auf ihre Erschließungs-, Nutzungs- und Lagerungsvoraussetzungen behandelt. Ungeachtet kritischer Einwände wird der irreduziblen Personengebundenheit sensiblen Erfahrungswissens, der Kontextabhängigkeit und Dynamik des Wissens wenig Aufmerksamkeit geschenkt (vgl. Howaldt/Klatt 2003). Diese Grundannahmen präformieren einen Ansatz des Wissensmanagements, der sich über die Grenzen der Möglichkeiten und die Besonderheiten der Ressource Wissen nicht im Klaren ist. Im Kern ist dieser Ansatz nichts anderes als der Versuch, die im Hinblick auf die **Handhabung der traditionellen Ressourcen entwickelte Managementpraxis** im Verhältnis eins zu eins auf die Ressource Wissen zu übertragen.

Der Ansatz des exzessiven Wissensmanagements ist zusammenfassend durch folgende Aspekte gekennzeichnet:

- Umfassende Sammlung, Aufbereitung und Verwaltung des Wissens als Ziel des Wissensmanagements;

- Imperativ der Explizierung von implizitem Wissen;

- Informationstechnik als Wissensträger;

- Entwicklung einer eigenen Wissensbürokratie.

Die Folgen dieses Ansatzes sind problematisch. So verschärft der Archivierungswahn den Wissensoverload, der immer mehr zum Kernproblem eines sinnvollen Umgangs mit der Ressource Wissen zu werden droht. Die Beschäftigung mit Wissen verselbstständigt sich immer mehr und wird von einem integralen Bestandteil des Managementhandelns zu einer Spezialfunktion mit erheblichen bürokratischen Zusatzaufwänden. Die Folge: Die Beschäftigung mit dem Thema Wissen droht zum **Selbstzweck** zu werden. Wissen wird **aus dem Gesamtkontext organisationalen Handelns und Entscheidens herausgelöst**.

Diese Zurichtung der Ressource Wissen führt dabei nicht zuletzt zu einer Entwertung von implizitem – also nicht in dieser Weise verwaltbarem – Wissen. In der bisherigen Praxis „bewährtes" Wissen muss sich legitimieren, explizieren. Es droht an Substanz zu verlieren und wird problematisch. Es kommt zur Vereinseitigung der Betrachtung bestehender Wissensprozesse in Unternehmen. Komplexe Prozesse werden, weil sie nicht den neuen Steuerungsanforderungen entsprechen, ausgegrenzt und geraten aus dem Blickfeld. Gleichzeitig nimmt die Komplexität der Wissensprozesse zu.

Darüber hinaus wird der Zusammenhang von Wissen und Handeln partiell zerrissen und der Wissensfragmentierung Vorschub geleistet. Das Ziel, über die systematische Nutzung der Ressource Wissen die Handlungs- und Wettbewerbsfähigkeit der Organisation zu erhöhen, droht aus dem Blickfeld zu geraten.

Dabei führt der von den unterschiedlichen Wissensmanagementkonzepten nahe gelegte Gedanke, eine Organisation würde mit der Einführung von Wissensmanagement etwas Neues neben der bestehenden Organisationsstruktur einführen (statt vielmehr die existierende Wissensorganisation auf ihre Funktionsfähigkeit hin zu überprüfen und diese gemäß den gewandelten Anforderungen zu verbessern), zu einer Gefährdung der bestehenden Wissensorganisation und zu einer Entwertung erfolgreicher impliziter Strategien der Wissensgenerierung, des Wissensaustausches, der Wissensentwertung etc.

Gerade mit dem (empirisch nicht haltbaren) Anspruch, nun auch die Ressource Wissen zum Gegenstand des Managementhandelns zu machen, droht eine Übertragung überhöhter Erwartungen an die Steuerungsfähigkeit des Managements auf die Ressource Wissen. Die damit verbundenen Steuerungsillusionen produzieren immense Erwartungen und neue Ansprüche, die nicht eingelöst werden, aber eine Reihe von aufwendigen Operationen hervorbringen (Aufbau von Wissensdatenbanken etc.). Die Probleme im Umgang mit Wissen werden durch die explizite Unterwerfung des Wissens unter das Management eher verschärft als gelöst und führen zu einer enormen Verunsicherung und Überforderung aller Beteiligten. Lähmungserscheinungen werden spürbar. Zeit für innovative Ideen und Prozesse geht zugunsten von bürokratischen Ansprüchen der umfassenden Systematisierung des Wissens verloren.

## 4.2 Konturen eines selektiven Wissensmanagements

Allerdings lassen sich angesichts der sich verschärfenden Wissensprobleme Anzeichen einer veränderten Managementpraxis erkennen (vgl. u. a. Heisig 2004; Spallek 2004). Dem drohenden Informationskollaps und „Wissensoverload" wird verstärkt durch die Etablierung von Auswahl- und Selektionsmechanismen begegnet, welche es erlauben, die Gesamtzirkulation von Informationen und Wissen hochselektiv „anzuzapfen" und sich auf die **Nutzung des fokussierten Wissensausschnitts** zu konzentrieren.[4])

Wenn man die z. T. noch recht verstreuten und vorsichtigen Ansätze einer veränderten Praxis zu einem Ansatz verdichtet, so lassen sich folgende Grundannahmen eines neuen Verständnisses des Wissensmanagements herausarbeiten, die wir als **selektives Wissensmanagement** bezeichnen.

Folgende Grundannahmen charakterisieren diesen Ansatz:

1. Wissen ist alles andere als eine knappe Ressource, sondern im Überfluss vorhanden. Die informationstechnologischen Speichermöglichkeiten haben den Bestand und die Verfügbarkeit von Wissen in den letzten Jahrzehnten exponentiell steigen lassen. Wissen droht immer mehr zur Last zu werden und die Verarbeitungskapazität von Mensch und Organisation zu überfordern. Die **zentrale Aufgabe des Wissensmanagement ist** deshalb die Entwicklung von Selektionsmechanismen, die eine Konzentration auf das für die Organisation relevante Wissen ermöglichen. Wissensmanagement

---

[4] Hilfreich ist hier ein Blick auf die Erkenntnisse der Hirnforschung. So sieht G. Roth in der Leistungsfähigkeit des Arbeitsgedächtnis das zentrale Kriterium, welches die Intelligenz eines Menschen bestimmt. Das Arbeitsgedächtnis bestimmt das Ausmaß, in dem wir mit geistigen Inhalten ‚hantieren' können und muss zu diesem Zweck „das gesamte Expertenwissen, das wir uns angeeignet haben, aus den in der übrigen Hirnrinde lokalisierten Gedächtnissen ‚herunterladen', und es muss in der Lage sein, dieses Wissen in schneller Zeit möglichst zweckmäßig zu verarbeiten" (Roth 2003, S. 63). Dieses Arbeitsgedächtnis ist nach Roth „in seinem Fassungs- und Verarbeitungsvermögen notorisch begrenzt, und es ist ratsam, beides durch ‚Tricks' und Übungen zu steigern und es ansonsten möglich wenig zu belasten" (ebd., S. 112).
Feststellbar ist, dass sich die Diskussion zum Thema Wissensmanagement bisher kaum mit der Verbesserung der Arbeitsweise und den Anforderungen einer effizienten Wissensverarbeitung im „organisationalem Arbeitsgedächtnis" beschäftigt, sondern vielmehr im wesentlichen mit Sammlung, Verwaltung und Aufbereitung von Wissen im Langzeitgedächtnis.

muss darauf setzen, „Wissensfilter" zu errichten. Der wichtigste Wissensfilter ist eine klare Zieldefinition. Ein gutes Wissensmanagementsystem baut insofern auch funktionstüchtige „Firewalls" auf, die die potenziellen Wissensnutzer vor einer Überforderung aus Sicht des Unternehmens vor „irrelevantem" Wissen schützen.

Diese Erkenntnis erhält auch **Zuspruch aus anderen Wissenschaftsdisziplinen**. So betont der renommierte Neurobiologe Gerhard Roth die enorme Selektivität der menschlichen Wahrnehmungsorgane.

„Die Sinnesorgane beschränken unsere Wahrnehmung schon durch ihre Bau- und Funktionsweise auf einen sehr kleinen Ausschnitt des Gesamtgeschehens in der Welt. Dieser ist allerdings meist derjenige, der von besonderer Bedeutung für unser Überleben ist und entsprechend der Bereich, in dem die Sinnesorgane am besten arbeiten. Das sollte uns nicht überraschen, denn die Strukturen der Welt, der Arbeitsbereich der Sinnesorgane und der Bereich, der für unser Überleben wichtigen Dinge haben sich im Laufe der Evolution einander angepasst" (Roth 2003, S. 72).

2. In vielen Unternehmen und Netzwerken der Beratungs- und IT-Branche steht das Ziel im Mittelpunkt des Wissensmanagements, personengebundenes Expertenwissen aufzubereiten, in digitaler Form zu speichern und somit für die Organisation als Ganzes verfügbar zu halten.[5] In vielen Fällen verwandelt sich das „wertvolle" Expertenwissen durch die Loslösung von der Person und durch Dekontextualisierung in mehr oder weniger „nutzlose" Daten und Informationen. Zwar können die Wissensinhalte und -fragmente kodifiziert und gespeichert werden, ohne die Fähigkeit zur aktiven Nutzung durch die Experten und die aufwendige Arbeit der Rekontextualisierung bleiben die Wissensinhalte jedoch totes Kapital. Die Nutzung des impliziten Wissens (nicht dessen Verwandlung in explizites Wissen) ist die eigentliche **Herausforderung für ein zukunftsfähiges Wissensmanagement**. Dies setzt die Entwicklung von neuen Interventionsformen in die organisationale Wissensbasis voraus.

---

[5] Heßling/Strulik (2003, S. 37) weisen darauf hin, dass informationstechnologische Infrastrukturen zwar ihre Berechtigung haben, intelligente Problemlösungen jedoch zusätzliche Voraussetzungen zur Entfaltung personalen Wissens bedürfen. Vgl. hierzu auch Wilkesmann/Rascher (2003).

3. Die Sammlung, Aufbereitung, Speicherung von Wissen sind Prozesse mit hohen zeitlichen Aufwänden für die Wissensmanager, Experten und das backoffice. Aufgrund der schnellen Verfallszeit des derart eingelagerten Wissens stehen Aufwand und Nutzen oft in problematischem Verhältnis zueinander. Erfolgreicher sind demgegenüber Strategien des Aufbaus von Kontexten, die den Wissensfluss zwischen den Wissensträgern ermöglichen und so die Chance für gemeinsame Lern-, Arbeits- und Wissensproduktionsprozesse bieten. Zu solchen Foren und Erfahrungsdrehscheiben gehören face-to-face-Kommunikation (Workshops, Patenschaften, Projektteams) ebenso wie virtuelle Gemeinschaften.

4. Nicht haltbar ist nach unserer Einschätzung der im exzessiven Wissensmanagement behauptete Zusammenhang zwischen möglichst umfassendem Wissen und Innovationsfähigkeit bzw. Kreativität von Menschen und Organisationen.

Der Versuch, das vorhandene Wissen möglichst umfassend zu sammeln, aufzubereiten und zu verarbeiten kann in dieser Perspektive schlimmstenfalls zu einem **Kreativitätshemmnis** werden. Er bindet einen hohen Anteil der Ressourcen an die Beschäftigung mit bereits vorhandenem, z. T. bereits veraltetem Wissen.

So betont etwa der amerikanische Philosoph Rorty, dass wirklicher Fortschritt in der Philosophie (aber auch in der Praxis) nicht durch zunehmende wissenschaftliche Strenge oder die mühevolle Aufbereitung „gesammelten" Wissens entsteht, sondern vielmehr durch Phantasie und Kreativität (vgl. Rorty 2000, S. 18). Die Wahrheit wird nicht gefunden, sondern gemacht. Und Innovationen entstehen häufig gerade durch den respektlosen Umgang mit den bisher als gesichert erscheinenden Erkenntnissen und das Durchbrechen der bisherigen Wissensgrenzen.

5. Last but not least sind Wissen und Nichtwissen zwei Seiten einer Medaille. Gerade im Hinblick auf die Kontextabhängigkeit und Dynamik der Ressource Wissen trägt jedes Wissen schon die andere Seite – das Nichtwissen – in sich. Die Gleichsetzung von Wissen und Gewissheit lässt sich nicht länger aufrechterhalten.

Der enge Zusammenhang von Wissen und Nichtwissen drückt sich in der Zunahme von Risiko aus. Je mehr Wissen die Zukunft prägt, desto weniger kann paradoxerweise die Zukunft eingeschätzt werden. Mit dem Wissen wächst das Nichtwissen exponentiell an. Auch Wissenschaft führt nicht aus dem Dilemma hinaus, sondern auch hier schrumpft der Vorrat an Common Sense und Orientierungskraft. Zukunftssorge verdrängt Zukunftsgewissheit auf breiter Front. Je moderner, je komplexer die Gesellschaften, desto unwägbarer werden Transformationsprozesse.

Hierauf muss sich Wissensmanagement einstellen und genau an dieser Stelle werden Netzwerke bedeutsam: „Die Fähigkeit zur Anpassung an das Unvorhersehbare setzt Flexibilität voraus und die Fähigkeit, Resistenz zu erlernen: Schockabsorption und Überraschungsmanagement. So steht die Tugend der Flexibilität quer zur Forderung nach Effizienz: Um flexibel reagieren zu können braucht man lockere Verknüpfungen und Redundanz" (vgl. Bolz 2002, S. 214). Anders als hierarchische Wissensorganisationen entfalten Netzwerke ihre Kraft in losen Kopplungen.

Selektives Wissensmanagement lässt sich zusammenfassend durch folgende Zielstellungen charakterisieren:

- Transformation von Wissen in Nutzen (Wissen soll zur Wirkung gebracht werden);

- Mobilisierung impliziten Wissens;

- Erhöhung der Selektionspotenz von Personen, Organisationen und Netzwerken;

- Intervention in die organisationale Wissensbasis als integrativer Aspekt des Managementhandelns;

- Berücksichtigung von Ambivalenzen, Unsicherheiten und Risiken reflexiv geprägter Entscheidungsprozesse in der Wissensorganisation.

## 5. Fazit

Nimmt man die Implikationen selektiven Wissensmanagements ernst, bedarf es einer grundlegenden Neuorientierung des Managementhandelns. Es geht nicht um die Kreierung einer weiteren „Managementmode" oder um den Versuch, neben anderen Managementfunktionen einen herausgelösten eigenen Funktionsbereich „Wissensmanagement" zu etablieren. Die eigentliche Chance der Wissensmanagementsdebatte liegt darin, an einen Wissensbegriff anzusetzen, welcher die Spezifika, Paradoxien und Dysfunktionalität der Ressource Wissen zum Ausgangspunkt der Frage nach den Anforderungen eines zukunftsfähigen Managements macht. Zu fragen ist nicht: „Wie implementieren wir Wissensmanagement neben anderen Managementfunktionen in einer Organisation?" Die Frage ist vielmehr: „Wie müssen wir unser gesamtes Managementhandeln umgestalten, damit es den Anforderungen eines effizienten und systematischen Umgangs mit der Ressource Wissen gerecht wird?"

Die somit intendierte Integration der Wissensperspektive in alle Belange des Managementhandelns erweist sich als durchaus radikaler als die additive Erweiterung bisheriger Funktionen. Die Wissensgesellschaft setzt die Beschäftigung mit adäquaten Organisationsformen des Wissens auf die Agenda und verändert die Koordinaten manageriellen Handelns. In diesem Sinne kann der Begriff des Wissensmanagement zu einer Metapher für ein neues Managementverständnis in der Wissensgesellschaft werden.

## Literatur

Baecker, D. (2000): Die „andere Seite" des Wissensmanagements. In: Götz, K. (Hg.): Wissensmanagement: Zwischen Wissen und Nichtwissen, München, 3., verbesserte Auflage, S. 99 - 112

Baecker, D. (2003): Organisation und Management, Frankfurt a. M.

Böhm, S. G. (2000): Intra- und interorganisationaler Wissenstransfer. Theoretische Grundlagen, empirische Untersuchungen und praktische Lösungsansätze. In: QUEM-report. Schriften zur beruflichen Weiterbildung, Heft 65

Heisig, P. (2004): The Future of Knowledge Management. Ergebnisse einer Delphi-Studie. Abschlusstagung crosscomp-Projekt vom 25./26.03.2004

Howaldt, J./Klatt, R. (2003): Netzwerke des Wissens. Kooperationen im Kontext von Beratungs- und IT-/Multimediaunternehmen. In: Hirsch-Kreinsen, H./Wannöffel, M. (Hg.): Netzwerke kleiner Unternehmen. Praktiken und Besonderheiten internationaler Zusammenarbeit, Berlin

Katenkamp, O. (2003): Quo vadis Wissensmanagement? Eine Literaturübersicht zur Einführung von Wissensmanagement in der Wirtschaft. In: ARBEIT, Zeitschrift für Arbeitsforschung, Arbeitsgestaltung und Arbeitspolitik, Heft 1/2003, S. 16 - 35

Kieser, A. (1999): Wie managt man die Managementmode Wissensmanagement. In: Ratio Nr. 3, S. 8 - 9

Rorty, R. (2000): Wahrheit und Fortschritt. Frankfurt a. M.

Roth, G. (2003): Aus Sicht des Gehirns. Frankfurt a. M.

Schreyögg, G./Geiger, D. (2003): Wenn alles Wissen ist, ist Wissen am Ende nichts?! In: DBW 63, 1, S. 7 - 22

Spallek, P. (2004): Lässt sich Wissen „managen"? Wissensmanagement – ein ganzheitlicher Ansatz. Abschlusstagung crosscomp-Projekt vom 25./26.03.2004

Stehr, N. (2001): Wissen und Wirtschaften. Die gesellschaftlichen Grundlagen der Ökonomie, Frankfurt a. M.

Strulik, T./Heßling, A. (2003): Systemisches Wissensmanagement im Multi-Channel-Banking. In: Soziale Welt 54, Heft 1, S. 31 - 48

Sydow, J. (1999): Management von Netzwerkorganisationen – Zum Stand der Forschung. In: Sydow, J. (Hg.): Management von Netzwerkorganisationen, Wiesbaden, S. 281 - 314

Sydow, J./van Well, B. (1996): Wissensintensiv durch Netzwerkorganisation – Strukturationstheoretische Analyse eines wissensintensiven Netzwerkes. In: Schreyögg, G./Conrad, P. (Hg.): Managementforschung 6 – Wissensmanagement, Berlin/New York, S. 191 - 234

Weingart, P. (2001): Die Stunde der Wahrheit. Zum Verhältnis der Wissenschaft zu Politik, Wirtschaft und Medien in der Wissensgesellschaft, Weilerswist

Weingart, P. (2003): Wissenschaftssoziologie, Bielefeld

Wilkesmann, U./Rascher, I. (2003): Wissensmanagement. Analyse und Handlungsempfehlungen, Düsseldorf

Willke, H. (1998): Systemisches Wissensmanagement, Stuttgart

Ursula Schneider

# Wie viel Wissen verträgt Handeln?
## Anleitungen zum Umgang mit Ignoranz, Glaube und Zweifel

1. Einleitung ............................................................................. 22
2. Eine starke Vision: Wissensbasiertes Management ............... 22
3. Man lernt nur aus Erfahrung: Enttäuschung der in Dokumentations- und Übertragungstechnik gesetzten Erwartungen ...... 24
4. Eine Typologie und ein Lob der Ignoranz ............................. 27
5. Berührungspunkte ............................................................... 34
6. Fazit .................................................................................... 37

Literatur ..................................................................................... 37

## 1. Einleitung

Nach etwa 14 Jahren Diskussion und Projekterfahrung ist Wissensmanagement mancherorts zum verbrannten Begriff geworden: Obwohl im Daten- und Informationsmanagement beeindruckende Fortschritte erzielt wurden und einige Unternehmen Erfolgsgeschichten zu erzählen haben, bleibt die Realität hinter den Erwartungen zurück.

Wider besseren Wissens (?) versuchten viele Praktiker einen Zugang, der auf die elektronische Speicherung und Verarbeitung von möglichst vielen Daten setzte und Wissensprozesse vom operativen Geschehen mehr oder weniger abkoppelte – mit durchaus enden wollendem Erfolg (vgl. dazu etwa Schneider, 2001 oder den Beitrag von Howaldt/Kopp in diesem Band).

Während sich in Bezug auf Wissensmanagement Realitätssinn einstellt und auch IT-lastige Beratungsinstitutionen auf den Menschen verweisen, der bislang vernachlässigt worden sei (vgl. Mertins u. a. 2003), schlägt die Autorin dieses Beitrags eine weitere Wende vor und verweist darauf, dass Arbeitsteilung heute Wissensspezialisierung bedeutet: Wir sind effektiv und effizient, gerade weil wir vieles nicht zu wissen brauchen und wir handeln – vor allem unternehmerisch – weil wir unter dem Schleier der Ungewissheit auf eine Zukunft setzen, auf die wir uns ohne dieses Handeln möglicherweise nicht eingelassen hätten. Unter den letztgenannten Aspekten geht es um einen bewussten Umgang mit (positiver) Ignoranz.

## 2. Eine starke Vision: Wissensbasiertes Management

Wissen ist heute in fast allen Kulturen positiv konnotiert. Wissen lag dem überaus erfolgreichen Entdeckungs- und Rationalisierungsprojekt zugrunde, welches die Europäer in die Welt trugen, von der es in Form härterer Konkurrenz nun zurückstrahlt.

Im Kontext der Aufklärung und modernen Naturwissenschaft präsentiert sich Management allerdings immer noch mehr als Kunst, denn als Wissenschaft. Henry Mintzberg spricht vom Management als merkwürdigem Phänomen: Es sei großzügig bezahlt, außerordentlich einflussreich und bemerkenswert frei von gesundem Menschenverstand.

Dirk Baecker beobachtet scharfsichtig, dass Management die Fähigkeit sei, „mit Ungewissheit auf eine Art und Weise umzugehen, die diese bearbeitbar macht, ohne das Ergebnis mit Gewissheit zu verwechseln" (Baecker 1994, S. 9).

Die Betriebswirtschaftlehre ihrerseits war immer nur dann in der Lage ihre Aussagen auch mathematisch zu schärfen, wenn sie nur auf eine Zielgruppe, nämlich die Kapitaleigner, Bezug nahm und sich von letzteren wiederum das stark vereinfachte Bild eines homo oeconomicus machte. Ließ sie hingegen „die Praxis", die Realität von Menschen mit unterschiedlichen Interessen, begrenzter Informationsverarbeitungsfähigkeit, inkonsistenten Präferenzen zu, war es rasch aus mit der Berechenbarkeit.

Vor diesem Hintergrund erhält wissensbasiertes Management starke Anziehungskraft: Es impliziert eine Professionalisierung und Rationalisierung der Führungsentscheidungen einerseits und der Prozesse ihrer Umsetzung andererseits.

In ihm schwingt die Hoffnung mit, durch Vergleich mit anderen, durch Kontakt zu Innovatoren und durch guten Austausch in der eigenen Organisation Aufgaben nach dem jeweils besten Stand des Wissens zu erledigen (Benchmarking, Best Practices).

Ferner nähren immer leistungsfähigere Tools der Vernetzung und Kollaboration die Hoffnung, Menschen würden sich über Abteilungs- und Konzernteilgrenzen hinweg austauschen, um die Schnittstellenprobleme horizontal und vertikal gegliederter Organisationen zu lösen. Mit „communities of practice" soll das, was informell ohnehin schon immer der Fall war, nämlich Geschichten Erzählen über die Organisation und ihre Aufgaben, einen Rahmen erhalten und gezielter beeinflusst werden.

Die strategische Literatur trug die Vorstellung unnachahmbarer Wettbewerbsvorteile auf Basis des Zugriffs auf Ressourcen und ihrer Verdichtung zu (Kern-)Kompetenzen bzw. dynamischen Kompetenzen bei (vgl. die Übersicht bei Sanchez u. a. 1996). Dies war Balsam auf die Wunden europäischer Manager, die ihre personalkostenbelasteten Produkte gegen eine stärker werdende Schwellenlandkonkurrenz am Markt durchzusetzen hatten.

Kein Wunder also, dass Wissensmanagementprojekte in Unternehmen auf eine seltsam ambivalente Haltung trafen. Zum einen wollte jeder sie haben – wegen der starken themeninhärenten Visionen, die hervorragend mit den Aufgaben im Wettbewerb korrospondierten. Zum anderen waren nur wenige bereit, Mittel für Projekte „locker zu machen", deren Kosten gut bestimmbar, deren Nutzen aber ungewiss, schwer messbar und zukunftsbezogen war. Der Abschwung half mit, trügerische Visionen zu dämpfen, möglicherweise mehr als dem Thema gut tat. Allerdings ist die Auseinandersetzung mit den Widersprüchen, die dem Anliegen, Wissen zu managen inhärent sind, noch ausständig. Dies soll im nächsten Kapitel verdeutlicht werden.

## 3. Man lernt nur aus Erfahrung: Enttäuschung der in Dokumentations- und Übertragungstechnik gesetzten Erwartungen

Die mit Wissensmanagement verbundenen Visionen sind stark, verlockend und illusionär: Keine Ungewissheit mehr, sondern rationale Kalküle, keine wiederholten Fehler, keine Unvollkommenheiten, kein Provinzialismus. Überall sollten das weltbeste Wissen, der weltbeste Bestand an Vorgehensweisen prinzipiell verfügbar sein; darin lag auch ein demokratisches Versprechen.

Gleichzeitig wollte man aber auch Wettbewerbsvorteile und Exklusivität – einer der vielen Widersprüche im Thema.

Ein zweites Missverständnis erwuchs aus dem Irrtum, bereitgestellte Zeichenmuster, also Daten, würden sich automatisch in den Köpfen von Empfängern in ein eindeutiges Kausalgefüge verwandeln, das für alle Interpretatoren identisch gilt und ihr Handeln daher ohne weiteres Zutun koordiniert. Deshalb sollte Wissen identifiziert, expliziert, strukturiert und formalisiert werden, um es möglichst effizient speichern und wieder auffinden zu können.

Dass die „lessons learned" in einem Projektfall, noch dazu in der abstrahierenden Form, in der sie aufgezeichnet wurden, für ein nächstes Projekt nur bedingt bedeutsam erschienen, dass Fakten noch keine Handlungsmotivation schaffen und dass zugesandte bzw. zur Verfügung gestellte Daten erst mal subjektiv aufgenommen und verarbeitet werden müssen, lernten Unternehmen erst mühsam – aus Erfahrung, obwohl solches Wissen in Büchern nachzulesen war (z. B. Nonaka/Takeuchi 1995; Schneider 1996 und 2001; Howaldt u. a. 2004).

Das war der dritte Widerspruch im Thema: Zu glauben, die Handelnden wüssten nicht was tun, obwohl das Problem sehr häufig darin besteht, dass sie nicht tun, was sie wissen. Wie ein chinesisches Sprichwort sagt, lernen wir auf drei Wegen: Durch Nachahmung – das ist der Einfachste, durch Nachdenken – das ist der Edelste, durch Erfahrung – das ist der Bitterste – aber offenbar zugleich der Nachhaltigste. Bis Erfahrungen ernst genommen und abweichende Ergebnisse nicht mehr „weg" erklärt werden, bedarf es einiger Zeit und einiger in den Sand gesetzter Investitionen, speziell wenn die im Thema steckenden Verlockungen hoch sind und von Verkaufsrhetorik aus der Berater- und Softwarebranche laufend genährt werden: Letztlich wurde nämlich suggeriert, man könne Unternehmensführung von der Mühsal des unter Unsicherheit Entscheiden Müssens und der Abstimmung von Handlungen entlasten.

Ein vierter verwandter Widerspruch entsprang der Idee, je mehr Daten akkumuliert, je mehr vorgebahnte Reaktionen angeboten würden, umso besser würden die Entscheidungen. In einer Zeit von Informationsüberflutung ohne Beispiel[1] trug Wissensmanagement zwar Visualisierungs-, Strukturierungs-, Such- und teilweise Selektionstools bei. Deren Einsparungseffekte standen jedoch in keinem Verhältnis zum gleichzeitigen Anwachsen des Volumens, welches die Intra- und Extranets, die Homepages der vielen neuen Ich-Agenten, die Portale, Datenbanken, Scorecards usw. hervorbrachten.

---

[1] Allein zum Thema Knowledge Management erhöhte sich die Trefferquote bei der Suchmaschine Google im Zeitraum von 2002 bis 2004 von 3,86 Millionen auf 10,3 Millionen

Alle Anstrengungen konzentrieren sich aktuell darauf, Wissensarbeiter dabei zu unterstützen mehr zu absorbieren, nicht etwaig mit weniger auszukommen. Wie an anderer Stelle gezeigt, verbessert die Fülle Entscheidungen nicht – im Gegenteil, sie verschlechtert sie (vgl. Schneider 2001 und 2002; Dörner 1998).

Howaldt u. a. (2004) sprechen von exzessivem Wissensmanagement, das auf den fragwürdigen Annahmen beruhe, Wissen sei anzuhäufen, zu explizieren, zu digitalisieren und von einer eigenen Unternehmensfunktion zu managen (vgl. auch Howaldt/Kopp in diesem Band). In ihrer Untersuchung von Multimedia/IT- und Beratungsunternehmen kritisieren sie diese Annahmen als wenig zielführend.

Wir können festhalten, dass Wissensmanagement zu technisch betrieben wird, dass es die Besonderheiten von Lernprozessen und die Kontexte der Anwendung von Wissen zu Unrecht vernachlässigt und im Ringen um Wettbewerbsvorteile in ein Kooperations-Kompetitionsdilemma gerät, welches eine Kultur des selbstverständlichen Teilens von Wissen unterhöhlt.

Ist Wissensmanagement also, nachdem diese Irrtümer erkannt und in Konsequenzen übersetzt werden, ein Zukunfts- und Erfolgsprojekt? Vielleicht. Vielleicht liegen die Ursachen dafür, dass seit 10 Jahren das Rad im Wissensmanagement immer wieder neu erfunden wird[2], aber auch tiefer. Darum will ich mich im nächsten Schritt dem Gegenbegriff von Wissen, der Unwissenheit oder Ignoranz zuwenden und ihn auf Funktionalität prüfen.

---

Treffer. Die rein deutschen Einträge zum Thema Wissensmanagement erhöhten sich im selben Zeitraum von 150.000 auf 365.000 (Suchmaschine: Google weltweit).

[2] Damit meine ich die Beobachtung, dass bereits vorliegende Erkenntnisse der Lernpsychologie, Organisations- und Kommunikationstheorie erst anerkannt werden, wenn sie sich als Ergebnis von Versuch und Irrtum erweisen.

## 4. Eine Typologie und ein Lob der Ignoranz

In diesem Abschnitt stelle ich die Hypothese auf, dass es Formen des Nichtwissens gibt, die als notwendige Voraussetzung unseres Handelns gelten dürfen.

Dazu müssen wir uns zunächst vor Augen halten, was wir uns durch gesellschaftliche Funktions- und organisatorische Arbeitsteilung eingehandelt haben, nämlich eine hohe Effizienz durch Nichtwissen. Wir sind ExpertInnen in einem winzig kleinen Ausschnitt und müssen uns in allen anderen Dingen darauf verlassen, dass andere ExpertInnen sie richtig machen und uns an der Schnittstelle ein Wissenssurrogat (vgl. Scheuble 1998) übergeben, mit dem wir operieren können, ohne es im Inneren zu verstehen.

Gerade weil wir alles andere ausblenden und uns auf unseren Spezialbereich konzentrieren, sind wir im voraussetzungsvollen Korridor unserer freiwillig verengten Sicht hoch effizient. Dieses Nichtwissen durch Ausblenden bezeichne ich als strukturelle Ignoranz. Sie entsteht zwischen Disziplinen und Organisationsbereichen.

Für strukturelle Ignoranz auf Basis funktionaler Differenzierung (vgl. Luhmann 1999) zahlen wir zunehmend einen hohen Preis: Kommunikationsbarrieren und strukturelle Verantwortungslosigkeit für übergreifende Probleme. Deshalb betonen wir Interdisziplinarität und bereichsübergreifende Kommunikationschancen. Dabei sollten wir allerdings das Kind nicht mit dem Bade ausschütten.

Wenn wir strukturelle Ignoranz aufgeben, zahlen wir dafür ebenfalls einen Preis: Dies ist an den Argumenten für personengebundene Formen des Wissensmanagements erkennbar. Man gibt zu, dass Coaching, Mentoring, Communities und Geschichten Erzählen zeitaufwändig sind – und damit Personalkosten verursachen. Dem stehe eine verbesserte Effektivität gegenüber, mehr Verständnis für die „richtigen Dinge" bei Inkaufnahme einer Einschränkung von Effizienz im Sinne eines „die Dinge richtig Tuns".

Wenn Vorstände und Aufsichtsräte einander häufiger und länger treffen, sinken Risiken aus Informationsasymmetrie, dafür steigen die Transaktionskosten: Dies müsste in der Corporate-Governance-Diskussion mit ihren hohen Anforderungen an Auswahl, Tätigkeitsintensität und Bezahlung von Aufsichtsräten bedacht werden (vgl. Haberer 2003).

Beim Ausgeben der Parole, dass Schnittstellenkommunikation zu fördern und dass Wissen über andere Spezialbereiche zu forcieren sei, ist zu bedenken, dass damit direkte Kosten und indirekte Effizienzeinbußen verbunden sind. Das kann nur gerechtfertigt werden, wenn die daraus erwarteten Effektivitätsgewinne die Effizienzverluste überkompensieren. Darüber aber besteht Ungewissheit, womit wir wieder an den Beginn der Argumentation zurückgeworfen werden: Jenem unternehmerischen Risiko und jener Ungewissheit, die Wissensmanagement eigentlich einschränken sollte.

Ich stelle also die Hypothese auf, dass strukturelle Ignoranz eine notwendige Folge gesellschaftlicher und betrieblicher Arbeitsteilung ist und dass strukturelle Ignoranz für die Gesamtleistung funktional wirkt. Da sie gleichzeitig als dysfunktional erlebt wird, wenn Aufgaben volatiler werden und eines höheren Maßes an Abstimmung bedürfen, versucht Wissensmanagement sie radikal abzubauen. Dies dürfte allerdings nicht undifferenziert geschehen, weil der Erwerb allen Wissens und der Austausch aller mit allen die Funktionalitätsvorteile strukturellen Nichtwissens vernichtet.

Ein zweiter Gesichtspunkt knüpft an die „neue Oberflächlichkeit" an, die manche Zeitgeistinterpreten orten (z. B. Guggenberger 2000). Im Dickicht des Angebots von Dutzenden von Fernsehkanälen, unter dem Sperrfeuer des Dauerlärms der Städte und einer zunehmenden Zahl von Werbebotschaften und unter Bedingungen persönlicher Nachrichtensysteme, die einen jederzeit und jedenorts erreichbar machen, ist der moderne Mensch so vielen Eindrücken ausgesetzt, dass er kaum noch dazu kommt, sich selbst (kreativ) auszudrücken. Wir leben daher nicht in einer Informations-, sondern in einer Sensationsgesellschaft, so der Geschäftsführer eines überproportional wachsenden Möbelhauses.

Wenn vieles zu verarbeiten ist, sinken zwangsläufig Gründlichkeit und Verbindlichkeit im Umgang mit Wissen. Da dies für die meisten Aufgaben von Wissensarbeitern, bedarf es eines Immunsystems, das Irrelevantes möglichst unmittelbar wegfiltert. Firewalls erfüllen diese Funktion beispielsweise für E-Mails, hinken allerdings den Tricks, mit denen Spam eingeschleust wird, meist hinterher.

Bezüglich unspezifischer Backgroundinformation über Recht, Wirtschaft, Politik eines betreuten Marktes ist die Grenzlinie zwischen Relevantem und Auszublendendem schwer zu ziehen, da etwas, was heute unwichtig erscheint, morgen an Bedeutung gewinnen könnte.

Die Fähigkeit, ein funktionierendes Immunsystem aufzubauen, nenne ich positive Ignoranz. In einer statistischen Analogie ausgedrückt, minimiert positive Ignoranz Alpha- und Betafehler, d. h. die Beschäftigung mit Irrelevantem einerseits und die Ausblendung von Relevantem andererseits. Junge Mitarbeiter blenden mit gutem Grund aber auch das aus, was „die Altvorderen" bereits gedacht und entwickelt haben, um sich die Motivation zu erhalten. Dies wird in der Literatur über Wissensmanagement selbst ganz besonders deutlich. Sie ignoriert einen Großteil des psychologischen, soziologischen, pädagogischen aber auch des Controllingwissens, um es neu erfinden zu können.

Streng genommen, müsste man Kreativität und Eigenwilligkeit verbieten, denn Recherchen ergeben, dass eigentlich alles schon da gewesen ist: Forschung ist industriell betreibbar als programmierte Kombination bekannten Wissens. Genau als ein solches repetitives Abarbeitungsprojekt sind die Entschlüsselung und Sequenzierung des Genoms ja auch angelegt. Gegen diese Art der rationalen Programmierung, die zunächst durchaus zweckdienlich ist, rebellieren allerdings die Menschen – und am meisten wohl gerade jene, die man braucht, um über das heute Bekannte noch hinauszugehen, die heutigen „best practices" zu überbieten.

Die logisch bestechende Idee, auf dem Vorhandenen aufzubauen, funktioniert wegen Eigenwilligkeit und Abgrenzungsbedarf gegenüber früheren Generationen nur begrenzt. Es stellt sich die Frage, wie viel Freiraum man Forscherinnen und Entwicklern einräumen muss und wie viel Neu-Erfinden erforderlich ist, damit sich eine Gruppe bzw. Generation Erkenntnisse so „zu Eigen machen" kann, dass sie handlungswirksam werden.

Positive Ignoranz erfüllt somit zwei Funktionen:

Zum einen brauchen wir positive Ignoranz, um in der Fülle an unsortierten Belangen und Belanglosigkeiten zu überleben. Positive Ignoranz ist die Fähigkeit zu wissen, was man nicht zu wissen braucht, sozusagen das Negativ einer individuellen Score Card von zu erwerbendem Wissen und Fähigkeiten. Da die Ablenkungs- und Zudröhnungsgefahr des Informations-Overkills groß ist, empfehle ich, auch das Negativ ganz bewusst zu erstellen. Zu wissen, was man will und was man nicht will, sich auf Ersteres zu konzentrieren und Letzteres loszulassen, das sind relevante Fähigkeiten in der Wissensgesellschaft. Man sieht auf den ersten Blick, dass sie gar nichts mit IT-, Sammel- und Transfer"wut" zu tun haben und dass es dem mobilen und entwurzelten modernen Menschen (vgl. Sennet 1998) möglicherweise gerade an der hier beschriebenen Überlebensvoraussetzung bewusst gewählter Ignoranz mangelt.

Andererseits bedarf es der positiven Ignoranz durchaus sinnvollen Wissens der Altväter, um die eigene Handlungsenergie aufrecht zu erhalten. Wer von Vorwissen umzingelt ist und ein ganzes Schul-, Studien- und Arbeitsleben braucht, um sich mühsam auf dem jeweiligen Stand dieses Wissens zu halten (man denke an die ständige „neue" Bedienungslogik von Software, die oft kaum durch wirkliche Funktionalitätsfortschritte gerechtfertigt ist), dem fällt selbst vermutlich nichts mehr Neues ein. Er hat keine Möglichkeiten mehr, durch Versuch und Irrtum nicht nur zu „wissen" – im Sinne seiner Kognition, sondern auch zu „begreifen" – im Sinne einer in Fleisch und Blut übergegangenen Handlungsdisposition.

Es mangelt einer derart umzingelten Person an Motivation zu neuen Ufern aufzubrechen, wenn das Wissen um die alten Strände unbewältigbar umfangreich erscheint.

Aus Gründen der Innovation und Motivation zur Innovation brauchen wir also anscheinend ebenfalls ein Stück Ignoranz – und damit ein Menschenrecht auf eigene Experimente, eigene Fehler, eigene Erkenntnisse. Hierin findet sich ein

Grund für eine nur unvollkommene Aufnahme der Lektionen, die andere gelernt haben.

Diese Form der Ignoranz setzt „Charakter" voraus. Charakter meint hier individuelle Eigenart, Wille und die Kraft, seine Freiheit einigermaßen unabhängig zu gebrauchen. Das bedeutet abweichendes Denken, Argumentieren gegen Konventionen und den Erhalt einer „naiven" Fragebereitschaft gegenüber Expertisen.

ExpertInnen sind nämlich immer auch Hüter von Konventionen, die darauf achten, dass niemand aus der Reihe tanzt. Wenn jedoch ein paradigmatischer Wandel ansteht, bzw. auf Märkten ein oder mehrere Spieler die Spielregeln verändert(n), bedürfen wir dringend der Personen, die abweichen und einen neuen Rahmen bereitstellen.

Deshalb empfehle ich die bestehenden besten Praktiken und heutigen Lektionen und Erkenntnisse nicht zu rigide in Ablaufprogramme und mittels verstärkender Incentives im Verhalten und den dahinter liegenden Haltungen zu verankern. Wie Dorothy Leonard-Barton angemerkt hat, können Kernfähigkeiten sich leicht zu Kernrigiditäten wandeln (vgl. Leonard-Barton 1992).

Aus dem Projektmanagement kennen wir die Argumentation, dass ein Großteil der Projekte, die heute noch Menschen erfreuen, niemals realisiert worden wären, hätten die Auftraggeber damals das Risiko und den kurzfristigen Payoff erkannt.

Der kreative Zerstörer nach Schumpeter zinst die Zukunft nicht systematisch ab, er investiert auch längerfristig. Das Wissen um heute gültige Standards von Amortisationshorizonten würde viel unternehmerische Initiative verhindern.

Wiederum sorgt ein Schleier von Unwissenheit dafür, dass sich langfristig sinnvolle Ergebnisse herausbilden können, während eine kurzfristig orientierte Rationalität von Planern eine deutliche Suboptimierung bewirkt hätte. Der Verweis auf die Unerträglichkeit von vollkommenem Wissen über die Zukunft zeigt sich auch im Mythos des alten Griechenlands und seiner modernen philosophischen Interpretation.

Prometheus hat den Griechen nicht nur das Feuer geschenkt, als Symbol der Erkenntnis und Aufklärung. Er hat ihnen auch Ungewissheit beschert, als Voraussetzung ihres Handelns. Vorher waren sie in Kenntnis der Stunde ihres Todes und erwarteten diese in stumpfer Ergebenheit. Erst im Schutze eines Schleiers der Unwissenheit war es ihnen möglich, sich zu eigenen Entwürfen aufzuraffen, die Geschichte der Zivilisation nahm ihren Verlauf (vgl. Gadamer 1995).

Als letzte Kategorie einer schützenden bzw. ermöglichenden Ignoranz sei auf jenes Maß an Intransparenz verwiesen, das soziale Verträglichkeit bedingt. Es ist sozial funktional, wenn nicht alle Regeln strikt befolgt und jede Abweichung sofort offenkundig wird, die dem Sinne nach richtig, dem Buchstaben der Regel nach jedoch falsch ist.

Ein weiteres Gedankenexperiment: Was wäre, wenn Menschen Gedanken anderer lesen könnten? Träte eine wunderbare Rationalisierung der Kommunikation und Koordination ein oder würden sie sich vielmehr die Köpfe einschlagen?

Was wäre, wenn jede(r) Bürger(in) im Detail über die Verwendung der Steuern befinden könnte? Kämen bei dem dann zu verwendenden statistischen Durchschnitt sinnvolle Projekte heraus oder stände alles still, weil sie sich in ähnlicher Weise gegenseitig blockierten, wie die Gemeinschaftseigner eines Wohnhauses, die selten für teure, aber nachhaltige und vor allem rechtzeitige Instandsetzungen votieren?

Ganz zu schweigen von den unbewältigbaren sozialen Konflikten, denen wir ausgeliefert wären, wüssten wir wirklich, wie das Wetter funktioniert und könnten es daher machen bzw. hätten wir die Menschenproduktion durch Genkombination wirklich so im Griff, dass wir eine „schöne, neue Welt" planen könnten? Es fehlt an der vergleichbaren sozialen Intelligenz, dieses Wissen zu verarbeiten.

Häufig werden derlei prinzipielle Überlegungen als „praxisfern" angesehen, eben weil die Gedanken nicht ordentlich zu Ende gedacht werden, wie Herrhausen einmal gesagt hat. Gedanken zu Ende zu denken, heißt wenigstens, nach den konkreten Konsequenzen einer prinzipiellen Sichtweise zu fragen:

Welche Projekte, Methoden und tools sind mit ihr vereinbar, welche ausgeschlossen? Welche blinden Flecken sind gegeben, wenn wir so und nicht anders an ein Phänomen herangehen?

Es macht eben einen Unterschied, ob der Faktor Mensch zähneknirschend und immer noch in Abgrenzung zum sterilen Ideal einer robotisierten Zweck-Vernunft einbezogen oder ob er zum Ausgangspunkt der Überlegungen gemacht wird und man viele teure Projekte einfach unterlässt, auch wenn viele andere sie unternehmen.

Es macht einen Unterschied, ob man das Problem der Fülle im Nebensatz anerkennt und sich anschickt, es technisch z. B. durch intelligente Agenten zu lösen oder ob man es als ein zu berücksichtigendes Grundübel zum Ausgangspunkt von Bemühungen macht.

Es macht einen Unterschied, ob man letztlich dem Akkumulationsgedanken anhängt und viel Wissen für besser hält als weniger Wissen oder ob man vom Gedanken des „rechten", den Umständen angepassten Wissens und Nichtwissens ausgeht. Dann nämlich wird man Geld und Managementaufmerksamkeit in die Bestimmung der Grenze und nicht nur in Anhäufungsprojekte investieren.

Wie schon bei den von mir aus der Beobachtung von Einzelprojekten und aus prinzipiellen Überlegungen abgeleiteten Missverständnissen, die auch durch die empirischen Belege des crosscomp-Projektes Bestätigung finden, stellt sich die Frage, ob es nicht wieder eines langen, versuchs- und irrtumsgetriebenen Prozesses bedarf, ehe Ignoranz den ihr gebührenden Platz im Thema einnehmen kann.

Gegenwärtig laufen ignoranzbezogene Überlegungen einfach quer zum mainstream, sowohl in der „theoretischen" Literatur als auch in der Praxis. Dabei war noch gar nicht von gefährlichen Formen der Ignoranz die Rede, die ebenfalls in hohem Maße praxisrelevant sind und die Beachtung durch Personen verdienen, welche wissensbasiertes Management verwirklichen wollen. Diese Formen sind die ignorierte Ignoranz und ihre Sonderform, das Halbwissen und die manipulierte Ignoranz, die durch Verdeckung, Vertuschung und

Fehlinformation zustande kommt. Ich behandle diese Formen in meinem neuen Buch (vgl. Schneider, i. E.).

In diesem Beitrag möchte ich „versöhnlich" enden, denn auch in mir schwingt die im ersten Kapitel beschriebene positive Vision von Wissensmanagement stark. Tabelle 1 fasst die Ignoranzformen nochmals zusammen:

| Ignoranz | Deutungsangebot |
|---|---|
| **Positive** Ignoranz: Zu wissen, was man nicht zu wissen braucht; bewusste Abstinenz | Im Informations-Overkill und einer Kultur der oberflächlichen LINKS überlebensnotwendige individuelle Fähigkeit. Hängt eng zusammen mit den WM-Funktionen des Vergessens und Entrümpelns. |
| **Schützende** Ignoranz: Prinzipiell gewinnbares Wissen, dessen Bewusstwerdung aber sozial unverträglich wäre oder erwünschte Wirkungen beeinträchtigen könnte | So würde die in einem Film mit Mel Gibson persiflierte Fähigkeit, die Gedanken der anderen mitdenken zu können, das Sozialgefüge erschüttern. Genaues Wissen über die Verwendung von Steuermitteln würde die Produktion von öffentlichen Gütern stoppen. |
| **Aufschiebende** Ignoranz/Tabus: Berücksichtigung der unterschiedlichen Geschwindigkeiten von technischem Fortschritt und sozial-ethischer Entwicklung (Gentechnikgesetzgebung) | Lenkung von Forschungsmitteln und -aufmerksamkeit, so dass Missbrauchswahrscheinlichkeit und Konflikte gesenkt/gemildert werden. |
| **Ignorierte** Ignoranz: Gefährlichste Form des Halb- und nicht erkannten Nichtwissens bzw. einer prinzipiellen Unerkennbarkeit („Ignorabimus", Agnostik) | Hier muss Aufklärung ansetzen. Es handelt sich um Lernen zweiter Ordnung, um De-Konstruktion. |
| **Manipulierte** Ignoranz: Entsteht durch gesteuerte Vorenthaltung von Daten, Informationen, Argumenten bzw. durch gezielte Fehlinformation bzw. Einseitigkeit der Darstellung bis hin zum (global) Brainwashing. | Gesellschaftlich in an der Aufklärung orientierten Demokratien unakzeptabel, pragmatisch oft nahe liegend („white lies") wie im Fall von PR, Werbung, politischen Versprechen, Parolen des Wandels, Signalen an Mitspieler. |
| **Unvermeidbare** Ignoranz: Nach dem Talmud „die Welt, in der Verborgenes verborgen bleibt"; also Transzendentales, aber auch Unentscheidbarkeitstheoreme (Goedel) in der Wissenschaft | WM hat mit den anderen Formen genug zu tun. Im Raum von Wissen, Unwissenheit, Glauben und Zweifel haben wir ausreichenden Handlungsbedarf in der Welt, in der Erkennbares erkennbar ist. Über die Jahrhunderte gespeichertes darüber hinausgehendes, in tiefer Meditation „erfahrenes" „Wissen" übt neben der engen Ratio auf Menschen Faszination aus. |

Abbildung 1: Formen der Ignoranz

## 5. Berührungspunkte

Cui bono oder was soll's? Diese Fragen stellen sich angesichts prinzipieller Überlegungen immer – und sie stellen sich umso mehr, wenn positives Tun, nämlich das Design von Wissensmanagementsystemen, durch den Rat zum Unterlassen, nämlich das ganz bewusste Betreiben von Nichtwissen, irritiert wird.

Wo also finden wir Berührungspunkte?

- Erstens, ist die im Gang befindliche digitale Entwicklung nicht aufzuhalten. Dort sollten immer wieder Phasen der Integration und Filterung von Bestehenden gegenüber weiteren Neuentwicklungen forciert werden, wie dies von großen Anbietern wie Microsoft, SAP oder IBM auch als Strategie kommuniziert wird. Es geht nicht um ein weiteres Dutzend von Modellen zur Förderung von z. B. Customer Relationship Management (CRM), sondern eher darum, einige wenige konsequent in bestehende Prozesse und (IT-)Systeme zu integrieren.

Es geht nicht nur darum, immer noch mehr Einträge und Dokumente ins Inter-, Intra- oder Extranet aufzunehmen, sondern auch darum, die bestehenden zu sichten, zu ordnen, zu bereinigen, zu integrieren, besser auffindbar zu gestalten.

Die Beispiele ließen sich fortsetzen, in diesem Punkt besteht in der Szene Einigkeit, wenn auch die Marktangebote noch z. T. in die alte akkumulative (expansive) Richtung weisen.

- Zweitens, kann Wissensmanagement zwar ein neues Licht auf klassische Probleme im Management werfen, diese aber nicht mit eigenen Mitteln lösen: Wenn Menschen keine klaren Ziele bilden, nicht zuhören können, Machtspiele spielen und fehlendes Charisma durch hierarchische Rituale ersetzen, können Kollaborationstools und Management-Informations-Systeme dies transparent machen. Bekämpfen muss man es mit den klassischen Mitteln der Personalauswahl und -entwicklung, der Kulturpflege und der Ermöglichung von Vertrauensräumen. Es wundert daher nicht, dass in der Beratung viel Bekanntes unter dem neuen Dachbegriff Wissensmanagement mit Blick auf die beschriebenen Probleme neu akzentuiert wird. Auch eine Herangehensweise, die auf eine tiefere spirituelle Ebene im Wissensmanagement Bezug nimmt, die zunächst herzlich wenig mit den Ermöglichungspotenzialen der neuen Technik zu tun hat, interpretiere ich in diesem Sinn als eine Neubelebung der Erkenntnis, dass auch der managende Mensch nicht vom Brot allein lebt.

- Drittens, überlappt sich die spirituell inspirierte Forderung nach Konzentration auf das Wesentliche mit den hier vorgetragenen Hinweisen zur positiven Kraft von Unwissenheit: Manches lässt sich mit ganz einfachen Mitteln bewerkstelligen, manches kann unterbleiben, weil es nur ein „Projekt-Perpetuummobile" schafft. Manchmal wären Geld und Zeit für ein vom Wesentlichen ablenkendes technisches Projekt besser in die Entwicklung von Beziehungen und selbstbewusster Beschränkung investiert.

- Viertens, gibt es eine Reihe von Hinweisen auf selbst organisierende Formen des Balancierens von Wissen und Nichtwissen, die einem zentral planwirtschaftlichen Ansatz an die Seite zu stellen sind. Unter einem zentral-planwirtschaftlichen Ansatz verstehe ich bereits die Einrichtung einer Stelle/Abteilung mit Wissensmanagementverantwortung. Dort werden dann Ziele konkretisiert (oder gar erst entwickelt, weil das Top Management keine Ableitung aus der Unternehmensstrategie vorgibt oder keine Unternehmensstrategie kommuniziert), Systeme designt, Projekte angeregt, Tools eingekauft und Daten und Software zur Verfügung gestellt, deren Nutzung schon rein aus Amortisationsgründen mehr oder minder sanft anzustoßen ist.

Selbstorganisiert verlaufen demgegenüber Wissensmärkte (vgl. North 1998) und Communities in ihrer ursprünglichen Form (vgl. Brown/Duguid 1991). Wer am Markt für Wissen bezahlt, stellt sich die Frage der Brauchbarkeit deutlich, auch wenn er dem Paradox unterliegt, die Brauchbarkeit erst nach dem Konsum für seine Zwecke richtig einschätzen zu können. Neben diesem „Versagen", das über Signalgebung und Imagebildung gemildert wird, kann der Markt allerdings das Problem der Kurzfristigkeit der Perspektive nicht lösen. Communities beschäftigen sich demgegenüber freiwillig und zunächst ohne von außen vorgegebene Zwecke mit Fragen, die ihren Mitgliedern unter den Nägeln oder im unruhigen Geist brennen und schaffen darüber hinaus gute Möglichkeiten, abstraktes und stark formalisiertes Wissen über Geschichten mit Kontext anzureichern.

Mit der Methode des Geschichten-Erzählens steht eine Vorgehensweise zur Verfügung, die den schützenden Schleier der Unwissenheit an manchen Stellen bewahrt und den unerwünschten Nebel der ignorierten Ignoranz lüften kann. Gleichzeitig können Geschichten Werte und gute Praktiken transportieren und liefern damit Orientierung ohne rigidisierenden Verbindlichkeitsanspruch. Doch dies ist eine andere Geschichte, die bei anderer Gelegenheit erzählt werden könnte.

## 6. Fazit

Obwohl es hartnäckig überlebt, ist das Konzept eines expansiven Wissensmanagements (welches streng genommen Daten- oder Informationsmanagement heißen müsste) nicht zielführend als Ansatz eines Wissensmanagements.

Es neigt zu einer Vernachlässigung des Sozialen zugunsten des Technischen und kann insbesondere das Problem der Handlungslähmung durch Überinformation nicht lösen. Daher wurde hier zusätzlich zu einem konsequent soziotechnischen Ansatz ein bewusster Umgang mit Unwissenheit empfohlen, ein „Management" von positiver und schützender Ignoranz auf individueller und kollektiver Ebene.

## Literatur

Baecker, D. (1994): Postheroisches Management, Berlin

Brown, J. S./Duguid, P. (1991): Organizational Learning and Communities-of-practice: Toward a unified view of working, learning, and innovation. In: Organization Science, Vol. 2, No. 1, February 1991, pp. 40 - 58

Dörner, D. (1998): Die Logik des Misslingens. Strategisches Denken in komplexen Situationen, Hamburg

Gadamer, H. G. (1995): Ist Ethik lehrbar? Vortrag autobahn universität, Heidelberg

Guggenberger, B. (2000): sein oder design. Im Supermarkt der Lebenswelten, Hamburg

Haberer, Th. (2003): Corporate Governance. Österreich-Deutschland-International, Wien

Howaldt, J./Klatt, R./Kopp, R. (2004): Neuorientierung des Wissensmanagements – Paradoxien und Dysfunktionalitäten im Umgang mit der Ressource Wissen Wiesbaden

Leonard-Barton, D. (1992): Core Capabilities and Core Rigidities: A Paradox in Managing New Product Development. In: Strategic Management Journal, Vol. 13, pp. 111 - 125

Luhmann, N. (1999): Gesellschaftsstruktur und Semantik, Frankfurt

Mertins, K./Heisig, P./Vorbeck, J. (2003): Knowledge Management. Concepts and Best Practice, 2$^{nd}$ edition, Berlin

Nonaka, I./Takeuchi, H. (1995): The Knowledge Creating Company: How Japanese Companies Create the Dynamics of Innovation, New York

North, K. (1998): Wissensorientierte Unternehmensführung, Wiesbaden

Sanchez, R./Heene, A./Thomas, H. (1996): Introduction: Towards the theory and practice of competence-based competition. In: Sanchez, R./Heene, A./Thomas, H. (eds.): Dynamics Of Competence – BASED COMPETITION. Theory and Practice in the New Strategic Management, Pergamon, pp. 1 - 35

Scheuble, S. (1998): Wissen und Wissenssurrogate, Wiesbaden

Schneider, U. (i. E.): Die dunkle Seite des Wissens, Wiesbaden

Schneider, U. (2002): The Knowledge-Attention-Gap: Do we Underestimate the Problem of Information Overload in Knowledge Management? In: Tochtermann, K./Maurer, H. (Eds.): J.UCS – Journal of Universal Computer Science, Vol. 8, Issue 5, pp. 55 - 63

Schneider, U. (2001): Die 7 Todsünden im Wissensmanagement, Frankfurt

Schneider, U. (1996): Management in der wissensbasierten Unternehmung. Das Wissensnetz in und zwischen Unternehmen knüpfen. In: Schneider U. (Hg.): Wissensmanagement. Die Aktivierung des intellektuellen Kapitals, Frankfurt, S. 13 - 48

Sennett, R. (1998): Der flexible Mensch. Die Kultur des neuen Kapitalismus, 3. Auflage, Berlin

Uwe Wilkesmann

# Lässt sich Wissensarbeit managen?
## Eine institutionelle Lösung des strategischen Dilemmas

1. Einleitung ................................................................................................42
2. Entwicklungslinien des Wissensarbeitsbegriffs .......................................43
   2.1 Der betriebswirtschaftliche Diskurs ................................................44
   2.2 Der arbeitssoziologische Diskurs ...................................................45
   2.3 Der systemtheoretische Diskurs ....................................................48
3. Die Organisation von Wissensarbeit .......................................................50
   3.1 Das Dilemma bei der Speicherung von Daten ...............................51
   3.2 Die Überwindung des Dilemmas bei der Speicherung
       von Daten .......................................................................................52
4. Kollektive Attribution als Institution? .......................................................54
5. Resümee .................................................................................................57
Literatur ........................................................................................................58

## 1. Einleitung

Die Leitfrage dieses Artikels lautet: Lässt sich Wissensarbeit managen? Es wird nach den Bedingungen der Möglichkeit von Wissensarbeit gefragt. Wie sich zeigen wird, hat dieses Verständnis von Wissensarbeit Auswirkungen auf das Organisationsverständnis. Wissensarbeit bedarf interner Institutionen, die Selbstorganisation ermöglichen. Nur wenn solche Institutionen bestehen, kann Wissensarbeit sinnvoll in einer Organisation erfolgen. Damit wird unterstellt, dass Organisationen Institutionen haben. Managementhandeln beschränkt sich auf das „Anstoßen" solcher Institutionen. Zwar wird hier besonders auf Organisationen Bezug genommen, aber der Charme des hier vorgestellten Ansatzes besteht darin, dass er sich genauso auf Netzwerke beziehen lässt. Die im „crosscomp"-Projekt ermittelten Anforderungen an Wissensnetzwerken (Howaldt u. a. 2003; Kopp 2001), z. B. dass es keine zentralen Anweisungsbefugnisse in solchen Netzwerken gibt, Akteure über verschiedene Ebenen hinweg eine gemeinsame Grundlage bedürfen, werden durch den hier vorgestellten Ansatz abgedeckt.

Zuerst muss jedoch definiert werden, was Wissensarbeit ist. Wissensarbeit sei als Handlung definiert, die zum einen den Austausch von Daten und zum anderen die interaktive Generierung neuen Wissens umfasst. Diese Definition spiegelt die Selbstwahrnehmung vieler Akteure in Organisationen und Wissensnetzwerken wider (Wilkesmann/Rascher 2004). Organisationen können bei Wissensarbeit nicht mehr als Steuerungsinstrumente verstanden werden, in denen Vorgesetzte per Vorschrift, Anweisung oder Anreiz ein bestimmtes Verhalten abverlangen. Eine top-down Zerlegung von Organisationszielen ist in der klassischen Form nicht mehr möglich. Es wird also auf Strukturen Bezug genommen, die nicht bewusst eine Koordination von Akteuren im Sinne von Verhandlung im Anschluss an Mayntz und Scharpf (1995) und Mayntz (1997) erzeugen, sondern eine Struktur, die Prozesse in Gang setzt, die auf der Aggregationsebene (Esser 1999) zu Koordination führen, auch wenn dies auf der individuellen Ebene nicht geplant ist. Z. B. wird durch eine Struktur, die die Attribution von intrinsischer Motivation unterstützt, ein individuelles Handeln gefördert, das auf der Aggregationsebene zu Koordination führt, auch wenn dies auf der individuellen Handlungsebene nicht unbedingt bewusst geplant ist. Es wird also gezeigt, dass Wissensarbeit nur in solchen Strukturen ermöglicht wird, nicht aber durch individuelle Vorgaben gemanagt werden kann. Dabei ist nicht die „objektive" Arbeitsstruktur ausschlaggebend, sondern die von den Akteuren wahrgenommene. Dies ist insbesondere für Wissensnetzwerke zwischen Organisationen relevant, da sie keine zentrale Anweisungsinstanz haben und vom Selbstmanagement der einzelnen Akteure leben. Es wird also an die alte Erkenntnis der Netzwerkforschung angeschlossen, dass die Struktur des Netzwerks Auswirkungen auf den „produzierten Inhalt" hat. Wissensnetzwerke müssen sich selbst Institutionen schaffen, wenn sie Daten austauschen und effektiv neues Wissen generieren wollen.

In einem ersten Argumentationsschritt werden drei verschiedene Entwicklungslinien des Wissensarbeitsbegriffs rekonstruiert. In einem zweiten Schritt wird das strategische Dilemma der Wissensarbeit aufgezeigt, das nicht durch externe Steuerung, sondern nur in der Form neuer Institutionen überwunden werden kann. Als Beispiel wird hier die Wissensarbeit gewählt, die durch Datenbanken unterstützt wird. Es ist zu betonen, dass es sich dabei nur um ein Hilfsmittel einer Form von Wissensarbeit handelt, das nicht mit Wissensarbeit allgemein gleichgesetzt werden darf.

## 2. Entwicklungslinien des Wissensarbeitsbegriffs

Ein Blick auf die in den letzten Jahren erschienene Literatur zeigt, Wissen ist ein wichtiges Thema geworden (Katenkamp 2003; Franz u. a. 2003). Einerseits in der Form der „Wissensgesellschaft" (Stehr 2000; Willke 1998a), in welcher nach Stehr die Handlungsmöglichkeiten neu verteilt werden: „Indem die Voraussetzungen und die Chancen für eine effektive politische Partizipation vieler wachsen, vermindert sich die Fähigkeit des Staates, seinen Willen durchzusetzen" (Stehr 1999, S. 20).[1] Diese Einsicht Stehrs lässt sich auch auf Organisationen übertragen. Andererseits bekommt Wissen im Diskurs um neue Formen der Arbeit und des Managements einen hohen Stellenwert (vgl. Pawlowski 1998; Willke 1998). Danach kann Wissen über den Erfolg einer Firma entscheiden: Nicht nur bei intelligenten Gütern (z. B. Autos, elektroni-

---

[1] Stehr definiert dabei Wissen sehr allgemein als Fähigkeit zum sozialen Handeln (Stehr 2003, S. 31).

sche Maschinen), sondern auch bei komplexen Dienstleistungen (z. B. Beratung) liegt der entscheidende Wettbewerbsvorteil im Wissensvorsprung. Bevor diese Probleme der Wissensarbeit systematisch entfaltet werden, werden drei Traditionslinien der Wissensarbeit kurz rekonstruiert: ein betriebswirtschaftlicher, ein arbeitssoziologischer und ein systemtheoretischer Diskurs.

## 2.1 Der betriebswirtschaftliche Diskurs

Fritz Machlup hat schon 1962 seine berühmte Unterscheidung zwischen wissensproduzierenden und nicht-wissensproduzierenden Berufen getroffen.

> „I define a knowledge occupation as one that involves activities, gainful or costly, that are designed chiefly to aid in the generation, transmission, or reception of knowledge of any type, sort, or quantity, including giving, directly or through instruments, visual, aural, or otherwise sensible signals, and ranging from carrying messages to creating new knowledge" (Machlup 1980, S. 228).

Dabei unterscheidet er zwischen Informationsproduzenten und Informationsbenutzer. Seine Kategorisierung teilt Berufe nach der Produktion, Bearbeitung und Verarbeitung von Information ein.

In der betriebswirtschaftlichen Literatur zu dem Thema dominiert heute die Sichtweise des Wissens als Produktionsfaktor (Stewart 1998). Neben die klassischen drei Produktionsfaktoren Kapital, Arbeit und Boden tritt demnach als vierter Faktor das Wissen. Dennoch ist auch in der ökonomischen Perspektive klar, dass Wissen kein marktfähiges Produkt ist. Bei einem normalen Sachgut kann der potenzielle Käufer alle Informationen über das Gut vor dem Vertragsabschluss bekommen. Auf Grundlage dieser vollzieht er die Kaufentscheidung. Entspricht das gekaufte Produkt nicht den erhaltenen Informationen, kann der Käufer es umtauschen. All dies funktioniert aber nicht beim Wissen. Der Käufer muss die „Katze im Sack" kaufen. Wenn er nämlich schon ausreichend Informationen über das Wissensprodukt hätte, dann wäre er schon im Besitz des Wissens und bräuchte es nicht mehr zu kaufen. Wissen kann also beim Übertragen seinen Tauschwert verlieren. Es kann nicht wie ein Kleidungsstück umgetauscht werden.

Eine Weiterführung dieses Themas in der betriebswirtschaftlichen Literatur besteht in dem Diskurs um das Wissensmanagement. Nonaka und Takeuchi (1997) (in Anlehnung an Polanyi 1966) sowie Probst, Raub und Romhardt (1998) haben zwei viel beachtete Modelle des Wissensmanagements vorgestellt, die jedoch beide die Probleme der Wissensarbeit nicht theoretisch reflektieren. Beide Modelle sind eher auf die Systematisierung der Erfahrung von Praktikern zugeschnitten. Sie bieten aber keine hinreichende theoretische Begründung innerbetrieblichen Handelns in der Wissensarbeit (vgl. Wilkesmann 2000a, Wilkesmann/Rascher 2004). Probst und Mitautoren differenzieren indessen verschiedene Phasen des Wissensmanagement im Unternehmen, wobei in diesem Artikel an die beiden wichtigsten Phasen der Generierung neuen Wissens und der Speicherung und Nutzung von Daten angeschlossen wird.

## 2.2  Der arbeitssoziologische Diskurs

Schon 1987 hat Malsch den interaktiven Aspekt von Wissensarbeit herausgestellt. Er differenziert drei unterschiedliche Phasen: Die Wissensgewinnung, in der „... Erfahrungswissen unter selektiven Gesichtspunkten empirisch erhoben, beobachtet oder abgefragt und schriftlich fixiert oder elektronisch gespeichert..." (Malsch 1987, S. 80) wird; die Wissensobjektivation, in der „... das abgespeicherte Erfahrungswissen systematisch entfaltet und in kontextfreies Planungswissen transformiert..." (Malsch 1987, S. 80) wird sowie die Wissensrückkehr, in der das objektivierte Wissen in Anwendungswissen rückübersetzt wird. Er diagnostiziert dabei einen

> „... Widerspruch zwischen Kompetenzverlust bei der Arbeitsausführung und Kompetenzgewinn bei der Informationserzeugung. Allgemeiner ausgedrückt: In der ersten Kreislaufphase der Wissenstransformation werden dem Personal gesteigerte Informationskompetenzen der intelligenten Dateneingabe abverlangt, die in der dritten Phase als restringierende Planvorgaben zurückkehren und den Handlungsspielraum des Personals einengen" (Malsch 1987, S. 83).

Problematisch an dieser Bestimmung von Wissensarbeit ist die Vorstellung, dass Erfahrungswissen abgespeichert werden kann. Allerdings wird in diesem Beitrag herausgearbeitet, dass Wissen letztendlich immer in einem interaktiven Prozess erzeugt wird.

An diese These knüpft auch Knoblauch (1996) an. Er spricht von Kommunikationsarbeit und zeigt anhand der Ergebnisse der Workplace Studies, in denen die Arbeit in technologisch unterstützen Koordinationszentren analysiert wurde, wie z. B. in Flugkontrollzentren, Navigationszentralen von Schiffen, dass die Routinetätigkeit auch in solchen Zentren auf verbale und non-verbale Interaktion angewiesen ist. Die computervermittelte Kommunikation ist dabei immer von der face-to-face Kommunikation abhängig. Ein weiterer Grund von Kommunikationsarbeit zu sprechen besteht für ihn darin, dass die technologisch vermittelte Koordination immer Kommunikation ist, nämlich computervermittelte Kommunikation. Außerdem kommen durch den Begriff der Kommunikationsarbeit die realzeitlichen Abläufe in den Blick (Knoblauch 1996, S. 359).

Auch in neueren Publikationen zur Wissensarbeit (vgl. Konrad/Schumm 1999) wird die Bedeutung der Interaktion hervorgehoben. Minssen (1999) unterstreicht ihre Bedeutung für die Kooperation bei dispositiven Aufgaben, Böhle und Bolte (2002) betonen ihre Notwendigkeit in der alltäglichen Arbeit. Rammert (1999) stellt heraus, dass in vielen Bereichen die Arbeit zunehmend ihre Routineteile verliert (vgl. Deutschmann 2002, S. 41) und implizites Wissen immer als Nebenprodukt von explizitem Wissen entsteht – also nicht, wie Nonaka und Takeuchi (1997) postulieren, Wissen transformiert wird (Rammert 2000) und die Erzeugung von Wissen auch nicht im klassischen Sinne kontrolliert werden kann (Rammert 2002).

Allen diesen referierten Ansätzen ist gemeinsam, dass Wissensarbeit eng mit Kommunikation verbunden ist. Malsch und Knoblauch rekurrieren in diesem Zusammenhang auf den Ansatz von Habermas – allerdings in der Version der Theorie des kommunikativen Handelns von 1981. Kommunikatives Handeln zeichnet sich nach der ursprünglichen Definition von Habermas (1981) dadurch aus, dass **alle** Geltungsansprüche jederzeit problematisiert werden können.² Neuerdings differenziert Habermas (1999) jedoch drei Handlungstypen: stark-kommunikatives, schwach-kommunikatives und strategisches Handeln. Stark-kommunikatives Handeln folgt einem einverständnisorientierten, schwach-kommunikatives Handeln einem verständigungsorientierten und strategisches Handeln einem folgenorientierten Sprachgebrauch. Von Verständigung redet Habermas, wenn die Geltungsansprüche der Wahrheit und Wahrhaftigkeit, nicht aber der der Richtigkeit, eingeschlossen sind. Einverständnis definiert er entsprechend, wenn alle Geltungsansprüche problematisierbar sind.

Verständigung ist nicht nur in Projektarbeit, bei Planungs- und Entwicklungsprozessen in komplexen Dienstleistungsarbeiten, sondern auch bei jeder Form der Wissensgenerierung von komplexen Problemen und bei der Koordination bei der Verteilung von neuem Wissen notwendig. Dabei bleibt der Geltungsanspruch der Richtigkeit ausgeklammert, da nicht die grundsätzlichen Normen der Organisation problematisiert werden können, wohl aber die Geltungsansprüche der Wahrheit und Wahrhaftigkeit. Wenn Probleme zusammen gelöst werden sollen, dann geht dies nur, indem sich alle beteiligten Akteure auf gemeinsame Kriterien einigen, was eine angemessene Lösung ist, wie sie dorthin kommen und wie kritische Sachfragen sowie interpersonale Probleme gelöst werden sollen (vgl. Wilkesmann 2001).³

---

[2] Früher hat Habermas (1981) zwischen den drei Geltungsansprüchen der Wahrheit, Richtigkeit und Wahrhaftigkeit unterschieden. Wird mindestens einer dieser Geltungsansprüche vom Hörer nicht akzeptiert, dann kann er im Falle einer verständigungsorientierten Interaktionssituation diesen Zweifel metakommunikativ klären.

[3] Auf den ersten Blick scheint die Form der Metadiskussion sich nicht in der innerbetrieblichen Realität wieder zu finden. In Formen von Gruppenarbeit, in denen neues Wissen generiert werden soll, ist dies jedoch unter gewissen Voraussetzungen möglich: Wenn der Gruppe nicht zu viele Personen angehören, keine relevanten Machtunterschiede in Form von direkten Unterstellungsverhältnissen existieren und die Gruppe längere Zeit zusammen arbeitet, dann kann sich diskursives Interaktionsverhalten in der Gruppe entwickeln. Wilkesmann (2000) hat das Interaktionsverhalten in Projektgruppen analysiert und dabei auch den Aspekt von Metadiskussionen berücksichtigt. Ein Ergebnis der Untersuchung ist, dass erfolgreiche Projektgruppen viel häufiger Metadiskussionen über Kriterien zu strittigen Sachfragen (Geltungsanspruch der Wahrheit) und Metadiskussionen über Beziehungskonflikte führen als weniger erfolgreiche Projektgruppen. Außerdem korreliert die Häufigkeit der Metadiskussion positiv mit der Wahrnehmung der Interaktion als fair. Die als fair und verständigungsorientiert wahrgenommene Interaktion korreliert sehr hoch positiv mit einer konsensualen Lösungsfindung innerhalb der Projektgruppe.

Letztendlich dokumentieren diese Ansätze eine Gegenbewegung zu der von Arendt (1981) mit ihrer Dreiteilung zwischen Arbeiten, Herstellen und Handeln diagnostizierten Bewegung. Für Arendt ist das Handeln die einzige Tätigkeit der vita activa, die sich ohne Vermittlung von Materie, Material und Dingen direkt zwischen den Menschen abspielt. Sie begründet sich durch die menschliche Pluralität, d. h. dass wir immer gemeinsam auf dieser Erde sind und unser Zusammenleben koordinieren müssen. Handeln erzeugt eine gemeinsame Welt und macht Sinn erfahrbar. Ziel des Handelns ist die gemeinsame Gestaltung des Zusammenlebens. Genau diese Funktion des Handelns, die der Polis zugeordnet ist, ist nun auch im Oikos beobachtbar. Wissensarbeit kann nicht per Sanktion durchgesetzt werden. Es steht bei ihr die gemeinsame Planung, Organisation der Arbeit sowie die Entwicklung von neuen Inhalten oder Produkten im Mittelpunkt.[4]

In diesem Artikel wird an die Diagnose der interaktiven Generierung neuen Wissens angeknüpft, welche allerdings aus austauschtheoretischer Perspektive analysiert wird, da die Generierung nur gelingt, wenn zuvor die Bereitschaft existiert, Daten auch tatsächlich auszutauschen.

## 2.3 Der systemtheoretische Diskurs

Neben diesen betriebswirtschaftlichen und arbeitssoziologischen Definitionen findet sich heute in der systemtheoretischen Literatur ein Wissensverständnis, das sich an Bateson (1985, S. 411) anlehnt. Hier geht es um einen Unterschied, der einen Unterschied ausmacht.[5] Als Beispiel sei hier Willkes (1998) bekannte Definition der drei in diesem Kontext zentralen Begriffe Daten, Information und Wissen genannt.[6] Daten sind das „Rohmaterial", die Variablen,

---

[4] Es existiert auch ein interessanter Zusammenhang zwischen diesen hier referierten Ansätzen und den Arbeiten der Züricher Arbeitspsychologie (Ulich 1994) sowie der Handlungsregulationsschule (Hacker 1986), die einen Zusammenhang zwischen der Art der Arbeitsgestaltung und der Entwicklung der Persönlichkeit untersucht haben. Dies kann aus Platzgründen jedoch nicht näher entfaltet werden.
[5] Für eine allgemeine systemtheoretische Fundierung des Arbeitsbegriffs vgl. Bommes/Tacke (2001).
[6] Allerdings definiert Willke (1998a, S. 161) Wissensarbeit auch als Umgang mit der **Ressource** Wissen. Die kategoriale Differenz zwischen dieser Auffassung und dem Anschluss an die Definition von Bateson thematisiert Willke selbst nicht.

Zahlen und Fakten. Allerdings existieren keine Daten an sich, sondern sie existieren nur als beobachtungsabhängige Daten. Als Beispiel können hier die Zahlen in einer Bilanz genannt werden. Was nicht in einer Bilanz erfasst wird, „existiert" für das Controlling nicht. Daten müssen zudem immer in Zahlen, Sprache/Text oder Bildern codiert sein (Willke 1998, S. 7). Wenn jemand aber noch nie eine Bilanz gesehen und nicht gelernt hat, sie zu lesen, dann weiß derjenige nicht, was die Zahlen bedeuten. Der Akteur muss also wissen, was 100 Mio. Euro Umsatz oder 1 Mio. Euro Gewinn bedeuten. Die Daten müssen also in einen Kontext von Relevanzen eingebunden werden, erst dann werden sie zu Informationen. Aus Informationen wird Wissen, wenn sie in einen zweiten Kontext von Relevanzen integriert werden. Der Betroffene muss also das Unternehmen und seine Geschichte kennen, um beurteilen zu können, was ein Gewinn von 1 Mio. Euro bedeutet. Ist dies ein Fortschritt gegenüber dem Vorjahr oder ein Verlust etc.? Hier werden die Informationen in schon vorhandenes Wissen integriert. Wichtig an diesem Diskurs ist der Aspekt, dass Wissen nicht getauscht werden kann. Was weitergegeben und getauscht wird, sind nur Daten. In Akten, Dokumenten und Datenbanken sind also immer nur Daten enthalten, die erst „interpretiert", d. h. zu Information und Wissen generiert werden müssen.

In allen drei Diskursen wird aber die Frage nach der Bedingung der Organisationsmöglichkeit von Wissensarbeit nicht beantwortet. Entweder kommt sie nicht in den Blick, wie im systemtheoretischen Diskurs, oder sie wird nur kurz gestreift, wie im arbeitssoziologischem Diskurs. Es wird da zwar der interaktive Charakter der Wissensarbeit herausgestellt, aber nicht spezifiziert, welche Organisationsvoraussetzung Wissensarbeit bedarf.

Für die systematische Betrachtung der Frage, wie Wissensarbeit organisierbar ist, wird daher in dem Sinne an den arbeitssoziologischen Diskurs angeschlossen, dass es sich bei der Wissensarbeit um einen interaktiven Prozess handelt. Aus der Perspektive der beteiligten Akteure geht es dabei auch um Austausch von Daten, der in einen Interaktionsprozess eingebunden ist. Nachfolgend wird nicht an die Perspektive der Kybernetik zweiter Ordnung angeschlossen, allerdings wird die Differenzierung zwischen Daten, Information und Wissen aufgegriffen. Was weitergegeben wird zwischen den Akteuren, sind zuerst nur Daten. Außerdem wird in der systemtheoretischen Sichtweise deutlich, dass schon Daten selektiv konstruiert werden durch Aufmerksamkeitsfokussierungen in Organisationen und Netzwerken. Dies gilt natürlich in noch stärkerem Maße für Informationen und Wissen. Ohne diese Aufmerksamkeitsfokussierung würde jedes Wissensnetzwerk am Datenoverload ersticken (Howaldt u. a. 2003).

## 3. Die Organisation von Wissensarbeit

Im Folgenden soll unter Wissensarbeit eine Tätigkeit verstanden werden, die zum einen den Tausch von Daten und zum anderen die interaktive Generierung neuen Wissens beinhaltet. Dabei werden zwei scheinbar widersprüchliche Ansätze integriert, dennoch bestimmen beide Sichtweisen die Erfahrungen von Mitarbeitern in Unternehmen. Es wird die austauschtheoretische Perspektive als Ausgangspunkt genommen, um die Bedingungen der Möglichkeit für Wissensarbeit aufzuzeigen. Allerdings werden hier auch die Grenzen dieses Ansatzes deutlich. Der Vorteil der austauschtheoretischen Perspektive besteht darin, dass sie den Blick für die Organisationsbedingungen von Wissensarbeit eröffnet.

Der Tausch von Daten findet z. B. sowohl bei jeder Projektgruppenarbeit statt, bei der alle Teilnehmer etwas beitragen, als auch bei der elektronischen Speicherung von best practices einer Beratung in einer Datenbank einer Unternehmensberatung oder bei der Vernetzung von Experten in einem Wissensnetzwerk. Natürlich ist in diesem Sinne Produktionsarbeit heute auch vielfach von Datenaustausch abhängig, wie Deutschmann (2002, S. 41) zeigt. Dennoch macht diese Definition deutlich, dass taylorisierte Arbeitsformen aus Nicht-Wissensarbeit bestehen.

Die austauschtheoretische Perspektive schließt an die Beobachtung von Mitarbeitern in Unternehmen an, die ihr Wissen als relevante Ressource wahrnehmen. Gerade in wirtschaftlich schwierigen Zeiten und drohendem Personalabbau wird Wissen zur Machtressource.[7]

---

[7] Zum Machtaspekt vgl. Wilkesmann 1999; Wilkesmann/Piorr/Taubert 2000.

Aus der betriebswirtschaftlichen Diskussion zum Wissensmanagement lassen sich zwei Funktionen der Wissensarbeit benennen, die besonders wichtig im internen Unternehmensprozess sind: (1) Generierung von neuem Wissen und (2) die Speicherung und Nutzung von Daten.[8] Jedes Unternehmen muss, wenn es wettbewerbsfähig bleiben will, neues Wissen intern generieren. Wenn also neues Wissen erzeugt wurde, dann müssen Daten gespeichert und für alle zugänglich gemacht werden und zwar in einer Weise, dass auch alle die vorhandenen Daten tatsächlich nutzen können. Beide Funktionen lassen sich aber nicht direkt steuern, sondern über eigene Institutionen unterstützen und stabilisieren. Im Folgenden wird aus Platzgründen nur auf den zweiten Aspekt, die Speicherung und Nutzung von Daten eingegangen. Gespeichert werden kann aber nur explizites Wissen, d. h. implizites Wissen, welches eine face-to-face Situation bedarf und damit gleichen Bedingungen wie die Generierung neuen Wissens unterliegt, wird hier ausgeklammert. Die Generierung neuen Wissens und alle Wissensarbeit in face-to-face Situationen unterliegen aber ebenso den hier geschilderten Institutionalisierungsbedingungen.

## 3.1 Das Dilemma bei der Speicherung von Daten

Bei der Speicherung und Nutzung von Daten existieren verschiedene Medien, in denen die Speicherung möglich ist (vgl. Wilkesmann 2000a). Im Folgenden wird nun das Medium der Datenbank analysiert, da es in der Praxis momentan den wohl bedeutendsten Stellenwert aller Medien für diese Funktion hat.

Bei Datenbanken werden Akteure benötigt, die Daten eingeben und andere Akteure, die die Daten wieder abrufen und in ihrem Wissenskontext zu neuem Wissen verarbeiten. In dieser Situation stellt sich die Frage, warum Mitarbeiter ihre Daten in Datenbanken stellen sollen. Sie warten nur darauf, dass dies die Kollegen machen. Aus ihrer Sicht stellt sich der Gebrauch einer Datenbank auf den ersten Blick als strategische Dilemma-Situation dar. Jeder Akteur kann zwischen der Kooperationsstrategie „Daten eingeben" und der Defektionsstra-

---

[8] Die bei Probst, Raub und Romhardt (1998) getrennten Dimensionen der Speicherung und Nutzung werden hier zusammengefasst, da die Speicherung (und ihre Defektionsstrategie) immer im Hinblick auf die spätere Nutzung geschieht, d. h. im Kalkül der Datenspeicherung wird die spätere Nutzung einbezogen.

tegie „Daten nicht eingeben" wählen (Wilkesmann/Rascher 2004). Geben alle Akteure ihre Daten ein, erzielen alle den höchsten Nutzen. Allerdings kann sich dann jeder Akteur auch strategisch überlegen, die Trittbrettfahrer-Position einzunehmen. Gibt z. B. Akteur I seine Daten nicht ein, Akteur II aber schon, dann erzielt Akteur I einen höheren Nutzen als in der Situation, in der alle Daten eingeben: Er gibt sein Wissen nicht preis, kann es also in strategisch wichtigen Aushandlungssituationen noch in die Waagschale werfen (wenn es z. B. um Beförderungen oder Entlassungen geht) und macht sich nicht die zusätzliche Arbeit der Dateneingabe. Außerdem kann er die von Akteur II zur Verfügung gestellten Daten, d. h. dessen Ressource, nutzen. Akteur II dagegen geht leer aus: Er hat die extra Arbeit der Dateneingabe, gibt seine Informationen preis und erhält nichts dafür zurück. Wenn allerdings alle dieses strategische Kalkül unterstellen, dann bleibt die Datenbank leer – ein Phänomen, das in der betrieblichen Realität häufig anzutreffen ist.

## 3.2 Die Überwindung des Dilemmas bei der Speicherung von Daten

Viele Unternehmen haben versucht, dieses Dilemma durch den Einsatz selektiver Anreize zu überwinden. Im Falle der Datenbanken können extrinsische Anreize in Form von Geldprämien, Handys oder Reisen bestehen. Aus prinzipiellen Überlegungen funktioniert dies aber nicht, denn derartige extrinsische Anreize haben drei Nachteile:

1. Sie können eine Anspruchspirale erzeugen. Über die Zeit erwarten Akteure immer mehr Anreize für den gleichen Beitrag, damit weiterhin Motivation erzeugt wird.

2. Es wird nur die Handlung ausgeführt, die belohnt wird, andere werden vernachlässigt. Dies ist bei Aufgaben im Sinne von „multiple tasks" dysfunktional (vgl. Frey/Osterloh 2000). Wird z. B. die Anzahl der eingegebenen Daten belohnt, so wird das Verhalten der Akteure nur auf die Quantität ohne Kontrolle der Qualität gelenkt.

3. Anreize können die bei Mitarbeitern vorhandene intrinsische Motivation verdrängen. Die Diskussion um diesen Verdrängungseffekt ist zu einem vorläu-

figen Abschluss gelangt und lässt sich in folgender Aussage zusammenfassen (vgl. Frey 1997; Ryan/Deci 2000): Externe Eingriffe verdrängen die intrinsische Motivation, wenn das Individuum sie als kontrollierend wahrnimmt. Die externen Anreize können jedoch auch die intrinsische Motivation verstärken, nämlich dann, wenn sie als unterstützend wahrgenommen werden.

Eine erfolgreichere „Überwindung" dieses Dilemma stellt die Attribution von intrinsischer Motivation dar. Dabei sind vorgängig die oben genannten strategischen Überlegungen nicht gegeben – sie setzten also vorgängig das Dilemma aus Kraft.

Nach Heckhausen gilt eine Handlung dann als intrinsisch motiviert, „wenn Mittel (Handlung) und Zweck (Handlungsziel) thematisch übereinstimmen; mit anderen Worten, wenn das Ziel gleichthematisch mit dem Handeln ist, so dass dieses um seiner eigenen Thematik willen erfolgt" (Heckhausen 1989, S. 459). Damit definiert Heckhausen den Begriff intrinsische Motivation über die Gleichsetzung von Weg und Ziel.

Für die hier vorgetragene Argumentation ist aber nicht die individuelle Wahrnehmung entscheidend, sondern die Situation, die diese individuelle Wahrnehmung strukturiert. Erst wenn eine Korrelation zwischen der Arbeitssituation und der motivationalen Attribution nachweisbar ist, kann ein Zusammenhang zwischen der Organisationsstruktur und der intrinsischen Motivation hergestellt werden. Die Untersuchung dieses Zusammenhangs bildet ein zentrales Moment im „task characteristics approach" der Organisationspsychologie. Hackman und Oldham (1980) konnten einen Zusammenhang zwischen der Art der Arbeit und der Arbeitszufriedenheit mit ihrem job-characteristics-model (JCM) nachweisen. Sie bestimmen fünf Kerndimensionen, die zur Arbeitsmotivation führen: Der Abwechslungsreichtum der Tätigkeit (skill variety), die Ganzheitlichkeit der Aufgabe (task identity), die Bedeutung der Aufgabe (task significance), die Selbstständigkeit (autonomy) und der Rückmeldeaspekt (job feedback). Ein solcher Handlungsraum unterstützt die subjektive Ausbildung der intrinsischen Motivation.[9] Der Zusammenhang ist natürlich nicht determinis-

---

[9] Da Wissensarbeit die Tätigkeiten der Datenweitergabe und der Generierung neuen Wissens umfasst, ist sie sowohl ganzheitlich als auch abwechslungsreich. Die Bedeutung ist

tisch. Attribution ist ein individueller Vorgang. Dennoch bestätigen umfangreiche empirische Untersuchungen, dass die Veränderung der fünf Kerndimensionen nach Hackman und Oldham auch zu einer Veränderung der individuellen Wahrnehmung führt (Schmidt/Kleinbeck 1999). Der durch die fünf Kerndimensionen beschriebene Handlungsraum unterstützt nicht nur die Attribution von intrinsischer Motivation, sondern führt zu kooperativem Handeln bei der Wissensarbeit. Wie in empirischen Untersuchungen bestätigt werden konnte (Wilkesmann/Rascher 2004), verhalten sich Akteure, die einen großen Handlungs- und Entscheidungsspielraum besitzen, bei der Wissensarbeit kooperativer, d. h. geben eher Daten weiter und beteiligen sich eher an der Generierung neuen Wissens. Aus sozialwissenschaftlicher Perspektive kann die kollektive Attribution intrinsischer Motivation eine Institution sein – dies soll kurz im nächsten Kapitel aufgezeigt werden.

## 4. Kollektive Attribution als Institution?

Um die Frage zu entscheiden, ob die kollektive Attribution eine Institution sein kann, muss zuerst der Begriff der Institution näher analysiert werden. In den Sozialwissenschaften existieren sehr unterschiedliche Definitionen zu diesem Begriff. Es lassen sich folgende Diskurse differenzieren (vgl. Mayntz/Scharpf 1995):

1. Im wirtschaftswissenschaftlichen Diskurs lassen sich grundsätzlich zwei verschiedene Richtungen ausmachen:

- Die institutionelle Ökonomie, die institutionelle Erklärung für ökonomische Sachverhalte verwendet (z. B. Granovetter 1985).

---

immer dann gegeben, wenn sich der Agent mit den grundsätzlichen Zielen der Organisation identifiziert. Die Selbständigkeit ist dann gegeben, wenn keine zu engen Zeitrestriktionen vorherrschen, und die Rückmeldung erfolgt dadurch, dass das Produkt der Wissensarbeit sichtbar wird z. B. in Form eines neuen Prototypen, einer gelungenen Reorganisation. Wissensarbeit kann demnach einen weiten Handlungsspielraum eröffnen, da die Informationen zusammengetragen werden müssen und es keinen vorgegebenen Lösungsweg gibt und somit die Möglichkeit existieren muss, verschiedene Wege auszuprobieren.

- Der ökonomische Institutionalismus, der das Phänomen Institution ökonomisch erklärt.

2. In der Organisationssoziologie spielt der Neo-Institutionalismus in den letzten Jahren eine bedeutende Rolle.

3. Im symbolischen Interaktionismus von Berger und Luckmann werden Institutionen als Taken-for-grantedness von Regeln und Vorstellungen definiert.

4. Im akteurzentrierten Institutionalismus des Kölner Max-Planck-Institutes für Gesellschaftsforschung werden Institutionen als Handlungskontexte von Akteuren definiert.

Aus Platzgründen können die Kernaussagen der einzelnen Diskurse hier nur sehr knapp rekonstruiert werden. Im ökonomischen Institutionalismus werden Institutionen in Anlehnung an die bekannte Definition von Ostrom (1986) wie folgt bestimmt:

> „Institutionen können dann definiert werden als allgemein bekannte Regeln, mit deren Hilfe wiederkehrende Interaktionssituationen strukturiert werden und die mit einem Durchsetzungsmechanismus bewehrt sind, der eine Sanktionierung bzw. Sanktionsandrohung im Falle eines Regelverstoßes bewirkt" (Voigt 2002, S. 34).

Ökonomisch ist daran, dass eine Sanktionierung bzw. Sanktionsandrohung für die Durchsetzung notwendig ist. DiMaggio und Powell (1991), die Hauptvertreter des Neo-Institutionalismus der Organisationssoziologie, knüpfen an einer Definition von North an:

> „The new institutional economics takes the transaction as the primary unit of analysis. ... According to organizational economists, institutions reduce uncertainty by providing dependable and efficient frameworks for economic exchange (North 1988)" (DiMaggio/Powell 1991, S. 4).

Dabei stehen bei ihnen die drei Formen der Isomorphie im Vordergrund: Institutionen erzeugen Anpassung durch Zwang (coercive isomorphism), Imitation (mimetic isomorphism) und normativen Druck (normative isomorphism). Institutionen werden dabei als allgemeine, übergreifende Erwartungsstrukturen angesehen. Die Erklärungsrichtung des Neo-Institutionalismus geht aber ausschließlich von der Struktur in Richtung Handlung. Er erklärt nicht, wie Isomorphien aus Handlungen entstehen können und er erklärt ebenso nicht, warum sich einige Muster durchsetzen, andere aber nicht. Der symbolische Interaktionismus nach Berger und Luckmann (2004) führt die philosophische Anthropologie deutscher Prägung fort. Die berühmte Definition bei Berger und Luckmann lautet:

> „Institutionalisierung findet statt, sobald habitualisierte Handlungen durch Typen von Handelnden reziprok typisiert werden. Jede Typisierung, die auf diese Weise vorgenommen wird, ist eine Institution" (Berger/Luckmann 2004, S. 58).

Im Gegensatz zum Neo-Institutionalismus, der besonders die Prägewirkung von Institutionen hervorhebt, betont der akteurszentrierte Institutionalismus nach Mayntz und Scharpf die Wechselwirkung zwischen Handlung und Struktur (Mayntz/Scharpf 1995, S. 45). Scharpf definiert Institutionen als Regelsysteme, „die einer Gruppe von Akteuren offen stehende Handlungsverläufe strukturieren (Scharpf 2000, S. 77). Einigen dieser Diskurse – anknüpfend an DiMaggio und Powell (1991) – ist jedoch gemeinsam, dass sie Institutionen als reziproke Erwartungshaltungen definieren. Allgemein werden im Folgenden Institutionen als reziproke Erwartungen über das Auftreten bestimmter Verhaltensweisen definiert und damit eine weite Definition von Institutionen zu Grunde gelegt. Das Verhalten, das aus intrinsischer Motivation entsteht, nämlich im Falle der Wissensarbeit das kooperative Verhalten bei Wissensteilung und Wissensgenerierung, stellt für die beteiligten Wissensarbeiter eine entsprechende Erwartungshaltung dar. Wenn „Alter" in einer Projektgruppe arbeitet, in der alle mit hoher intrinsischer Motivation ans Werk gehen, dann wird sich schnell eine Erwartungshaltung etablieren, die kooperatives Handeln voraussetzt. „Ego" arbeitet kooperativ, weil es ihm Spaß macht und dies erwartet er auch implizit von „Alter". Eine Dilemmasituation, wie in der Heuristik des oben beschriebenen strategischen Dilemmas unterstellt, wäre durch diese Institution vorgängig überwunden. Eine solche Institutionalisierung ist durch menschliches Handeln erzeugt, wenn auch nicht immer bewusst intendiert. Ihre Durchsetzung erfolgt in diesem Fall nicht durch soziale Sanktionierung, wie die meisten Ansätze zu Institutionen unterstellen, sondern durch intrinsische Attributionsmuster, die von einer Gruppe von Akteuren geteilt werden, aber nicht qua Sanktion stabilisiert werden müssen. Damit differenzieren sich Institutionen von Organisationen. Institutionen sind einerseits Kernbestandteil von Organisationen, die aber keinen Erzwingungsstab qua Herrschaft wie Organisationen besitzen. Anderseits hat jede Organisation Institutionen, ohne diese wäre eine Organisation nicht handlungsfähig. Innerhalb einer Organisation können somit Institutionen erzeugt werden. Wie gezeigt, wird die Entstehung kollektive Attributionsmuster durch die Einführung eines großen Handlungs- und Entscheidungsspielraums unterstützt. In diesem Sinne können Institutionen durch Managementhandeln „angestoßen" werden. Managementhandeln besteht heute zu einem großen Teil aus dem „auf den Weg bringen" solcher Institutionen. Da Wissensarbeit nicht direkt beobachtbar und sanktionierbar ist, kann es nur über den Aufbau von Institutionen, d. h. indirekt gesteuert werden. Wissensarbeit ist damit im Anschluss an die Überlegungen des arbeitssoziologischen Diskurses Interaktionsarbeit, die sich nur im Rahmen solche Institutionalisierungsprozesse selbst steuern kann. Durch einen großen Handlungsspielraum wird die Institutionalisierung einer kooperativen Verhaltenserwartung unterstützt.

## 5. Resümee

Wissensarbeit ist hier als Handlung definiert, die zum einen den Austausch von Daten und zum anderen die interaktive Generierung neuen Wissens umfasst. Diese austauschtheoretische Perspektive schließt zum einen an die Selbstwahrnehmung der betroffenen Akteure an, die Wissen als Machtressource sehen und öffnet zum anderen den Blick für die Bedingung der Organisierbarkeit von Wissensarbeit.

Wissensarbeit kann nicht von außen durch einfache Vorgaben gemanagt werden. Deshalb sind Strukturen notwendig, die zu kooperativem Handeln im Sinne von Datenweitergabe und gemeinsamer Generierung neuen Wissens führen. Diese Form der Selbststeuerung kann durch die Kerndimensionen unterstützt werden, die einen weiten Handlungsspielraum nach Hackman und Oldham definieren.

Aus der Sicht der Organisationssoziologie sind damit Prozesse benannt, die eine Kooperation auf der Aggregationsebene unterstützen, auch wenn dies nicht durch die individuellen Akteure geplant wird. Intrinsisch motivierte Akteure handeln kooperativ, ohne dass die Kooperation Ziel ihres Handelns ist. Sie sind nur an der Arbeit als Arbeit interessiert, produzieren damit aber unbeabsichtigt kooperatives Handeln. Eine Institutionalisierung führt so zur Selbststabilisierung kooperativen Handelns.

Die austauschtheoretische Analyse der Wissensarbeit schließt im Blickwinkel der Interaktion an die Ergebnisse der arbeitssoziologischen Forschung an und erweitert sie im Hinblick auf die Bestimmung von Prozessen, die die Wissensarbeit ermöglicht. Interaktion setzt bei Wissensarbeit immer den Austausch von Daten voraus, der allerdings auch verweigert oder verschleiert werden kann. Ohne die Bedingungen der Möglichkeit von kooperativem Datenaustausch ist auch in der arbeitssoziologischen Perspektive keine Wissensarbeit möglich. Wissensarbeit muss sich demnach aber durch solche Institutionalisierungsprozesse selbst stabilisieren. Gemanagt werden können nur die Strukturen als Voraussetzungen, dass sich solche Institutionalisierungsprozesse bilden.

**Literatur**

Arendt, H. (1981): Vita Activa oder vom tätigen Leben, München

Bateson, G. (1985): Ökologie des Geistes, Frankfurt a. M.

Berger, P. T./Luckmann, Th. (2004): Die gesellschaftliche Konstruktion der Wirklichkeit, Frankfurt a. M. (20. Aufl.)

Böhle, F./Bolte, B. (2002): Die Entdeckung des Informellen, Frankfurt a. M.

Bommes, M./Tacke, V. (2001): Arbeit als Inklusionsmedium moderner Organisationen. Eine differenzierungstheoretische Perspektive. In: V. Tacke (Hg.): Organisation und gesellschaftliche Differenzierung, Wiesbaden, S. 61 - 83

Deutschmann, C. (2002): Postindustrielle Industriegesellschaft, Weinheim und München

DiMaggio, P. J./Powell, W. W. (1991): The New Institutionalism in Organizational Analysis, Chicago

Esser, H. (1999): Soziologie – Spezielle Grundlagen. Band 1: Situationslogik und Handeln, Frankfurt a. M.

Franz, H.-W./Howaldt, J./Jacobsen, H./Kopp, R. (Hg.) (2003): Forschen – Lernen – Beraten. Der Wandel von Wissensproduktion und –transfer in den Sozialwissenschaften, Berlin

Frey, B. S./Osterloh, M. (Hg.) (2000): Managing Motivation, Wiesbaden

Frey, B. S. (1997): Not just for the money. An economic theory of personal motivation, Cheltenham/UK

Granovetter, M. (1985): Economic action and social structure: The problem of embeddedness. In: American Journal of Sociology 91, p. 481 - 510

Habermas, J. (1981): Theorie des kommunikativen Handelns, Frankfurt a. M.

Habermas, J. (1999): Rationalität der Verständigung. Sprechakttheoretische Erläuterungen zum Begriff der kommunikativen Rationalität. In: Habermas, J.: Wahrheit und Rechtfertigung, Frankfurt a. M., S. 102 - 137

Hacker, W. (1986): Arbeitspsychologie, Berlin

Hackman, R. J./Oldham, G. R. (1980): Work redesign, Reading

Heckhausen, H. (1989): Motivation und Handeln, Berlin

Howaldt, J./Klatt, R./Kopp, R. (2003): Interorganisationales Wissensmanagement in wissensintensiven Netzwerken. In: profile, Internationale Zeitschrift für Veränderung, Lernen, Dialog, Heft 6, S. 36 - 41

Katenkamp, O. (2003): Quo vadis Wissensmanagement? In: Arbeit 12, S. 16 - 35

Knoblauch, H. (1996): Arbeit als Interaktion. In: Soziale Welt 47, S. 344 - 362

Konrad, W./Schumm, W., (Hg.) (1999): Wissen und Arbeit. Neue Konturen von Wissensarbeit, Münster

Kopp, R. (2001): Management von Verbünden. In: Flocken, P./Hellmann-Flocken, S./Howaldt, J./Kopp, R./Martens, H. : Erfolgreich im Verbund. Die Praxis des Netzwerkmanagements, Eschborn, S. 58 - 88

Machlup, F. (1962): The production and distribution of knowledge in the United States, Princeton

Machlup, F. (1980): Knowledge: Its creation, distribution, and economic significance, Vol. 1: knowledge and knowledge production, Princeton

Malsch, Th. (1987): Die Informatisierung des betrieblichen Erfahrungswissens und der „Imperialismus der instrumentellen Vernunft". In: Zeitschrift für Soziologie 16, S. 77 - 91

Mayntz, R. (1997): Policy-Netzwerke und die Logik der Verhandlungssysteme. In: R. Mayntz (Hg.): Soziale Dynamik und politische Steuerung, Frankfurt a. M., S. 239 - 262

Mayntz, R./Scharpf, F. W. (1995): Steuerung und Selbstorganisation in staatsnahen Sektoren. In: R. Mayntz/F. W. Scharpf (Hg.): Gesellschaftliche Selbstregulung und politische Steuerung, Frankfurt am Main, S. 9 - 38

Minssen, H. (1999): Von der Hierarchie zum Diskurs? München

Nonaka, I./Takeuchi, H. (1997): Die Organisation des Wissens – Wie japanische Unternehmen eine brachliegende Ressource nutzbar machen, Frankfurt a. M.

Pawlowsky, P. (Hg.) (1998): Wissensmanagement – Erfahrungen und Perspektiven, Wiesbaden

Polanyi, M. (1966): The tacit dimension, London

Probst, G./Raub, S./Romhardt, K. (1998): Wissen managen, Wiesbaden

Rammert, W. (1999): Produktion von und mit „Wissensmaschinen". Situation sozialen Wandels hin zur „Wissensgesellschaft". In: W. Konrad/W. Schumm (Hg.): Wissen und Arbeit. Neue Konturen von Wissensarbeit, Münster, S. 40 - 57

Rammert, W. (2000): Nicht-explizites Wissen in Soziologie und Sozionik, Technical University Berlin, Technology Studies Working Paper 8-2000

Rammert, W. (2002): The Governance of Knowledge, Limited: The rising relevance of non-explicit knowledge under a new regime of distributed knowledge production, Technical University Berlin, Technology Studies Working Papers 1-2002

Ryan, R. M./Deci, E. L. (2000): Self-Determination theory and the facilitation of intrinsic motivation, social development and well-being. In: American Psychologist 55, S. 68 - 78

Scharpf, F. W. (2000): Interaktionsformen – Akteurzentrierter Institutionalismus in der Politikforschung, Opladen

Schmidt, K.-H./Kleinbeck, U. (1999): Job Diagnostic Survey (JDS – deutsche Fassung). In: H. Dunckel (Hg.): Handbuch psychologischer Arbeitsanalyseverfahren, Zürich, S. 205 - 230

Stehr, N. (1999): „Wissensgesellschaften" oder die Zerbrechlichkeit moderner Gesellschaften. In: Konrad, W./Schumm, W. (Hg.): Wissen und Arbeit. Neue Konturen von Wissensarbeit, Münster, S. 13 - 23

Stehr, N. (2000): Die Zerbrechlichkeit moderner Gesellschaften, Weilerswist

Stehr, N. (2003): Wissenspolitik, Frankfurt a. M.

Stewart, T. A. (1998): Der vierte Produktionsfaktor, München

Ulich, E. (1991): Arbeitspsychologie, Stuttgart

Voigt, S. (2002): Institutionenökonomik, München

Wilkesmann, U. (1999): Lernen in Organisationen, Frankfurt a. M.

Wilkesmann, U. (2000): Kollektives Lernen in Organisationen – am Beispiel von Projektgruppen. In: W. Schmeisser/A. Clermont/D. Krimphove (Hg.): Personalführung und Organisation, München, S. 295 - 312

Wilkesmann, U. (2000a): Die Anforderungen an die interne Unternehmenskommunikation in neuen Organisationskonzepten. In: Publizistik – Vierteljahreshefte für Kommunikationsforschung 45, S. 476 - 495

Wilkesmann, U. (2001): Unternehmensethik und organisationales Lernen – Zur theoretischen Fundierung einer pragmatischen Unternehmensethik. In: Die Unternehmung – Schweizerische Zeitschrift für betriebswirtschaftliche Forschung und Praxis 55, S. 5 - 23

Wilkesmann, U. (2003): Strukturelle und motivationale Voraussetzungen des organisationalen Lernens. In: Brentel, H./Klemisch, H./Rohn, H. (Hg.): Lernendes Unternehmen. Konzepte und Instrumente für eine zukunftsfähige Unternehmens- und Organisationsentwicklung, Wiesbaden, S. 133 - 148

Wilkesmann, U./Piorr, R./Taubert, R. (2000): Konfliktarenen im Unternehmen – am Beispiel des Co-Managements. In: Schmeisser, W./Clermont, D./Krimphove, D. (Hg.): Personalführung und Organisation, München, S. 715 - 730

Wilkesmann, U./Rascher, I. (2004): Wissensmanagement. Theorie und Praxis der motivationalen und strukturellen Voraussetzungen, München/Mering

Willke, H. (1998): Systemisches Wissensmanagement, Stuttgart

Willke, H. (1998a): Organisierte Wissensarbeit. In: Zeitschrift für Soziologie 27, S. 161 - 177

Fredmund Malik

# Wissensmanagement oder Management von Wissensarbeitern?[1] – Ein Interview

---

[1] Das Interview führte Ralf Kopp. Die Erstveröffentlichung des Interviews erfolgte in profile, Internationale Zeitschrift für Veränderung, Lernen, Dialog, Heft 4, S. 109 - 112

**Ralf Kopp:** Der Name Management Zentrum signalisiert eine besondere Fokussierung Ihrer Unternehmung. Wieso ist der Bezug auf „Management" wichtig?

**Prof. Fredmund Malik:** Das Anwendungsfeld unseres Wissens ist Management, genauer die Gestaltung, Entwicklung und Lenkung von Unternehmen und anderen Arten von Organisationen, gelegentlich sagen wir auch, von sozialen produktiven Systemen. Wir halten Management für einen der wichtigsten Berufe in der modernen Gesellschaft. Fast alles was uns lieb und teuer ist, hängt in einer modernen Gesellschaft vom Handeln, vom Denken der Manager ab. Man mag das begrüßen, man mag es beklagen, es ist einfach so. Wohlstand, Innovationskraft, Produktivität etc. sind nicht von den Arbeitern in der Fabrik, sondern von den Führungskräften abhängig.

**Ralf Kopp:** Welche Führungskräfte sind hier besonders angesprochen?

**Prof. Fredmund Malik:** Damit meine ich nicht nur die Vorstände, sondern jeden, der in den oberen und mittleren Rängen zu führen hat. Dazu gehören auch Programmleiter, Projektleiter, alle diese Leute. Management ist keine ausschließliche Kategorie der Wirtschaft, sondern wir finden es in allen Bereichen, z. B. im Bereich des Gesundheitswesens. Hier ist das Wort Manager zwar nicht gebräuchlich, wir finden das Wort Chefarzt, Klinikchef, Stationsvorstand, Institutionsvorstand etc. Was diese Personen aber tun, ist in erheblichem Umfang Management. Ebenso in der öffentlichen Verwaltung oder im Bildungssystem: dort werden die Leute nicht Manager, sondern Kultusminister, Rektoren, Direktoren, Oberstudienräte etc. genannt. Sie alle haben Führungsaufgaben zu erfüllen, so dass wir sagen können, nicht nur die wirtschaftlichen Werte in der Gesellschaft wie Wohlstand, Innovationskraft, Produktivität etc. hängen von ihnen ab, sondern auch unser Bildungsniveau, unser Gesundheitszustand und vieles andere.

**Ralf Kopp:** Wie neu sind diese Entwicklungen?

**Prof. Fredmund Malik:** Wir leben in einer Gesellschaft, in der alles, was geschieht, durch Organisationen geschieht. Und jeder Mensch ist entweder als Benützer einer Organisation oder als Mitwirkender in einer Organisation tätig. Das ist eine völlig neue Situation wie es sie in keiner früheren Gesellschaft gab. Diese Entwicklung begann sich vor ca. 120 Jahren abzuzeichnen, aber 80 % dieser Entwicklung vollzog sich nach dem Zweiten Weltkrieg, einer historisch in jeder Beziehung sehr kurzen Zeit. Alle diese Organisationen brauchen Management. Wenn das so ist, dann haben wir jeden Grund auf die Qualität dieser Tätigkeit zu achten und sie als echten Beruf zu konstituieren, zu etablieren und für die nötigen Wissensbestände, für die nötige Ausbildung zu sorgen.

Ich sehe absolut keinen Grund, warum wir an die Ausbildung im Management weniger Forderungen stellen sollten wie an die Ausbildung von Ärzten, von Chirurgen, von Flugzeugpiloten, von Rechtsanwälten oder von irgendeiner Art von Profession, die wir in unserer Gesellschaft eben haben. Gleichzeitig kommt hinzu, das Management nicht wie früher das Privileg einer kleinen Zahl von Menschen, (dem Adel und dem Klerus, die in der Verwaltung tätig waren) ist, sondern Management einen Massenberuf darstellt. Management ist aber leider auch ein Beruf, für den es keine systematische Ausbildung gibt. Das ist der skandalöse Zustand, den wir haben. Niemand würde in ein Flugzeug steigen, wenn er wüsste, dass die Piloten keine adäquate Ausbildung haben. Ich kenne eigentlich nur zwei Organisationen, die systematisch Führungsausbildung betreiben. Das sind die Armeen, die militärischen Organisationen und es ist die katholische Kirche. Damit empfehle ich keineswegs die Inhalte, es geht mir nicht um militärische oder um katholische Führung. Die Inhalte sind hier nicht wesentlich, sondern der Umstand, dass z. B. beim Militär keiner eine höhere Offizierposition bekommt, der nicht mindestens vier Jahre Kadettenausbildung hinter sich bringt. Und der wesentlichste Ausbildungsteil sind Führungsfragen. Dies ist bei Akademikern anders. Sie haben fantastisches Fachwissen, aber kein Managementwissen. An unseren Universitäten erlernen wir ein Fach, eines der zahllosen akademischen Fächer von den Naturwissenschaften über Technik zu den Wirtschaftswissenschaften und den Sozialwissenschaften. Und weil wir gute Fachleute sind, werden wir in einem Unternehmen angestellt, bewähren uns als Fachkräfte und werden eines Tages befördert und sollen eine Führungsaufgabe erfüllen, worauf wir nie vorbereitet wurden. Das erfordert nun, dass wir im großem Umfange dafür sorgen, dass diese Menschen an Managementwissen und an das erforderliche Training herankommen. Es ist übrigens keineswegs besser in Amerika. Wir haben dort viel Business-Administration, aber sehr wenig Managementausbildung. Das ist nicht dasselbe.

**Ralf Kopp:** Welche Bedeutung hat das Thema Wissensmanagement für das MZSG?

**Prof. Fredmund Malik:** Im Managerberuf braucht man natürlich Wissen. Ich meine, die beste Definition von Management ist wohl die: „Management ist die Transformation von Wissen in Nutzen." Der Mann, der diesen Gedanken wohl als Erster gedacht und publiziert hat, war Peter Drucker. Allerspätestens finden wir bei ihm diese Vorstellung glasklar 1969 in seinem Buch „The Age of Discontinuity". Das Grundkonzept finden wir viel früher bei ihm, und dann sind es natürlich etliche andere Namen, dazu gehören Gottfried Haberler und Fritz Machlup, das sind die großen Denker der österreichischen Schule der Nationalökonomie, die die Ressource Wissen als ökonomischen Wohlstandsfaktor schon in den 50er-Jahren erkannt haben. Diese Dinge sind keineswegs so furchtbar neu, wie viele heute meinen. Allerdings hat die gesellschaftliche Abhängigkeit von dieser Ressource enorm zugenommen. Dass heißt, Wissen kann mit guten Gründen als eine der wichtigsten, und ich denke, wir dürfen so weit gehen und sagen, als die wichtigste Ressource einer Gesellschaft bezeichnet werden. Nun ist das aber zunächst eben nur eine Ressource, genauso wie Erdöl nur eine Ressource ist. Und die Frage ist, was machen wir damit? Wie machen wir Wissen produktiv? Wie transformieren wir eine ökonomische Ressource in tatsächlichen Nutzen?

**Ralf Kopp:** Sind das die Kernfragen aktueller gesellschaftlicher Entwicklungen?

**Prof. Fredmund Malik:** Wir sprechen mit Recht von einer Wissensgesellschaft. Wir sprechen mit Recht von Wissensorganisationen, also von Organisationen, die nicht mehr von den klassischen ökonomischen Produktionsfaktoren Boden, Kapital und Rohstoffe, sondern eigentlich nur noch von Wissen abhängig und geprägt sind. Natürlich brauchen sie schon ein bisschen Boden und Kapital, Rohstoffe, das ist klar. Aber der Anteil jener Leute, die ausschließlich mit Wissen, und nicht mehr mit ihren Muskeln arbeiten, nimmt kontinuierlich zu. Insofern bin ich bereit, von einer Wissensgesellschaft, einer Wissensökonomie und Wissensorganisation zu sprechen. Ich habe das natürlich auch von Drucker übernommen. Wo ich nicht bereit bin, mitzugehen, das ist der Begriff Wissensmanagement.

**Ralf Kopp:** Warum nicht?

**Prof. Fredmund Malik:** Ich vertrete die Auffassung, dass man Wissen nicht managen kann. Es sei denn, wir strapazieren das Wort Wissen so, dass es bedeutungsleer wird und wir strapazieren gleichzeitig das Wort Management so, dass es bedeutungslos wird. Es gibt keine vernünftige Bedeutung von Wissen und von Management, in der wir diese beiden Dinge zusammenbringen können. Ich befasse mich seit über 10 Jahren mit diesen Dingen, also es ist absolut nicht neu. Es hat gar nichts zu tun mit Digitalisierung und Computerisierung der Welt. Es hat absolut nichts zu tun mit der Informationstechnologie usw. Wenn wir schauen, was tatsächlich passiert, wenn jemand von Wissensmanagement spricht, dann meint er häufig das computergestützte Management von Dokumenten. Das heißt, wir managen Files mit Computern. Wir managen Documents.

**Ralf Kopp:** Ist das kein Wissensmanagement?

**Prof. Fredmund Malik:** Wir können natürlich auch arbeitsteilig Texte erstellen. Wenn ich Ihnen eine mail schicke und Sie antworten mir und ich antworte Ihnen wieder, na ja gut, dann ist hoffentlich jeder von uns am Ende klüger und wir können möglicherweise ein Gemeinschaftswerk vorlegen. Aber das hat mit dem Bearbeiten von Dokumenten zu tun. Wissen behaupte ich, ist etwas, was nicht in einem Computer existieren kann, sondern was in einem Gehirn, oder besser, was im Verstand, existiert. Ich kenne die Überlegung von Popper, nach der der Inhalt von Büchern Wissen ist. Da stimme ich mit Popper nicht oder nur bedingt überein, weil es jemanden braucht, der das Buch liest, der das Gelesene in seinen Kontext einfügen kann, sonst funktioniert das nicht. Menschen haben Wissen und nicht Computer oder Bücher. Menschen können ihre Wissensbestände selbstverständlich verändern. Dazu sagen wir aber bis heute nicht Management, sondern wir nennen es lernen, lehren, forschen, entdecken, erfinden, denken, nachdenken, vordenken, sinnen, überlegen, schließen usw. All diese reichhaltigen Verben, um zu bezeichnen und zu differenzieren wie Wissensbestände verändert werden will man in den in diesem Zusammenhang nichts sagenden Begriff – nämlich Management – packen. Das verschleiert all das, was wir schon haben. Und dann kommen IT-Leute, die hören Wissen und die hören Management und haben plötzlich einen Computer zur Verfügung oder das Internet und glauben nun, dass durch das Herumschieben von Files Wissen gemanagt werden könnte. Ich bin sehr dafür, dass wir immer bessere Retrieval- und Search-Maschinen haben, das ist ja wunderbar, aber mit Wissen in irgendeinem wissenschaftlich oder praktisch brauchbaren Sinne scheint mir das wenig zu tun zu haben. Ich vertrete die Auffassung, dass sich Wissen nicht managen lässt. Wissensmanagement scheint mir semantisch ähnlich wenig zu nutzen wie wenn ich zu dem was Beethoven gemacht hat, „Soundmanagement", sagen würde. Oder wenn ich zu Monets Seerosen von „Pinselmanagement" sprechen würde. Über Monet sagt es nicht viel aus. Und über die Seerosen sagt es auch nicht viel aus. Aber über den Benutzer eines solchen Wortes sagt es möglicherweise schon etwas aus. Worauf wir die Anstrengung lenken sollten, ist nicht Wissen zu managen, sondern die Menschen zu managen, die mit Wissen arbeiten müssen. Den Kopfarbeiter und die Wissensarbeit können wir managen. Dort ist das Wort richtig angewandt. So wie wir die manuelle Arbeit und den manuellen Arbeiter gelernt haben, besser zu managen, so müssen wir das jetzt übertragen auf die neue am stärksten wachsende soziale Gruppe eben jenen Menschen, die mit ihrem Kopf arbeiten. Aber wir managen damit nicht das Wissen. Management ist die Transformation von Ressourcen in Nutzen und weil die immer wichtiger werdende Ressource Wissen ist, bin ich bereit zu sagen, Management ist die Transformation von Wissen in Nutzen, aber dies ist keine Definition von Wissensmanagement.

**Ralf Kopp:** Ich bedanke mich für das Interview.

Peter Heisig

# Stand und Zukunft des Wissensmanagements

1. Stand des Wissensmanagements ................................................................72
   1.1 Begriffe und Modelle – Harmonisierung der Grundlagen ..................74
   1.2 Wissensmanagement-Lösungsangebot – Transparenz und Auswahlkriterien erforderlich ..........................................................75
   1.3 Der blinde Fleck im Wissensmanagement – Die individuellen Wissensmanagement-Fähigkeiten .................................................77
   1.4 Best Practice Transfer – Bisher kaum genutzte Potenziale! ............78
   1.5 Wissen messen und bewerten – Die große Herausforderung ..........................................................................................79

2. Delphi-Studie zur Zukunft des Wissensmanagements ...........................80

3. Trends in der Wissensmanagement-Praxis ............................................82

4. Zukünftige Forschungsaufgaben .............................................................84

Literatur ..............................................................................................................86

## 1. Stand des Wissensmanagements

Wissen ist eine zentrale Kategorie unserer Gesellschaft, die wir als Wissensgesellschaft bezeichnen und unserer Organisationen, die wir wissensbasiert oder wissensintensiv nennen. Ebenso ist Wissen in unseren persönlichen Lebensbereichen von entscheidender Bedeutung, ob auf dem Arbeitsmarkt, wo unser Wissen unsere individuelle Wettbewerbsfähigkeit bestimmt oder in der Freizeit, wo Wettbewerbe um Wissen aller Art großen Zuspruch erfahren. Der effektive und effiziente Umgang mit Wissen war, ist und wird auch in den kommenden Jahren eine zentrale Herausforderung für alle Akteure der Gesellschaft bleiben. Wie wir unsere Anstrengungen dann auch benennen werden, ob weiterhin mit dem Begriff Wissensmanagement oder ob wir andere Bezeichnungen finden werden, die Aufgabe wird bestehen bleiben. Aber wo steht das Wissensmanagement heute, welche Herausforderungen und Defizite sind erkennbar und welche Forschungsaufgaben müssen wir in naher Zukunft bewältigen? Für diese Fragen will dieser Beitrag einige Antworten anbieten.

Wie viele Managementkonzepte, die sich durch informationstechnische Anwendungen unterstützen lassen, wurde auch das Konzept des Wissensmanagements zu Beginn sehr stark durch die Erwartungen und Lösungsversprechen der Anbieter von Informationstechnik und vieler in diesem Bereich tätigen Akteure dominiert. Das Umfeld mit der New Economy und dem Internetboom fungierte zusätzlich als Katalysator und trieb die Erwartungen an das technische Wissensmanagement sogar noch über die Höhen der Euphorie der künstlichen Intelligenz, eines der Vorläufer des Wissensmanagements, hinaus. Zugleich zeigte sich, dass sich das Thema Wissensmanagement nicht allein von IT-Anbietern und Informatikern beherrschen ließ. Auch die Vertreter des Human Ressource Managements reklamierten das Thema Wissensmanagement für sich, da es aus Ihrer Sicht Wissen an den Menschen gebunden ist und daher in den „Zuständigkeitsbereich" der Personalmanager gehöre. Da Wissen zwischen Menschen ausgetauscht wird und dieser Austausch stark von der Kultur beeinflusst wird, boten auch Organisationsentwickler und Change Manager ihre Unterstützung an, um bei der Schaffung einer wissensmanagementförderlichen Kultur behilflich zu sein. Schließlich wollen Unternehmen den Umgang mit Wissen nicht zum Selbstzweck verbessern, sondern zur Ergebnisverbesserung insgesamt nutzen. Daher besteht im Management der Bedarf nach Steuerungsinstrumenten und Hilfsmitteln zur Bewertung von Wissen und der Wissensentwicklung. Somit beschäftigen sich zunehmend auch Betriebswirte, Kaufleute und Controller mit den Fragen der adäquaten Messung und Bewertung von Wissen beziehungsweise des intellektuellen Kapitals einer Organisation.

Das BMBF fördert im Rahmen des Programms „wissensintensive Dienstleistungen" seit April 2001 zahlreiche Forschungsprojekte. Die Europäische Union förderte von 1998 bis 2002 über 40 Forschungsprojekte, um eine europaweite Bewegung unter dem Motto „Knowledge Management – Made in Europe" zu etablieren (Hearn et al. 2003). Es gibt kaum eine Wirtschaftsbranche, kaum einen gesellschaftlichen Bereich, in dem nicht bereits erste Initiativen und Projekte zum Wissensmanagement durchgeführt oder begonnen wurden.

Von Seiten einiger Standardisierungsinstitutionen gibt es erste Initiativen zum Thema Wissensmanagement. Der British Standards Institution (BSI) möchte dabei eine Führungsrolle einnehmen und veröffentlichte bereits 2001 das Publicly Available Document „Knowledge Management. A Guide to Good Practice" (PAS 2001). Diesem Leitfaden folgten seither vier weitere Veröffentlichungen zum Themenbereich Kultur (BSI PD 7501), zur Messung und Bewertung von Wissen (BSI PD 7502), ein Glossar mit 145 Begriffen (BSI PD 7500) als auch ein branchenspezifischer Leitfaden zur Einführung von Wissensmanagement in der Bauindustrie (BSI PD 7503). Ziel des BSI Knowledge Management Programms ist es, „informierte Klarheit" (informed clarity) zu erreichen, um das unnötige und vermeidbare Fehlen von Klarheit in der Diskussion, Debatte und im Verständnis von Wissensmanagement zu überwinden (BSI 2002). Ähnliche Aktivitäten wurden von Standards Australia unternommen, die im Juni 2001 das „Knowledge Management: A Framework for succeeding in the knowledge era" (HAB 275 – 2001) herausbrachten sowie Fallstudien veröffentlichten (HAB 165 – 2002). In 2003 wurde ein Interim Standard (AS 5037(Int)-2003) publiziert. Im Herbst 2002 beauftragte das Europäische Komitee für Normung (CEN) unterstützt durch das Direktorat Informationsgesellschaft der Europäischen Kommission ein Team von acht europäischen KM-Experten mit der Erarbeitung des „European Guide to Good Practice in Knowledge Management", der als Common Workshop Agreement (CWA 14924) seit Beginn 2004 auch in deutscher Übersetzung vorliegt.

Bei der Bewertung der aktuellen Situation und Entwicklung des Wissensmanagements zeigen sich sehr große Unterschiede. So wird einerseits bereits von der dritten Generation oder vom „The New Knowledge Management" (TNKM) (Firestone/McElroy 2003) gesprochen oder es wird postuliert, dass das Content Management das Einzige ist, was vom Wissensmanagement übrig geblieben wäre (Österle 2003). Angesichts dieser Situation wurde gemeinsam mit der Humboldt Universität zu Berlin eine Delphi-Studie zum Stand und Zukunft des Wissensmanagements durchgeführt. Bevor jedoch die Ergebnisse dieser ersten internationalen Delphi-Studie kurz vorgestellt werden, sollen die derzeitigen Defizite von Wissensmanagement aus unserer Sicht aufgezeigt werden.

## 1.1 Begriffe und Modelle – Harmonisierung der Grundlagen

Das Ergebnis einer kürzlich abgeschlossenen weltweiten Studie über Wissensmanagement-Frameworks (Heisig/Orth 2004), die rund 160 Wissensmanagement-Modelle aus der Unternehmenspraxis, der Wissenschaft und Forschung, der Beratung sowie von Verbänden und Standardisierungsorganisationen untersuchte, zeigt die große Vielfalt an Begrifflichkeiten und den Bedarf einer Harmonisierung. Danach finden sich allein für die zwei bis zwölf zentralen Wissensmanagement-Prozesse, wie zum Beispiel „Wissen verteilen" oder „knowledge sharing" rund 170 unterschiedliche Bezeichnungen. Die wesentlichen Erfolgsfaktoren für das Wissensmanagement, wie beispielsweise „Kultur", „Technologie" oder „Infrastruktur" werden in den untersuchten Wissensmanagement-Modellen allein mit etwa 140 Begriffen unterschiedlich benannt.

Die Entwicklung eines gemeinsamen Verständnisses, von Begrifflichkeiten und einheitlichen Definitionen, d. h. einer gemeinsamen Sprache über den Umgang mit Wissen ist eine wesentliche Basis für den Austausch über die Weiterentwicklung des Wissensmanagements. Sicherlich ist die Vielfalt von Lösungskonzepten im Wissensmanagement weiterhin hilfreich und je nach Anwendungskontext auch angemessen. Die momentane Heterogenität bei den grundlegenden Begriffen erscheint eher zweifelhaft. Aus dieser Sicht sollten Aktivitäten zur Harmonisierung der Grundlagen im Bereich des Wissensmanagements fortgeführt und unterstützt werden.

Als einen ersten Schritt in diese Richtung kann der bereits genannte Leitfaden des Europäischen Komitees für Normung (CEN 14924) zum Wissensmanagement angesehen werden, der 30 zentrale Begriffe im Wissensmanagement in Englisch und Deutsch definiert sowie ein Framework als Grundlage für ein Verständnis der zentralen Zusammenhänge im Bereich des Wissensmanagements einführt (Abb. 1).

Abbildung 1: CEN KM Framework (CEN 2004; CWA 14924)

## 1.2 Wissensmanagement-Lösungsangebot – Transparenz und Auswahlkriterien erforderlich

Das Lösungsangebot an Methoden und Werkzeugen für das Wissensmanagement ist für den interessierten Einsteiger aber auch für den versierten Experten kaum mehr überschaubar. Allein die Deutsche Gesellschaft für Personalführung e. V. (DGFP) veröffentlichte 2002 eine Übersicht von etwa 100 Wissensmanagement-Tools (Armutat et al. 2002) geordnet nach den Wissensmanagement-Kernaktivitäten. Alwert und Hoffmann (2003) identifizierten allein fast 150 Produkte für das Wissensmanagement, die sie in zehn Hauptkategorien von der „kompletten KM-Suite" bis zum „Visualisierungs-Werkzeug" einteilen. Hanel (2002) versucht 126 Wissensmanagement-Methoden und Wissensmanagement-Werkzeuge in einem spezifischen Kategoriensystem nach EDV-Funktionalität, Wissensebene, Informationsebene und Organisationsebene zu klassifizieren, wobei er sehr unterschiedliche Arten von Werkzeugen einbezieht, wie die Beispiele „ERP-System", „Micro-Artikel" und „Versionierung" zeigen.

Diese Klassifizierungen stellen einen ersten wichtigen Schritt in Richtung auf mehr Transparenz und Strukturierung des Lösungsangebots im Wissensmanagement dar. Darüber hinaus sind weitere Anstrengungen gefordert, die etablierte Werkzeuge aus anderen Management-Ansätzen auf ihren Beitrag zum effizienten Umgang mit Wissen zu prüfen und einordnen. Aus dieser Sicht unterstützt zum Beispiel die FEMA (Fehler-Einfluss-Möglichkeiten-Analyse) die Aktivität zur Erzeugung von Wissen über Ursache-Wirkungs-Beziehungen. Entsprechende Software-Werkzeuge können diesen Prozess zusätzlich unterstützen und helfen bei der Speicherung dieses Wissens in einer FEMA-Datenbank. Bei einer entsprechenden Umsetzung dieser bekannten und etablierten Methodik werden vorhandene Stärken deutlich. Nur wie steht es mit der Verteilung dieses FEMA-Wissens und seiner systematischen Anwendung. Hier lassen sich oft Lücken im Umgang mit diesem Wissen in der Praxis identifizieren. An dieser Stelle zeigt sich genau der verbindende Punkt von bewährten Methoden des Qualitätsmanagement bzw. der Konstruktionsmethodik einerseits und der Logik des Wissensmanagements hinsichtlich der Analyse und Gestaltung eines systematischen, methodengestützten Umgangs mit Wissen andererseits.

Das Lösungsangebot des Wissensmanagements ist in Bezug auf diese Unterstützungs- und Optimierungsfunktion klarer zu strukturieren und an die Praxis zu vermitteln. Hierzu sind einfache Analyse-, Bewertungs- und Auswahlmethoden erforderlich, um die Wissensträger und Verantwortlichen bei ihrer Verbesserungsarbeit zu unterstützen.

## 1.3 Der blinde Fleck im Wissensmanagement – Die individuellen Wissensmanagement-Fähigkeiten

Obwohl viele Vertreter und Praktiker den Menschen im Mittelpunkt von Wissensmanagement-Initiativen sehen, wird in der Planungs- und Umsetzungsphase vor allem nach Konzepten zur Motivation der Wissensträger zum Austausch von Wissen gesucht. So richtig dieses Unterfangen aus der kurzfristigen Wissensmanagement-Projektperspektive erscheint, so genau zielt es oft am wirklichen Problem vorbei und verstellt zudem oft den Weg für eine nachhaltige Etablierung der Lösung. Im Hinblick auf die Motivationsfrage sei hier nur auf das aus Mitarbeiterbefragungen und Programmen zum KVP (Kontinuierlicher Verbesserungsprozess) bekannte Motivationsinstrument der Anerkennung von Leistungen durch das Führungsfeedback hingewiesen. Eine glaubwürdige, ehrliche Anerkennung von Leistungen als auch ein konstruktives, kritisches Feedback bei Fehlern ist immer noch das wirkungsvollste und wirtschaftlich effizienteste Motivationsinstrument in Organisationen und dies nicht nur im Rahmen des Wissensmanagements.

Ein anderes Defizit wird nach unserer Einschätzung seit Beginn der Diskussion über das Wissensmanagement und in der Organisationspraxis noch immer fast völlig übersehen: Alle suchen nach dem „goldenen Motivationshebel", aber niemand stellt die Frage nach den individuellen Fähigkeiten zum systematischen Umgang mit Wissen. In der Wissensmanagement-Praxis wird bisher der Aspekt der individuellen Fähigkeiten in der Regel auf die Beherrschung des neuen technischen Wissensmanagement-Werkzeuges reduziert oder auf die spezifischen Qualifikationen von neuen Wissensmanagement-Rollen, wie dem Knowledge Broker oder Redakteur etc. bezogen (TPFL 1999). Es überrascht schon sehr, wenn vom Knowledge Worker oder den Wissensarbeitern gesprochen wird, aber kaum ein Wort über deren erforderliche Basisqualifikationen verloren wird.

Mit den individuellen Wissensmanagement-Grundfähigkeiten ist unter anderem die Kombination von Fähigkeiten und Kompetenzen zur Schaffung von neuem Wissen, zur Strukturierung und zur Kommunikation von Wissen als auch zur Recherche von vorhandenem Wissen und zur Anwendung von fremden Wissen gemeint (Heisig/Finke 2003; ähnlich Reinmann-Rothmeier/Mandl

2000). Dabei handelt es sich zum Teil um bekannte Kompetenzen, die jetzt im Zusammenhang mit einem systematischeren Umgang mit Wissen eine zusätzliche und grundlegendere Bedeutung erlangen. Hierfür ist das Bewusstsein bisher kaum vorhanden. In Großbritannien hat das BSI Knowledge Management Committee dieses Defizit jetzt aufgegriffen und erarbeitet derzeit einen entsprechenden Leitfaden.

Eine Ausnahme stellt ein ausländischer Pharmakonzern dar, der nach einem ersten gescheiterten konzernweiten Wissensmanagement-Projekt einen zweiten Versuch im Bereich der Forschung und Entwicklung unternahm. Dieses Projekt für rund 2500 Mitarbeiter an drei global verteilten Standorten stützte sich auf drei Hauptsäulen: Erstens, auf eine gemeinsam erarbeitete Taxonomie, die die zentralen Begrifflichkeiten von den ersten Laborforschungen, über klinische Tests bis zum Marketing und dem Produktvertrieb harmonisierte und verknüpfte. Zweitens, eine leistungsfähige und nutzerfreundliche Informations- und Wissensbasis, die über das F&E-Intranet zugänglich ist. Drittens, die Analyse und Definition sowie bei Bedarf, die gezielte Schulung von Basiskompetenzen sämtlicher Mitarbeiter und Führungskräfte der Forschungs- und Entwicklungsabteilung.

### 1.4 Best Practice Transfer – Bisher kaum genutzte Potenziale!

1996 veröffentlichte das APQC seinen ersten Benchmarking-Report zum Knowledge Management. Bei allen elf untersuchten Best Practice Unternehmen wurde der Best Practice Transfer als strategischer Ansatzpunkt genannt. 1999 führt das Informationszentrum Benchmarking am Fraunhofer IPK eine Befragung der 1000 größten Wirtschaftsunternehmen zum Thema Stand des Benchmarking durch. Nur knapp 30 Prozent planten die systematische Identifikation und Transfer von hervorragenden oder besten Methoden und Verfahren in ihren Unternehmen, bei 11 Prozent befand sich eine Datenbank im Aufbau, aber bei 50 % war weder eine Datenbank vorhanden noch im Aufbau und noch nicht einmal geplant (Heisig 2000). Auch bei einem aktuellen Benchmarking-Projekt des APQC zum Best Practice Transfer findet sich unter den identifizierten Best Practice Unternehmen keine Firma mit Hauptsitz in Europa. Vielmehr kommen die Best Practice Partner aus den USA, Asien und Lateinamerika. In Großbritannien wurde 2000 sogar mit Unterstützung der Regierung der Public Service Benchmarking Service (PSBS) eingerichtet, um den Transfer von Wissen und guten Lösungen im Bereich der öffentlichen Verwaltung zu fördern.

Diese Darstellung bedeutet nicht, dass europäische und insbesondere Unternehmen in Deutschland auf dem Gebiet des internen Wissenstransfers untätig sind. Auch hier sind erste Initiativen angelaufen. Allerdings werden die Potenziale des internen Transfers von bewährten oder besten Lösungen zur Effizienzsteigerung, Kosteneinsparung, Innovation und Beschleunigung von Prozessen in vielen Unternehmen noch nicht systematisch genutzt. Hier besteht dringender Handlungsbedarf nicht nur in den Wirtschaftsunternehmen, sondern insbesondere auch im Bereich der öffentlichen Verwaltung, der öffentlichen Betriebe und dem Gesundheitssektor.

## 1.5 Wissen messen und bewerten – Die große Herausforderung

Bereits 1987 publizierte Karl Erik Sveiby sein Buch „Managing Know-how" (Sveiby 1990) in dem er das Management der immateriellen Vermögenswerte behandelt. Zehn Jahre später, 1996, berief die Securities and Exchange Commission (SEC) der New Yorker Stock Exchange ein Treffen ein, um das Problem der Bewertung der New Economy Firmen zu diskutieren (Sullivan 1998). Nun sind die Zeiten und Versprechungen der New Economy zwar vorbei, aber die Herausforderung ist geblieben, den Wert von Organisationen einzuschätzen, deren primäres Kapital im Know-how und dem Wissen der Mitarbeiter liegt. Die Firmen Celemi (Heisig/Runeson 2001) und Skandia AFS (Heisig/Diethert/Romanski 2001) aus Skandinavien waren hier Vorreiter in Europa. 1995 veröffentlichte Skandia AFS unter dem Titel „Visualizing Intellectual Capital" erstmals eine Wissensbilanz, ebenso Celemi unter dem Titel „Intangible Asset Monitor". Darüber hinaus wurde 1997 vom dänischen Wirtschaftsminister die Erarbeitung des Leitfadens zur Erstellung von Wissensbilanzen und dessen Umsetzung in rund 100 kleinen und mittleren Unternehmen unterstützt. 1998 gründeten 23 Firmen den „Club intellect" in Spanien, um die Messung des intellektuellen Kapitals zu fördern und geeignete Methoden zu entwickeln. In den Niederlanden hat ebenfalls das Wirtschaftsministerium 1999 einen Bericht zu den „Intangible Assets" vorgelegt (Heisig et al. 2001). Im gleichen Jahr stellt das Austrian Research Center Seibersdorf (ARCS) seine erste Wissensbilanz vor (Schindler/Jaitner 2003; Leitner et al. 2002) Dieses Beispiel gab auch die Grundlage für ein Gesetz, das seit dem 1.1.2004 die österreichischen Universitäten zur Erstellung einer Wissensbilanz verpflichtet, um die Ergebnisse ihrer Forschung und Lehre transparent darzustellen.

In Deutschland hat das Deutsche Zentrum für Luft- und Raumfahrt auf Initiative des damaligen Vorstandsmitglieds Prof. Jürgen Blum bereits 2000 eine erste Wissensbilanz publiziert. Das Bundesministerium für Wirtschaft und Arbeit (BMWA) fördert seit Winter 2003 ein Pilotprojekt für dreizehn kleine und mittlere Unternehmen aller Sektoren zur Erarbeitung einer „Wissensbilanz – Made in Germany" (www.bmwa.de). Insgesamt besteht hier ein Nachholbedarf nicht nur in der praktischen Umsetzung, sondern auch in der wissenschaftlichen Forschung.

## 2. Delphi-Studie zur Zukunft des Wissensmanagements

Im Sommer 2001 erhielt das Fraunhofer CCWM und die Humboldt Universität vom Stifterverband für die deutsche Wissenschaft ein Preisgeld, um eine Untersuchung zur Zukunft des Wissensmanagement durchzuführen. Im Rahmen einer Delphi-Studie wurden weltweit etwa 250 Wissensmanagement-Experten und Wissensmanagement-Praktiker in zwei Runden hinsichtlich der drängendsten, theoretischen und praktischen Aufgaben und der erfolgsversprechendsten Ansätze im Wissensmanagement befragt. Als Experten und Praktiker wurden solche Personen identifiziert, die über das Thema Wissensmanagement publiziert haben, auf einer Konferenz von ihren praktischen Erfahrungen berichteten oder dem Autor bekannt waren. Die Auswertungen wurden von Mitarbeitern des Psychologischen Instituts der HU Berlin durchgeführt. Die ausführlichen Ergebnisse wurden kürzlich publiziert (Scholl/Heisig 2003; Scholl et al. 2004), weshalb hier nur auf die zentralen Ergebnisse kurz eingegangen werden soll, um dann zu den Schlussfolgerungen für die Forschung zu gelangen.

Als die dringlichsten **Forschungsaufgaben** im Bereich Wissensmanagement wurden die „Integration von Wissensmanagement in die allgemeinen Geschäftsprozesse" gefolgt von der Aufgabe des „knowledge sharing" und dem „organizational learning" von den Befragten bewertet.

Als die dringlichsten **praktischen Problemstellungen** nannte die Studie an erster Stelle die Bewältigung der „organisatorischen, technischen und emotionalen Barrieren sowie das Überwinden des dominanten tayloristischen Denkens". Auf dem zweiten Rang folgt die Aufgabenstellung einer „dem Wissensmanagement förderlichen organisatorischen Kultur" und drittens „knowledge assessment: measure and validating knowledge, inventorying knowledge, distingusihing between data, information and knowledge, quality measures".

Als die erfolgsversprechendsten **Forschungsansätze** werden eindeutig „inter- und transdisziplinäre Ansätze" und „empirische Untersuchungen, wie z. B. Action Research, Fallstudien, Befragungen und qualitative Untersuchungen" von den Befragten benannt. Besonders herausgehoben wurde die Analyse sozialer Netzwerke an dritter Position.

Als **praktischer Lösungsansatz** mit der größten Aussicht auf Erfolg wird die „Integration von Wissensmanagement in die Geschäftsprozesse" angesehen, der den höchsten Zustimmungswert und die geringste Standardabweichung der gesamten Befragung erhielt. An zweiter Stelle wurde das Konzept der „Communities of Practice" genannt, gefolgt von vom „knowledge assessment, e. g. evaluation systems, verification of knowledge, follow-up analysis and project success measures".

Als **jüngster Fortschritt** im Bereich der Forschungen zum Wissensmanagement wurde die Verschiebung der Priorität auf die Humanfaktoren, d. h. von der IT-Perspektive zu einer verhaltenswissenschaftlichen Perspektive genannt. Diese Notwendigkeit scheint auch in der Wissensmanagement-Praxis erkannt und bereits in den ersten Schritten angegangen zu sein. Aus Sicht der Befragten stellt sich der **praktische Fortschritt** ebenfalls in der Hinwendung auf die „Humanfaktoren, wie zum Beispiel eine nicht-technische Reflektion von Wissensmanagement und die Betonung von sozialen Faktoren" dar. So werden hier an zweiter Stelle die „Communities of Practice" gefolgt von „Transfertechniken, wie Story Telling" genannt, die beide als humanorientierten Wissensmanagement-Methoden eingeordnet werden können.

Informationstechnische Lösungen, wie Intranet, Groupware, Web-conferencing, instant messaging, etc. erhalten von den Befragten durchgängig niedrigere Bedeutungswerte und höhere Standardabweichungen. Diese geringen Werte weisen auf eine untergeordnete Bedeutung von IT im Wissensmanagement aus Sicht der Experten hin. Die relativ höheren Werte für die Standardabweichungen deuten allerdings auf sehr unterschiedliche Experteneinschätzungen hinsichtlich der Rolle von IT im Wissensmanagement hin. Dieses Ergebnis wurde von Larry Prusak als das Resultat der nicht erfüllten Versprechungen der Informationstechnik der ersten Generation des Wissensmanagements interpretiert (Prusak 2002). Die unterstützende Rolle der IT wird nicht bestritten. Eine Leitfunktion kann die IT allerdings auf der Basis dieser Ergebnisse nicht beanspruchen. Auch die Erfahrungen aus der Organisationspraxis zeigen, dass eine Leitfunktion der IT sowohl für die IT-Manager und IT-Anbieter als auch für die Nutzer und Anwender kontraproduktiv sein kann. Der Bedarf nach Verknüpfung von Wissensmanagement mit den Geschäftsprozessen verweist aus unserer Sicht auch schon auf einen gangbaren Lösungsweg: Sowohl IT als auch Wissensmanagement müssen noch stärker ihre unterstützende Funktion für die effiziente Realisierung der Geschäftsprozesse den verantwortlichen Führungskräften und beteiligten Mitarbeitern deutlich machen. Dazu ist es auch erforderlich klar die Grenzen der jeweiligen Werkzeuge und Instrumente aufzuzeigen.

## 3. Trends in der Wissensmanagement-Praxis

Die Delphi-Studie war primär auf die Identifizierung von zukünftigen mittel- bis langfristigen Forschungsbedarfen gerichtet. Ergänzend soll kurz auf aktuelle Trends aus der Wissensmanagement-Praxis eingegangen werden. Die Basis dazu liefert eine Unternehmensbefragung der 500 größten Wirtschaftsunternehmen in Deutschland, Frankreich, Großbritannien und den Niederlanden der KPMG (2003). Demnach stehen drei zentrale Herausforderungen in der Unternehmenspraxis im Mittelpunkt:

Die erste Herausforderung des betrieblichen Wissensmanagements besteht in der Realisierung von neuen, bisher nicht genutzten Geschäftsmöglichkeiten. So bleiben nach Einschätzung von 78 % der Befragten Geschäftsmöglichkeiten ungenutzt, weil es das Unternehmen nicht schafft, das verfügbare Wissen hierfür erfolgreich einzusetzen. Der entgangene Umsatz wird auf etwa sechs Prozent der Einkünfte geschätzt! Daher besteht ein eindeutiger Bedarf an Methoden und Werkzeugen, um Schlüssel-Know-how über die bestehenden Geschäftsbereiche und -prozesse hinaus zu nutzen.

Die zweite Herausforderung wird in der erfolgreichen Bewältigung der Verlagerung des Schwerpunktes der Wissensmanagement-Initiativen von der internen Wissensteilung zwischen Mitarbeitern auf externe Wissensnetzwerke mit Zulieferern und Kunden gesehen. Hier wird ein Bedarf nach Werkzeugen zur Unterstützung des Informationsaustausches entlang der Prozessketten sowohl in aufsteigender als auch absteigender Richtung gesehen, die eine Just-in-Time Nutzung der gemeinsamen Informations- und Wissensbasis in den Unternehmensprozessen ermöglicht.

Obwohl Unternehmen von positiven Return-On-Investement-Raten für Wissensmanagement berichten, scheint die nachhaltige Nutzung des Wissens schwieriger als erwartet. Viele Unternehmen signalisieren, dass sie Schwierigkeiten bei der Umsetzung der erforderlichen Organisationsänderungen haben und die Komplexität der Wissensmanagement-Einführung unterschätzt wurde. Es fehlen Maßnahmen, damit Wissensmanagement tägliche Priorität bei den Mitarbeitern genießt, in die Geschäftsprozesse integriert wird, das Verständnis auf den höheren Managementebenen wächst und das Mitarbeiterengagement nachhaltig gestärkt wird.

Schließlich ergeben sich noch zehn Schlussfolgerungen aus der Analyse der Befragungsdaten (KPMG 2003, S. 8 ff.):

- „Board Involvement: Management involvement is high and has increased over the past three years.

- Business Opportunities: Companies are missing out on key business opportunities by failing to exploit knowledge effectively.

- ROI: The cost of KM is low and has proved to be an investment with a positive return.

- Financial and other benefits: Companies have benefited financially and non-financially in many ways.

- Business areas: Knowledge management is applied in all business areas, with a core in operations.

- Key objectives: Key objectives are to accelerate sharing across multiple units while at the same time optimising existing work processes.

- KM initiatives: KM initiatives are shifting focus from internal to external and will increasingly be imbedded in the daily workflow.

- Key success factors: Companies do well by adopting a business approach and a focus on work processes, but stay behind on implementation.

- Implementation difficulties: Companies underestimate the cultural change needed to implement knowledge management through busy employees.

- Key challenges ahead: Implementation is the key challenge ahead for further successful deployment of knowledge management."

## 4. Zukünftige Forschungsaufgaben

Das Forschungs- und Anwendungsfeld Wissensmanagement ist auf dem Weg sich in der deutschen, europäischen und internationalen Forschungslandschaft zu etablieren. Die Bezeichnung des Forschungsfeldes mit den Begriffen „Wissensmanagement" oder „Knowledge Management" ist hier und dort noch umstritten. Das gemeinsame Verständnis der Forschungsaufgabe, die in der Erklärung und der Gestaltung eines systematischen Umgangs mit Wissen in Organisationen besteht, wird jedoch kaum bestritten.

Folgende Forschungsanstrengungen sind aus unserer Sicht zu unternehmen:

- Es sind noch stärker multi- und interdisziplinär ausgerichtete, empirisch angelegte, grundlagen- als auch anwendungsorientierte Forschungsprojekte im Wissensmanagement durchzuführen. Bisher beschränkten sich Projekte oft auf reine Einzelfallstudien oder Unternehmensbefragungen.

- Die Frage nach dem Verhältnis zwischen Kultur und Wissensmanagement ist noch stärker zu untersuchen. Dabei ist allerdings der schwierige Spagat zu meistern. Einerseits ist ein differenzierteres Verständnis der Zusammenhänge zwischen Unternehmenskultur und Wissensmanagement erforderlich, um herrschende Vereinfachungen zu überwinden. Anderseits verlangt die Praxis zugleich nach handhabbaren Verfahren und Methoden, um gestaltend in Organisationen wirken zu können. In diesem Zusammenhang ist auch die oft zitierte Aussage von „Wissen ist Macht" genauer zu hinterfragen und zu analysieren. Daran schließen sich ferner Fragestellungen zur Führung im Wissensmanagement an, die ebenfalls zu vertiefen wären.

- Eine weitere wichtige praktische Forschungsaufgabe im Bereich der Humanfaktoren ist die Frage, ob wissensintensive Unternehmen nach neuen Fähigkeiten und Kompetenzen verlangen und diese Fähigkeiten nicht als Basisqualifikationen der Wissensgesellschaft angesehen und damit sehr frühzeitig zu fördern sind. Die fehlende Diskussion in der Forschung und das fehlende Bewusstsein in der Organisationspraxis in Deutschland deuten auf ein, im internationalen Wettbewerb möglicherweise langfristig schwerwiegendes Versäumnis in diesem Bereich hin.

- Die Anforderungen seitens des Wissensmanagements an die IT und die Rolle der Informationstechnik sind noch breiter und detaillierter zu untersuchen. Niemand bestreitet den generellen Nutzen von Informationstechnik für das Wissensmanagement. Was ist aber genau die Funktion von IT im Wissensmanagement: Unterstützer? oder Enabler? oder sogar Leitfunktion?

- Ein weiterer Schwerpunkt der Forschung sollte sich um ein besseres Verständnis des Wertes von Wissen und der verbesserten Steuerung der Wissensentwicklung und Wissensnutzung kümmern. Erste Anstrengungen wurden bereits angestoßen. Allerdings sind auch hier noch weitere konzeptionelle und praktische Forschungen durchzuführen, um auch allgemein akzeptierte Methoden und Verfahren zur Wissensbewertung zu etablieren.

- Eine wichtige Erkenntnis einer Forschungsrichtung ist ihr Verständnis von den Grenzen. Hierzu gibt es bisher noch kaum Aussagen. Da Wissen ein zentraler Bestandteil der Lebens- und Arbeitswelt ist, werden dem Wissensmanagement oft nicht erfüllbare Aufgaben zugeschrieben. Die Kenntnis der Grenzen von Wissensmanagement wären zugleich sehr hilfreich, um den produktiven Beitrag von Wissensmanagement in Organisationen und der Gesellschaft zu klären.

Forschung und Praxis des Wissensmanagements ist ein sehr spannendes Feld, dass vom Wettbewerb und der Kooperation von verschiedenen Disziplinen als auch zwischen Theorie und Praxis lebt und profitieren kann. Voraussetzung dafür ist die Überwindung der Eingangs geschilderten Defizite hinsichtlich des allgemeinen Grundverständnisses von Wissensmanagement und die Bearbeitung der oben aufgezeigten Forschungsfragen.

**Literatur**

Alwert, K./Hoffmann, I. (2003): Knowledge Management Tools. In: Mertins, K./Heisig, P./Vorbeck, J. (eds.): Knowledge Management. Concepts and Best Practices, Berlin, 2. Auflage, pp. 114 - 150

APQC (1996): Knowledge Management – Consortium Benchmarking Study, Houston: APQC

Armutat, S./Krause, H./Linde, F./Rump, J./Striening, W.,/Weidmann, R. (2002): Wissensmanagement erfolgreich einführen. Strategien – Instrumente – Praxisbeispiele, Düsseldorf

British Standards Institution (2002): BSI Position Statement on Standardization within Knowledge Management. BSI London, 29. April 2002, www.bsi-km.com

British Standards Institution (2001 – PAS 2001): Knowledge Management. A Guide to Good Practice. London BSI 2001, www.bsi-km.com

British Standards Institution (PD 7500): Knowledge Management: Vocabulary. London BSI April 2003, www.bsi-km.com

British Standards Institution (PD 7501): Managing Culture and Knowledge: Guide to Good Practice. London BSI May 2003. www.bsi-km.com

British Standards Institution (PD 7502): Guide to Measurement in Knowledge Management. London BSI July 2003, www.bsi-km.com

British Standards Institution (PD 7503): Introduction to Knowledge Management in Construction. London BSI 2003, www.bsi-km.com

CEN (CWA 14924): European Guide to Good Practice in Knowledge Management. Brüssel 2004. www.cenorm.be, http://www.cenorm.be/cenorm/businessdomains/businessdomains/isss/cwa/knowledge+management.asp

CEN (CWA 14924): Europäischer Leitfaden zur erfolgreichen Praxis im Wissensmanagement. Brüssel 2004, www.cenorm.be

Firestone, J. M./McElroy, M. W. (2003): Key Issues in the New Knowledge Management, London

Hanel, G. (2002): Prozessorientiertes Wissensmanagement zur Verbesserung der Prozess- und Produktqualität. Düsseldorf: VDI-Verlag, Fortschritt-Bericht VDI, Reihe 16: Technik und Wirtschaft, Nr. 148 (Diss. RWTH Aachen)

Hearn, P./Bradier, A./Jubert, A. (2003): Building Communities – Organizational Knowledge Management within the European Commission's Information Society Technologies Programme. In: Mertins, K./Heisig, P./Vorbeck, J. (eds.): Knowledge Management. Concepts and Best Practices, Berlin, 2. Auflage, pp. 335 - 345

Heisig, P./Orth, R. (2004): Knowledge Management Frameworks, Berlin: Competence Center Wissensmanagement 2004 (unveröffentlichter Projektbericht)

Heisig, P./Finke, I. (2003): WM-Kompetenz-Check. Fragebogen zur Erfassung relevanter Kompetenzen für Wissensmanagement. In: Erpenbeck, J., von Rosenstiel, L. (Hg.): Handbuch der Kompetenzmessung, Stuttgart, pp. 488 - 504

Heisig, P./Vorbeck, J./Niebuhr, J. (2001): Intellectual Capital. In: Mertins, K./Heisig, P./Vorbeck, J. (eds.): Knowledge Management. Best Practices in Europe, Berlin, 1. Auflage, pp. 57 - 73

Heisig, P./Runeson, J. (2001): Measuring Intangible Assets for Sustainable Business Growth – Celemi AG, Medium-Sized and Fast Growing. In: Mertins, K./Heisig, P./Vorbeck, J. (eds.): Knowledge Management. Best Practices in Europe, Berlin, 1. Auflage, pp. 157 - 164

Heisig, P./Diethert, O./Romanski, U. (2001): Measuring Knowledge and Generating Knowledge about the Future – Skandia AFS and Skandia Lebensversicherungen. In: Mertins, K./Heisig, P./Vorbeck, J. (eds.): Knowledge Management. Best Practices in Europe, Berlin, 1. Auflage, S. 202 - 211

Heisig, P. (2000): Global Best Practice Transfer. Der interne Best Practice-Transfer in Unternehmen, www.innovation-aktuell.de/fb0040.htm

KPMG (2003): Insights from KPMG's European Knowledge Management Survey 2002/2003, Amsterdam 2003

Leitner, K.-H./Bornemann, M./Schneider, U. (2002): Development and Implementation of an Intellectual Capital Report for a Research Technology Organization. In: Bontis, N. (ed.): World Congress of Intellectual Capital Readings. Woburn, S. 266-286

Ministry of Economic Affairs (1999): Intangible Assets. Balancing accounts with knowledge, Den Haag

Österle, P. (2003): Geleitwort, zu: Christ, O. (2003): Content-Management in der Praxis. Erfolgreicher Aufbau und Betrieb unternehmensweiter Portale, Berlin 2003

Prusak, L. (2002): The death and transfiguration of Knowledge Management. Presentation at First International Conference on the Future of Knowledge Management, 8. – 10. März 2002, Berlin

Reinmann-Rothmeier, G./Mandl, H. (2000): Individuelles Wissensmanagement. Strategien für den persönlichen Umgang mit Information und Wissen am Arbeitsplatz, Bern u. a.

Schindler, R./Jaitner, A. (2003): Intellectual Capital: Measuring Knowledge Management. In: Mertins, K./Heisig, P./Vorbeck, J. (eds.): Knowledge Management. Concepts and Best Practices, Berlin, 2003, 2. Auflage, pp. 151 - 175

Scholl, W./König, C./Meyer, B./Heisig, P. (2004): The future of knowledge management: an international delphi study. In: Journal of Knowledge Management, Vol. 8, No. 2, S. 19 - 35

Scholl, W./Heisig, P. (2003): Delphi Study on the Future of Knowledge Management – Overview of the Results. In: Mertins, K./Heisig, P./Vorbeck, J. (eds.): Knowledge Management. Concepts and Best Practices, Berlin, 2. Auflage, pp. 179 - 190

Standards Australia (AS 5037(Int)-2003): Knowledge Management. Sydney 2003, www.standards.com.au

Standards Australia (HB 275 – 2001): Knowledge Management: A Framework for succeeding in the knowledge era. Sydney 2001, www.standards.com.au

Standards Australia (HB 165 – 2002): Case Studies in Knowledge Management. Vol. 1, Sydney 2001

Sullivan, P. H. (1998): Introduction to Intellectual Capital Management. In: Sullivan, P. H. (ed.): Profiting from Intellectual Capital. Extracting Value from Innovation, New York u. a., S. 3 - 18

Sveiby, K. E. (1990): Das Management des Know-how: Führung von Beratungs-, Kreativ- und Wissensunternehmen, Frankfurt/Main (englische Ausgabe „Managing Knowhow" bei Bloomsbury Publishing Ltd. 1987)

TPFL Ltd. (1999): Skills for Knowledge Management – building a knowledge economy, London: TPFL Ltd.

# Teil II: Tools und Methoden

Ralf Kopp

# Methodische Konsequenzen eines selektiven Wissensmanagements

1. Einleitung .................................................................................................. 94
2. Methoden und Tools des selektiven Wissensmanagements .................... 94
3. Kriterien für eine Methodik des selektiven Wissensmanagements ........................................................................................................ 96
4. Methodenauswahl selektiven Wissensmanagements ............................. 98
    4.1 Scanning ......................................................................................... 99
    4.2 Yellow Pages .................................................................................. 99
    4.3 Reflexives Monitoring .................................................................. 100
    4.4 Short Communication .................................................................. 101
    4.5 Focussing ..................................................................................... 102
    4.6 Transaktives Lernen/Prototyping ................................................. 105
    4.7 Clearing ........................................................................................ 107
5. Fazit ....................................................................................................... 110

Literatur ....................................................................................................... 112

## 1. Einleitung

In diesem Beitrag geht es darum, den von Howaldt/Kopp in diesem Band skizzierten Rahmen eines selektiven Wissensmanagements methodisch zu unterfüttern, bzw. die zentralen methodischen Implikationen zu beschreiben. Dazu wird zunächst eine Bewertung des bestehenden Methodenangebots und entsprechende Systematisierungsangebote vorgenommen. Vor diesem Hintergrund werden Kriterien einer „kleinen" Methodik selektiven Wissensmanagements abgeleitet und daran anschließend beispielhaft einige der in den Modellprojekten von crosscomp (weiter)entwickelten und erfolgreich erprobten Tools skizziert.

## 2. Methoden und Tools des selektiven Wissensmanagements

Die Ergebnisse des crosscomp-Projektes machen deutlich, dass kein Mangel an Methoden erkennbar ist. Nicht nur wissensbezogene Methoden und Tools gibt es wie Sand am Meer, sondern inzwischen ebenso entsprechende Übersichten (ILOI 1997; Bach/Homp 1998; Grunwald 2003; Roehl 2002; Schertel 2003). Zu den Instrumenten und Werkzeugen des Wissensmanagements existieren mittlerweile so viele Zusammenfassungen und Überblicksdarstellungen, dass im Rahmen von crosscomp auf weitere Bereicherungen verzichtet wurde. Bestehende Systematiken unterscheiden bspw.

> „zwischen Instrumenten des Know-how, des Know-why, des Know-what, sowie integrierten Instrumenten. Im Einzelnen reicht die Aufzählung von Kreativitätstechnik, Szenariotechnik, über Expertenbefragung, Marketing, bis zu Personalentwicklung und Grundlagenforschung" (Lehner 2000, S. 269).

Auch werden Tools des organisationalen Lernens aufgeführt (vgl. Gappmaier/Heinrich 1998).[1] Weitere Gliederungen

---

[1] Eine kritische Auseinandersetzung mit Methodenbeiträgen der Industriesoziologie, der Arbeitspsychologie und der systemischen Organisationsberatung zur Unterstützung und

„unterscheiden Instrumente zum Management des unternehmensinternen Wissens, des unternehmensexternen Wissens, des aktuell und zukünftig erforderlichen Wissens, des expliziten und impliziten Wissens sowie des Erfahrungs- und Rationalitätswissens (ebd., S. 270)".

Wieder andere unterscheiden nach Phasen der Wissensmanagements (Wissen identifizieren, erzeugen, erweitern, speichern, verteilen bewerten) und führen ein buntes Spektrum an Instrumenten an (Gelbe Seiten, Weiterbildung, Netzwerke, lessons learned, communities of practice oder learning communities, Diskussionsforen, Info- und Kaffeeecken, Balanced Scorecards, Benchmarking) (vgl. Schertel 2003, S. 26 f.). Pawlowsky/Reinhardt (2001) unterscheiden die Ebenen Individuum, Gruppe, Unternehmen, Netzwerk. Preissler u. a. (1997, S. 7 ff.) haben der von ihnen erstellten Übersicht (u. a. enthält diese zu den bereits angeführten Methoden Coaching, Mentoring, interne Publikationen/Bulletins, Customer Feedback, Dialog) besonders auf die Szenarioentwicklung verwiesen.

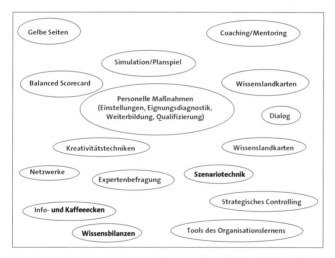

Abbildung 1: Panorama verfügbarer Methoden und Instrumente des Wissensmanagements (in Anlehnung an Preissler u. a. 1997, S. 7)

---

Begleitung organisationaler Lernprozesse findet sich in der Dissertationsschrift von Kopp (2003).

Lehner differenziert Methoden mit einem engen Bezug zum Wissensmanagement und beschreibt näher „Wissensstrukturdiagramme, Wissenslandkarten, Wissensmanagement-Profil, die Knowledge Asset Road Map und Wissensintensitätsportfolios" (Lehner 2000, S. 270). Wilkesmann/Rascher haben Verfahren der Simulation durch ein „Unternehmensplanspiel Wissensmanagement" fruchtbar gemacht (vgl. Wilkesmann/Rascher 2003, S. 33 ff. und 2004, S. 141 ff.). Schließlich gibt es eine Reihe von Evaluationsmethoden zur Messung und Bewertung von Wissen (vgl. North u. a. 1998). Eine Methodologie des Wissensmanagements explizit für Netzwerken wurde jüngst von Back u. a. (2004a und 2004b) vorgelegt.

Der Blick auf das verfügbare Methodenwissen wird hier zum Anschauungsfall der Grundprobleme des Wissensmanagements: Es gibt eher zu viel als zu wenig! Um die Spreu vom Weizen zu trennen, bedarf es der Selektion. Welche Methoden sinnvoll im Rahmen von Wissensmanagement zur Wirkung gebracht werden können, bedarf der Auswahl bzw. der entsprechenden Entscheidung des Managements. „Focus is the name of the game!" Der Durchgriff auf adäquate Methoden des Wissensmanagements ist eng verbunden mit der Frage nach einem angemessenen Verständnis der „Ressource Wissen", denn „Wissensmanagement (kann) seine Selektionsaufgabe nicht ohne einen qualifizierten Wissensbegriff erfüllen" (Schreyögg/Geiger 2003, S. 7).

Eine derartige Fundierung erfolgte im crosscomp-Projekt durch die Konturierung eines selektiven Wissensmanagements, welches den Besonderheiten der „Ressource Wissen" gerecht zu werden versucht und gleichzeitig die „andere Seite des Wissens", d. h. „Nichtwissen als Ressource" miterfasst (vgl. Howaldt u. a. 2004).

## 3. Kriterien für eine Methodik des selektiven Wissensmanagements

Vor diesem Hintergrund wurden eine Reihe von Methoden und Tools in zwei Modellversuchen weiterentwickelt, erprobt und eingesetzt. Es wurde dabei einem weit gefassten Instrumentenverständnis gefolgt, welches prinzipiell alles erfasst, was ein Akteur zur Erzeugung von Handlungen und Entscheidungen verwendet. Besonderes Augenmerk galt der

- Unterstützung der Wissensgenerierung und Problemlösung als organisationale Praxis (knowledge in action)

- Unterstützung des Wirkens und des Entfaltens impliziten Wissens

- Unterstützung der Vernetzung von Experten

- Unterstützung von Oszillation[2]

- Unterstützung von Selektionsmechanismen

- Unterstützung maximaler Nutzung verfügbaren Wissens (Konzentration auf Wesentliches)

- Unterstützung von Entlastungsmechanismen

Unsere Ergebnisse reichen einerseits von Methoden, die gezielt erprobt und weiterentwickelt wurden (z. B. Kollegiale Fallberatung, Kompetenzmatrix) über Methoden und Tools, die zwar nicht systematisch erprobt aber gleichwohl zur Anwendung gekommen sind (z. B. Short Communications, Scanning) bis hin zu einer ergänzenden Aufnahme von Verfahren, die im Rahmen von Lernlaboratorien präsentiert und diskursiv vertieft wurden (Teamsyntegrity, Defensive Routinen). Schließlich wurden die Ergebnisse ergänzt um einige interessante methodische Anregungen, die wir durch unsere Experteninterviews und Literaturrecherchen erhielten. Insgesamt konnte damit das Konzept des selektiven Wissensmanagements „in einem ersten Wurf" methodisch unterfüttert werden.[3]

---

[2] Oszillieren bedeutet „schwingen, pendeln". Der Begriff wurde durch Gross im Rahmen seines Konzeptes des Multioptions- bzw. Kontingenzmanagements eingeführt (vgl. Gross 1999, S. 27; Gross 2004). Die Pendelbewegung verweist auf das Überschreiten festgelegter Vorstellungshorizonte bzw. auf die Öffnung von Operationsräumen für Unkonventionelles, Ungeplantes, Zufälliges, Intuitives.
[3] Für die Einführung selektiven Wissensmanagements wurde ein blended learning Konzept mit CD-ROM entwickelt (vgl. gaus/Sozialforschungsstelle 2004)

| Methoden | Funktion |
|---|---|
| Scanning | Übersicht, Orientierung, Selektion, Öffnung von Operationsräumen |
| Yellow Pages/Kompetenzmatrix | Lokalisierung von Kernkompetenzen/Fachwissen, Aufbau von Verzeichniswissen |
| Reflexives Monitoring | Vertrauensaufbau, Prüfung Qualität/Anschlussfähigkeit der Wissensquellen/Wissensbenchmarking |
| Short Communication | Reduktion von Explizierungs-, Kodifizierungs-, Dokumentationsaufwänden |
| Focussing | Klärung prioritärer Handlungsfelder; Wissen, was man nicht wissen will; Wissensabwehr |
| Transaktives Prototyping | Kopplung von Kernkompetenzen/Fachwissen/implizitem Wissen **ohne** wechselseitige Lernprozesse |
| Kollegiale Fallberatung/ | Kopplung von Kernkompetenzen/Fachwissen/implizitem Wissen **durch** wechselseitige Lernprozesse |
| Team Syntegrity | Integration impliziten Wissens, Konsens auf Basis größten gemeinsamen Nenners |
| Clearing | Entlastung, Entsorgung, kreative Ignoranz/Wissensabwehr, Entlernen, Vergessen |
| Networking/Communities of Pracitice and of Learning | Vermehrung der Wissensquellen, Erhöhung der Anpassungsflexibilität, Unsicherheitsabsorption, Kooperation als Lerninstrument |
| Lernlaboratorium als spezifische Form des Networking | Transdisziplinäre, -organisationale, -institutionale Wissensgenerierung |

Abbildung 2: Methoden und ihre Funktionen im selektiven Wissensmanagement

## 4. Methodenauswahl selektiven Wissensmanagements

Dieses Vorhaben kann dem Dilemma der Vergrößerung der eingangs problematisierten Methodenflut nicht vollständig entgehen, erscheint jedoch aus drei Gründen als legitimierbar:

- Es handelt sich zum Teil um bereits bekannte Tools, die für den Netzwerkkontext modifiziert werden.

- Der Aspekt der Mobilisierung von implizitem Wissen wird konsequent in den Vordergrund gerückt.

- Metaphorisch gesprochen: Den „Tankern" elaborierter Methoden werden kleine unspektakuläre aber wirksame „Schnellboote" zur Seite gestellt.

Die nachstehende Übersicht ist eine Auswahl entsprechender Tools und Instrumente eines selektiven Wissensmanagements. Im Rahmen dieses Beitrags werden nicht alle Tools dieser Auswahl dargestellt, sondern nur die Wirksamsten skizziert.

## 4.1 Scanning

Beim Scanning geht es um Formen der oberflächlichen und schnellen Wahrnehmung einer großen Fülle von Informations- und Wissensangeboten. Scanning dient der Oszillation zur Öffnung von Operationsräumen (Gross 1999, S. 27), der Aufnahme von unkonventionellen Impulsen und der ersten Sondierung von Wesentlichem/Unwesentlichem. Dem Scanning kommt eine Übersichts- und Orientierungsfunktion zu. Auf Basis von Vorerfahrungen, aber auch auf Basis von Intuition und Zufall wird der Wissensstrom sondiert nach Labels, nach Etiketten, die einen hohen Nutzen zur Problembearbeitung versprechen. Insbesondere Neuigkeitsvermutung, Aufmerksamkeitswert und Nutzenerwartung sind Kriterien, an denen die Wachsamkeit punktuell erhöht wird, um eine Relevanzprüfung anzuschließen und ggf. „tiefer zu bohren". Scanning bezieht sich zum einen auf die Auswahl von Wissensangeboten. Hierbei spielt die Bewertung der Wissensquelle bspw. in Form von Reputation eine große Rolle. Im Kompetenzzentrum Netzwerkmanagement ist Reputation bspw. um ein Kriterium zur Auswahl der Netzwerkpartner. Ein anderes bekanntes Beispiel für Scanning ist das „Querlesen von Texten". Hervorhebungen und Marginalien erleichtern das Scanning. Aber nicht nur Texte können „gescannt" werden, sondern ebenso Personen und deren Kompetenzen. Dies verweist bereits auf die nächste Methode, die ebenfalls im Kompetenzzentrum erprobt wurde.

## 4.2 Yellow Pages

Die Yellow Pages sind ein Instrument zur Identifizierung von Kompetenzen und verfügbaren Wissensdomainen einzelner Netzwerkakteure. Es zielt auf die Lokalisierung von Know-how-Trägern zur Koppelung von Kernkompetenzen. Yellow Pages sind eine Form der „Short Communication", die den Akteuren das Scanning erleichtert und es ermöglicht implizites Wissen in unmittelbarer Auseinandersetzung mit einem konkreten Problem zur Wirkung zu bringen, ohne den sinnlosen Umweg der Explizierung von Erfahrungswissen zu beschreiten.

Im Kompetenzzentrum Netzwerkmanagement dienten die Yellow Pages zunächst dem netzwerkinternen Wissensmanagement, um in Akquisitionszusammenhängen schnell relevantes personengebundenes Wissen projektförmig an das Problem „heranzufahren". Es erleichterte die wechselseitige Wahrnehmung, ohne das damit jedoch eine ausreichende Grundlage der Zusammenarbeit gegeben war. Hierzu bedurfte es weiterer Instrumente, wie dem reflexiven Monitoring zur Förderung des Vertrauensaufbaus. Die Yellow Pages wurden im Modellprojekt auf die Kernphasen der Netzwerkentwicklung/-planung, der Partnersuche, der Netzwerkgestaltung und dem Netzwerkaufbau, Netzwerkbetrieb ausgerichtet. Auf diese Weise wurden sowohl Defizite als auch Redundanzen im Wissensspektrum des Netzwerkes sichtbar.

| Partner \ Phasen | Netzwerkplanung | Partnersuche | Netzwerkgestaltung und -aufbau | Netzwerkbetrieb |
|---|---|---|---|---|
|  |  |  |  |  |
|  |  |  |  |  |
|  |  |  |  |  |

Abbildung 3: Kompetenzmatrix

## 4.3 Reflexives Monitoring

Reflexives Monitoring findet im Kontext von Netzwerken eigentlich immer statt. Die Akteure beobachten sich und andere permanent. In Bezug auf die anderen dient das Monitoring der Prüfung der Wissensquellen bzw. der Einschätzung der Wissensträger in punkto Anschlussfähigkeit an das eigene Angebotsspektrum, Zuverlässigkeit, Arbeitsweise, Arbeitsleistung und -qualität. Reflexives Monitoring ist somit ein Kerninstrument des Vertrauensaufbaus.

Gleichzeitig erfolgt eine Art „Wissensbenchmarking". Im Vergleich mit anderen Akteuren bzw. Wissensträgern wird deutlich, welches Wissen relevant ist, so dass ggf. bei der Weiterentwicklung der eigenen Wissensbasis nachjustiert werden kann.

Ein weiterer Aspekt des reflexiven Monitorings ist schlicht die regelmäßige Berichtslegung über den Status verschiedener dezentraler Aktivitäten im Netzwerk. Dies kann in Form von Kurzpräsentationen auf den in größeren Abständen stattfindenden Netzwerktreffen erfolgen. Damit werden vereinbarte Vorhaben einem Rechenschaftsdruck unterhalb der Schwelle hierarchischer Anweisungsbefugnis ausgesetzt. Eine andere Form sind die Erstellung von Kurzprotokollen über dezentrale meetings, die einer bestimmten Struktur (vgl. Kap. 3.5.4) zu folgen haben. In gewisser Weise handelt es sich um „Short Communications".

Reflexives Monitoring findet allerdings auch zwischen Beratern und Kunden statt. So beobachten Kunden ihre Berater, inwiefern das ihnen auf Basis von Reputation geschenkte Vertrauen gerechtfertigt ist. Looss merkt hierzu an: „Allerdings ist die Reputation mit immer kürzeren Verfallsdaten versehen und ihre Berechtigung wird in kürzeren Abständen durch die Kunden überprüft" (Looss 2003, S. 72).

## 4.4 Short Communication

Short Communication zielt auf die Reduktion der Dokumentationsaufwände auf wesentliche für das Netzwerk (oder für Untereinheiten wie Arbeitsgruppen) relevante Kerninformationen. Gleichzeitig werden auf diese Weise Such- und Leseaufwände zur Erfassung der Hauptbotschaften minimiert.

Auch im Bereich des Wissensmanagements haben Formen der Short Communication Einzug gehalten. Vielzitiertes Beispiel sind „lessons learned" oder, etwas weniger bekannt: „MikroArt". Bei letzterem sollen

> „die Nutzen eines üblichen Artikels in einer neuen, der Praxis der Wissensarbeit kongenialen Form komprimiert werden, in einem radikal verkleinerten Artikel, *Mikro*artikel eben, der nur noch den Kern relevanter Expertise enthält" (Willke 1998, S. 100 ff.).

Mikroartikel stellen eine komprimierte Form (eine halbe bis maximal eine Seite) der von George Roth entwickelten „Learning Histories" dar. Doch Vorsicht ist geboten! Lessons Learned, Mikroartikel und Learning Histories können zwar punktuell sinnvoll sein, allerdings dauerhaft eingesetzt führen sie ihrerseits ebenfalls zu enormen Aufwänden. Es handelt sich im Kern um Archivierungsinstrumente, die mit den Schwächen exzessiven Wissensmanagements behaftet bleiben. Dies bemerkt auch der Protagonist der Mikroartikel:

> „Aber man darf sich nicht täuschen. In den meisten Fällen erlahmt die erforderliche Selbstdisziplin schon nach wenigen Versuchen, weil überzeugende Ausreden zuhauf verfügbar sind" (Willke 1998, S. 102 f.).

Ob es sich tatsächlich um Ausreden handelt oder aber um berechtigte Widerstände bei den „Betroffenen" gegen fragwürdige Aufwände mag dahingestellt bleiben.

Auf Basis der Erfahrungen im Modellprojekt Kompetenzzentrum Netzwerkmanagement müssen die Zweifel erhärtet werden. Da bereits die Mitarbeit in Netzwerken Zusatzarbeit bedeutet, werden keine Methoden oder Instrumente angenommen, die für die Mehrzahl der Akteure mit zusätzlichen Dokumentationsverpflichtungen verbunden sind. Im Kompetenzzentrum einigte man sich immerhin auf die zeitnahe Erstellung von „Mikroprotokollen". Diese dienen der zeitnahen Information des gesamten Netzwerks über relevante Ergebnisse dezentraler meetings. Diese Protokolle umfassen ca. ½ Seite und sind aus dem Kreis der Akteure des meetings sicherzustellen und ins Intranet einzupflegen. Die Struktur der Protokolle umfasste folgende Punkte: Teilnehmer/Leitung, Tagesordnung, zentrales Ergebnis, ggf. Hinweis auf Verfügbarkeit verwendeter oder erstellter Materialien, nächster Termin/Ort. Obwohl es sich hierbei um eine kaum unterschreitbare Minimalkommunikation handelt, deren Notwendigkeit auch von allen Beteiligten eingesehen wird, ist permanentes „Erinnern" und „Nachfassen" durch ein zentrales Netzwerkmanagement erforderlich.

### 4.5 Focussing

Focussing folgt häufig dem Scanning. Nach der Öffnung für Neues erfolgt die Schließung bzw. die Selektion und Konzentration auf ausgewählte Optionen. Für Malik stellt die Konzentration auf Wesentliches einen der zentralen Erfolgsfaktoren für Management überhaupt dar: „Das Wesentliche ist, sich auf Weniges zu beschränken, auf eine kleine Zahl von sorgfältig ausgesuchten Schwerpunkten, wenn man an Wirkung und Erfolg interessiert ist" (Malik 2001, S. 102). Im Idealfall bedeute dies die Konzentration auf eine Sache, ein Problem, eine Aufgabe. In unseren Fallstudien kam A. D. Little diesem Ideal sehr nah. Das gesamte Wissensmanagement wurde auf die einzige Frage nach Erfolgsfaktoren von Akquisitionen ausgerichtet.

Malik macht des Weiteren auf drei wichtige Sachverhalte aufmerksam. Erstens wird die Fokussierung in Netzwerken besonders notwendig.

„Gerade weil vieles so komplex, vernetzt und interaktiv geworden ist, ist dieser Grundsatz so wichtig. Er war es früher nicht in dem Maße – aus dem schlichten Grund, weil er in *einfachen* Situationen *gar nicht gebraucht* wird. Dort gibt es wenig Ablenkung, und der Grundsatz ist automatisch erfüllt" (ebd.).

Zweitens erfordert Focussing „harte und riskante Entscheidungen" (ebd., S. 108). Riskant deshalb weil nie auszuschließen ist, dass man „auf das falsche Pferd setzt". Entscheiden (durchaus auch auf Basis von Intuition) gehört zu den Kernkompetenzen von Führungskräften. Es ist „the task which makes or breaks the manager" oder anders formuliert „wer nicht entscheidet, ist keine Führungskraft" (ebd., S. 202). Drittens schließlich bedeutet Focussing, so weit möglich, den Verzicht auf geheimnisvolle elaborierte Instrumente (vgl. ebd., S. 211), bzw. die Bevorzugung einfacher wirksamer Tools.

Auch im Modellprojekt Kompetenzzentrum Netzwerkmanagement wurde mit einfachen Tools eine gute Wirkung erzielt. Um zu verhindern, dass sich die Debatte um Wissensmanagement verselbständigt und die absehbaren Ergebnisse der angestrebten Maßnahmen allenfalls „nice to have" aber nicht zwingend erforderlich sind und deshalb unnötigen Zusatzaufwand erzeugen, erfolgte eine aktualisierende Diskussion über Strategie und Hauptziele des Netzwerkes. Die beiden Hauptziele wurden als prioritäre Handlungsfelder des Wissensmanagements definiert. Jedes Handlungsfeld wurde in maximal drei Teilziele unterteilt und aus jedem Teilziel Aufgaben zur Zielerreichung abgeleitet. Erst an dieser Stelle wurde präzisierbar, welches Wissen von wem zur Erfüllung dieser Aufgaben benötigt wird und wie dieses Wissen aktiviert, gebündelt, verteilt, ggf. archiviert werden soll. Die Ergebnisse wurden in Matrixform transparent gemacht.

Bei einer Präsentation der Kompetenzmatrix im Rahmen von net'swork der ersten bundesweiten Messe für Unternehmensnetzwerke[4], stieß die Matrix auf großes Interesse. Sie erwies sich also nicht nur für interne Zwecke der Wissenskoordination, sondern auch unter Marketinggesichtspunkten als brauchbar. Externe Interessenten können so Wissensträger „scannen" und sich ggf. direkt mit ihnen in Verbindung setzen, um weitergehende Informationen einzuholen.

Die Modellprojekte zeigten, dass es bei der Erstellung einer derartigen Matrix bzw. bei der Festlegung von Maßnahmen der Wissensorganisation hilfreich ist zu berücksichtigen, welche generellen Wissensformen und -inhalte relevant sind. Wie unsere Fallstudien ergaben, hat das personengebundene und nur schwer übertragbare implizite Wissen gerade in Beraternetzwerken große Bedeutung. Damit ist eine prinzipielle andere Ausrichtung des Wissensmanagement geboten als bspw. in Netzwerken von IT- und Multimediadienstleistern, deren spezifisches Wissen sich wesentlich besser mittels IT-Technologie kommunizieren lässt. Kulturelle Unterschiede verschärfen diese Differenz.

Relevante Wissensinhalte in dem von uns untersuchten Beraternetzwerken waren:

- Übersichtswissen bzw. Verzeichniswissen über die Kompetenzen/Leistungsangebote/Produktpaletten der Netzwerkakteure

- Zeitnahes Wissen über laufende netzwerkrelevante Aktivitäten

- Netzwerkbezogenes Grundlagenwissen (Wissen über Arbeitsroutinen und -regeln/Arbeitsweisen/Arbeitsergebnisse)

- Wissen über Angemessenheit (bspw. der Funktion, der Wirkung, des Aufwands) von Tools des Wissensaustauschs.

---

[4] Informationen unter www.netswork.info.

Schließlich wurde die Orientierungsfunktion des Wissensmanagements im Modellversuch erhöht, indem eine Klärung der Ebenen, auf denen Wissen benötigt wird erfolgte. Die Informations- und Wissensflüsse sind demnach nicht nur auf Ebene eines einzelnen Betriebes zu organisieren, sondern, bezogen auf den relevanten Wissensausschnitt, bedarf es der Stimulans und Sicherstellung des Wissensinputs und -outputs zwischen den Betrieben. Neben die betriebliche Ebene tritt in Netzwerken die zwischenbetriebliche Ebene, die überbetriebliche Ebene und die Ebene des Gesamtnetzwerkes mit jeweils eigenen Wissensanforderungen und Spezifika der Wissensorganisation (vgl. Kap. 4).

In einem Lernlaboratorium (vgl. Kapitel 3.5.10) des crosscomp-Projektes wurde der Fokussierung höchste Priorität für die Aufgaben des Wissensmanagements in Netzwerken zugemessen. Die Fragen, wie man die Selektionspotenz erhöht und Wissensfilter errichtet, wurde im Kern mit der Entwicklung von Kriterien zur Lokalisierung potenziell relevanten Wissens und Kriterien zur Bewertung der Qualität von Wissensquellen beantwortet. Dabei tat man sich schwer mit der Konsequenz, dass Selektion von Wissen immer auch „Aussperrung von Wissen(den)" bedeutet.

## 4.6 Transaktives Lernen/Prototyping

Wissensmanagement in Netzwerken kann nicht bedeuten, permanente wechselseitige Lernprozesse zwischen den Akteuren zu organisieren. Die Initiierung wechselseitigen Lernens ist allenfalls eine Option des Wissensmanagements, die bestimmten Zwecken dient. Gerade in Netzwerken, deren Ziel z. B. das Hervorbringen von Innovationen ist, geht es darum, „das Wissen des Partners effizient zu nutzen und nicht, es durch Lernen zu erwerben" (Grunwald/Kieser 2003, S. 37). Jeder Netzwerkpartner sollte die Kernkompetenz seiner Organisation einbringen (durch eigenes Know-how oder durch Aktivierung geeigneter anderer Organisationsmitglieder). Dieses kernkompetenzbasierte „Tiefenwissen" muss fall-, bzw. projektweise mit anderen Kernkompetenzen gekoppelt werden. Mit Grunwald/Kieser kann der Austauschprozess als „Transaktives Prototyping" bezeichnet werden.

Die Essenz der Überlegungen zum transaktiven Prototyping geht dahin, das es gerade in wissens- und kooperationsintensiven Bereichen darauf ankomme „zu lernen, weniger zu lernen" (ebd., S. 43). Das oberste Prinzip ist hierbei die Modularität: Verschiedene Teams aus Spezialisten unterschiedlicher Fachgebiete konstruieren häufig zunächst relativ unabhängig voneinander Module, die sie dann im nächsten Schritt verknüpfen". Die unterschiedlichen Teams (dabei kann es sich natürlich auch um Einzelpersonen handeln) erstellen auf Basis ihrer Kernkompetenz Konzepte von Modulen.

> „Die Empfänger müssen nur – und das ist entscheidend – die Leistung beziehungsweise den In- und Output der an ihr Modul andockenden Komponenten verstehen (Schnittstellenwissen) und mit anderen Teams diskutieren, nicht aber die detaillierten Prozesse, wie dieser Output entsteht (inhaltliches Wissen)" (ebd., S. 39).

Für Netzwerkmitglieder geht es nicht darum, sich das gesamte verfügbare Wissen anzueignen, sondern ein mentales Verzeichnis zu verschaffen, wer welches Wissen besitzt. Dieses Verzeichniswissen wird in Anlehnung an Wegner (1987) als transaktives Gedächtnis bezeichnet.

Der Prozess des Prototypings lässt sich dann wie folgt beschreiben:

> „Zunächst erstellt ein Teilteam ein Konzept für das von ihm zu entwickelnde Modul. Dies präsentiert es den anderen Modulteams (mit Mitgliedern aus dem Partnerunternehmen), die prüfen, ob das vorgestellte Konzept erfolgreich mit ihrem Modul zusammenarbeiten wird. Detaillierte inhaltliche Fragen müssen die Teams nicht erarbeiten. Die Module hinter den Schnittstellen können sie wie Blackboxes behandeln. Nach jeder Bewertungsrunde überarbeiten die jeweiligen Teams erst ihre Konzepte, nach einiger Zeit Prototypen der Module und schließlich Prototypen des neuen Produkts, bis eine zufrieden stellend funktionierende Endversion entstanden ist" (Grunwald/Kieser 2003, S. 40).

Natürlich bedarf es auch in derartigen Netzwerken, Teams, Arbeitsgruppen etc. einer Grundlage geteilten Wissens. Dieses bezieht sich auf gemeinsame Leitziele, gemeinsame Sprache („wording") aber auch auf eine gewisse Menge inhaltlichen Wissens, welches insbesondere in frühen Projektphasen zu entwickeln ist.

Transaktives Prototyping konnte im crosscomp-Projekt im Modellprojekt Kompetenzzentrum Netzwerkmanagement beobachtet werden. Bei der Entwicklung eines Beratungsangebotes zur Leitbildentwicklung wurde eine temporäre Arbeitsgruppe aus Experten des Marketings, Berater verschiedener Provenienz, Weiterbildner und Wissenschaftler gebildet.

Ein anderes Beispiel hierfür ist die Zusammenarbeit des crosscomp-Projektteams bei der Entwicklung einer CD-ROM und eines blended learning Konzeptes zur Einführung von Wissensmanagement im Bereich kleiner und mittelgroßer Unternehmen. Hier wurde technisches Know-how, didaktisches Wissen im Rahmen von e-learning mit sozialwissenschaftlichen Erkenntnissen ebf. auf eine Weise verbunden, die als transaktives Prototyping bezeichnet werden kann.

## 4.7 Clearing

Als Clearing bezeichnen wir unterschiedliche Techniken und Instrumente zur Entlastung von veraltetem, innovationshemmendem, überflüssigem Wissen.[5]

Bezogen auf die Informationstechnologie bedeutet Clearing „LogOut" (Stoll 2001), bezogen auf den PC das aktive Vergessen mittels Löschtaste, der für Weinrich die wichtigste Funktion des PCs darstellt (Weinrich 1997, S. 12 ff.). Eine Variante hierzu sind die automatisierten Löschvorgänge, die an vorher definierte Verfallsdaten gekoppelt sind. Anspruchsvoller ist dieser Prozess auf

---

[5] Eine Anekdote beschreibt sehr schön die Grundidee des Clearing. In einem fiktiven Gespräch teilt jemand seinem Gegenüber mit: „Ich bin der Meinung, dass das Gehirn des Menschen ursprünglich wie eine kleine leere Dachwohnung ist, die man mit Mobiliar versehen muss, das einem genehm ist. Ein Narr nimmt allen Plunder auf, über den er stolpert, so dass das Wissen, das ihm nutzen könnte, von der übrigen Menge verdrängt oder bestenfalls von all den anderen Dingen verstellt wird, so dass er es schwerlich erfassen kann. Der geschickte Arbeiter dagegen wird sehr sorgsam mit jenen Dingen umgehen, die er in seine Hirnmansarde holt. Er nimmt nur jene Werkzeuge auf, die ihm bei seiner Arbeit helfen können, aber von diesen hat er ein großes Sortiment, und alle sind geordnet und in bestem Zustand. Es ist ein Irrtum anzunehmen, dieser kleine Raum habe elastische Wände und sei beliebig dehnbar. Verlassen Sie sich darauf: Es kommt eine Zeit, in der Sie für jede neue Kenntnis etwas vergessen, das Sie vor dem gewusst haben" (Sir Arthur Conan Doyle, zit. nach Roehl 2002, S. 40).

organisatorischer und individueller Ebene.[6] Die zentrale Frage lautet: Wie können organisationale Kapazitäten, wie kann die „mentale Festplatte" frei gehalten und frei gemacht werden für Neues?[7]

Die kreative Ignoranz (auf Basis intelligenter Fokussierung) im Sinne gewollten Nichtwissens ist eine davon. Nichtwissen erscheint als wertvolle Ressource.[8] Gray betrachtet es als Aufgabe, eines eigens einzusetzenden „Chief Ignorance Officers" ein gewisses Maß an „Ignoranz oder Nichtwissen (...) zu kultivieren" (Gray 2004, S. 18) oder Nichtwissen durch verlernen wieder herzustellen. Der Chief Ignorance Manager wird versuchen „einen Zustand positiven Nichtwissens herbeizuführen, der die bestehenden Hilfsmittel und Systeme außer Kraft setzt" (ebd., S. 19), umso quasi „Wissensfreiräume" für Innovationen zu schaffen. Ohne Ignoranz neigen wir eher dazu, bereits bekannte Wege einzuschlagen, um Antworten zu finden. Wir setzen uns weniger mit dem auseinander was wir nicht wissen, sondern vielmehr mit dem, was wir wissen. Beim Nichtwissen handelt es sich um einen Zustand, der nur schwer zurückzugewinnen ist, tritt erst einmal Wissen an seine Stelle (vgl. ebd.).[9] Gleichwohl erweisen sich entsprechende Anstrengungen deshalb als lohnend, weil der „reentry auf Seite des Nichtwissens den Joker einer offenen Zukunft einspielt" (von Wolzogen 2003, S. 8).

---

[6] Jüngste Projekte der Hirnforschung gehen dem Phänomen des „absichtlichen Vergessens" nach und kommen zu dem Ergebnis, dass junge Menschen besser behalten, weil sie besser vergessen können: „Bei älteren Menschen besteht dann eher das Problem, dass sie mehr irrelevante Informationen oder Informationen, die jetzt nicht aktuell zur Aufgabenbearbeitung dazuzählen, dass die immer noch im bewussten Gedächtnis mit vorhanden sind oder da mit reinspielen und damit die begrenzte Kapazität des Gedächtnisses ungünstig beanspruchen" (Michel 2004, S. 4).

[7] Abgesehen vom Umgang mit defensiven Routinen markiert dieser Bereich enormen Forschungsbedarf. Sowohl auf den Lernlaboratorien als auch auf der Abschlusstagung des Projektes wurde diesem Bereich großes Interesse zuteil.

[8] Einen eigenen Stellenwert nimmt der Diskurs um Nichtwissen im Bereich pränataler Diagnostik, in der Humangenetik oder aber auch generell im Umgang mit der Gesundheitsvorsorge ein. Vor diesem Hintergrund (insbes. der Humangenetik) wird seit einigen Jahren ein „Recht auf Nichtwissen" vorgeschlagen.

[9] In einem Lernlaboratorium des crosscomp-Projektes wurde der kreativen Ignoranz große Bedeutung bei der Erhöhung der Selektionspotenz zugemessen. Kreative Ignoranz (Nichtwissen) unterscheidet sich von dümmlicher Ignoranz (Nichtswissen) und Borniertheit, bzw. von „elementarer Blödheit" (Gary Larson, zit. nach von Wolzogen 2003, S. 2) durch aktiven Einsatz der Instrumente Scanning, Yellow Pages, Reflexives Monitoring, Transaktives Prototyping etc.

Eine Möglichkeit „re-entries" ist das Entlernen. Es wurde in unserem Projekt in Form der defensiven Routinen näher analysiert. Insbesondere die von G. Fatzer in den USA durchgeführten Fallstudien legen den Schluss nahe, dass die Society of Learning Organization des MIT im erheblichen Maße defensive Routinen herausgebildet hat. Fatzer arbeitet auf Grundlage des Konzeptes von Argyris (1994) heraus, wie das gesamte Netzwerk unter Deformationen leidet, die aus eingeübter Inkompetenz resultieren. Dadurch, dass der gesamte Aufmerksamkeitshorizonts durch vorhandenes (lange Zeit erfolgreiches) Wissen absorbiert wird, kristallisieren sich defensive Routinen eines „so haben wir es immer gemacht" heraus, die schließlich notwendige Innovationen verhindern können. Roehl meint in diesem Zusammenhang: „Organisationen scheitern viel eher daran, dass sie überalterte Überzeugungen und Gewissheiten in ihrem Gedächtnis behalten, als dass sie etwas vergessen" (2001, S. 40).

Fedler beschreibt die Herausbildung defensiver Routinen so:

> „Wir füllen (...) die Schublädchen mit unseren Erfahrungen und damit – um im Bild zu bleiben – reduzieren wir den Platz in den Schublädchen, verfestigen den Zusammenhang von Wahrnehmung, Selektion und Interpretation – wir lernen" (Fedler 2003, S. 33)

und charakterisiert „Ent-lernen" als ein Aufbrechen des gelernten, nicht mehr hinterfragten Zusammenhangs von Wahrnehmung, Selektion und Interpretation durch Konfrontation des eignen Interpretationshorizontes mit anderen. Netzwerke sind deshalb das ideale Instrument derartiger „Horizonterweiterungen".

Eine weitere Möglichkeit des Clearings ist das erlaubte aktive Vergessen[10]. In der bereits erwähnten Aufforderung „forget it" von Watson/Crick wurde ein Beispiel derartiger Handlungsentlastung gegeben. Ein anderes Beispiel erlaubten Vergessens sind die vielbeschworenen „Paradigmenwechsel" in der

---

[10] Der Begriff des erlaubten Vergessens legt den Schluss nahe, dass es auch nicht erlaubtes Vergessen gibt. Dies verweist zum einen auf einen moralischen Diskurs (Was müssen wir erinnern?) und eng damit verbunden auf historische Debatten (vgl. Hobsbawm 1997). Erinnern und Nichtvergessen bilden eine wichtige Grundlage von Kontinuität und Wissensprogression.

Wissenschaft. Jeder Paradigmenwechsel impliziert das Abwerfen des Ballastes alter Wissensbestände (vgl. Weinrich 1997, S. 267 f.). Die alten Paradigmen werden als solche wertlos oder relativieren sich erheblich in der Bedeutung.

Allerdings gibt es auch eine Reihe profanerer Beispiele für aktives Vergessen, die bis in die Sphäre persönlicher Arbeitstechniken reichen können. Im Kapitel „Systematische Müllabfuhr" beschreibt Malik (2001, S. 373 ff.), dass eine Verbesserung der Zeitnutzung mit der Frage beginnen muss: „Was sollte ich in Zukunft nicht mehr tun" (ebd. 2001, S. 180 und 336). Er empfiehlt auf der Ebene des Individuums wie auf Abteilungs- bzw. Organisationsebene turnusmäßig Revisionen der Handlungsroutinen vorzunehmen und zu fixieren, was definitiv nicht mehr gemacht wird. Diese Revision sei einmal jährlich vorzunehmen, und zwar

> „für sämtliche Verwaltungsabläufe; Computersysteme und -programme; Formulare, die in Gebrauch sind; Listen, die man führt; Berichte, die erstellt werden; für alle Sitzungen, die man abhält – nur weil man sich daran gewöhnt hat und ohne dass sie noch Ergebnisse produzieren; für den gesamten Belegfluss; für Prozeduren, Programme und Methoden, die in Gebrauch sind" (ebd.).

## 5. Fazit

Die Ergebnisse der empirischen Untersuchungen in Berater- und Multimedia-IT-Netzwerken im deutschsprachigen Raum[11] leisten einen Beitrag zur qualitativen Begründung eines Wissensbegriffes, welcher im Unterschied zum vorherrschenden Verständnis, die Besonderheiten und „die andere Seite" der Wissensressource berücksichtigt. Ein derartiger neuer Zugang den wir idealtypisch als selektives Wissensmanagement bezeichnet haben, akzentuieren folgende Aspekte:

---

[11] Unter Berücksichtigung eigener Erhebungen in den USA (vgl. den Beitrag von Fatzer/Schoefer in diesem Band).

- Wissen soll nicht per se gesammelt, sondern zur Wirkung gebracht werden

- Identifikation relevanten Wissens erfolgt über Lokalisierung von Wissensträgern und deren Know-how-Profilen

- Implizites Wissen wird problemadäquat mobilisiert

- Intelligente Wissensabwehr und intelligentes Vergessen im Sinne eines produktiven Umgangs mit Nichtwissen

- Hochselektive zielfokussierte Wissensaufnahme als Voraussetzung innovativer Problemlösung

Die informationstechnologischen Versuche die begrenzte menschliche Verarbeitungskapazität von Wissen und Informationen „auszutricksen" sind mehrheitlich gescheitert.

> „Das humanistische ‚Maß des Menschen' formuliert die Wissensgesellschaft heute in den technischen Begriffen der Filterung und Selektion neu. Ein Filter reduziert ja Komplexität, indem er eine gewisse Informationsmenge als Rauschen disqualifiziert. Mit andere Worten: „Rauschen ist Information von der man nichts wissen will" (Bolz 2002, S. 206).

Weil es sich als illusionär herausgestellt hat, Organisationen könnten wissen, was in Zukunft wichtig ist, oder zumindest das Wissen überblicken, über das sie aktuell verfügen, muss sich Wissensmanagement bescheidener positionieren und seinen Leistungsbeitrag in kontingenten, ambivalenten und riskanten Entscheidungsprozessen als integralen Bestandteil des Managementhandelns profilieren.

An Entscheidungsprozessen kommt auch selektives Wissensmanagement bei der Frage nach geeigneten Methoden nicht vorbei. Die Methodenarsenale sind gut gefüllt und es gilt weniger neue Methoden und Tools zu entwickeln, als adäquate Instrumente auszuwählen und für die eigenen Ziele nutzbar zu machen. Ohne Anspruch auf Vollständigkeit zu erheben wurden in diesem Beitrag eine Reihe von Methoden skizziert, die selektives Wissensmanagement insbesondere auch im Kontext von Netzwerken besonders unterstützen können.

**Literatur**

Bach, N./Homp, Ch. (1998): Objekte und Instrumente des Wissensmanagements. In: zfo, Heft 3, S. 139 - 146

Back, A./Enkel, E./Krogh, G. von/Seufert, A. (eds.) (2004a) (forthcoming): Putting Knowledge Networks into action. A methodology for developing an maintaining Knowledge

Back, A./Enkel, E./Krogh, G. von/Seufert, A. (eds.) (2004b) (forthcoming): Getting real about Knowledge Networks: unlocking corporate knowledge assets

Gappmaier, M./Heinrich, L. J. (Hg.) (1998): Geschäftsprozesse mit menschlichem Antlitz. Methoden des Organisationalen Lernens anwenden, Linz

Geiger, D./Schreyögg, G. (2003): Wenn alles Wissen ist, ist Wissen am Ende nichts?! In: Deutsche Betriebswirtschaft (DBW) 63, S. 7 - 22

Gross, H. (2004): Das Paradoxon der Moderne. In: Mc Kinsey Wissen, Heft 7, S. 98 - 101

Gross, P. (1999): Kontingenzmanagement. In: Sattelberger, T./Weiss, R. (Hg.): Humankapital schafft Shareholder Value – Personalpolitik in wissensbasierten Unternehmen, Köln, S. 19 - 32

Grunwald, R./Kieser, A. (2003): Lernen, NICHT zu lernen. In: Harvard Business manager, S. 35 - 41

Howaldt, J./Klatt, R./Kopp, R. (2004): Wissensmanagement als Zukunftsaufgabe erfolgreicher Unternehmenskooperationen. In: Weissenberger-Eibl, M. A. (Hg.): Unternehmen im Umbruch, Rosenheim, S. 201 - 222

ILOI (Internationales Institut für Lernende Organisation und Innovation (Hg.) (1997): Knowledge Management. Ein empirisch gestützter Leitfaden zum Management des Produktionsfaktors Wissen, München

Kopp, R. (2003): Zwischen instruierendem und selbstreflexivem Paradigma: Methodische Beiträge der Arbeitspsychologie, der Industriesoziologie und der systemischen Organisationsberatung zur Organisationsentwicklung, Dissertationsschrift http://eldorado.uni-dortmund.de:8080/FB11/ls14/forschung/2002/Kopp

Lehner, F. (2000): Organisational Memory – Konzepte und Systeme für das organisatorische Lernen und das Wissensmanagement, München

Looss, W. (2003): Anmerkungen zur Entwicklung des Beratermarktes. In: Organisationsentwicklung, Heft 3, S. 72 - 73

North, K./Probst, G./Romhardt, K. (1998): Wissen messen – Ansätze, Erfahrungen und kritische Fragen. In: zfo, Heft 3, S. 158 - 166

Pawlowsky, P./Reinhardt, R. (2001): Wissensmanagement für die Praxis, München

Preissler, H./Roehl, H./Seemann, P. (1997): Haken, Helm und Seil: Erfahrungen mit Instrumenten des Wissensmanagement. In: Organisationsentwicklung, Heft 2, S. 4 -16

Rascher, I./Wilkesmann, U. (2003): Wissensmanagement – Analyse und Handlungsempfehlungen, Edition der Hans-Böckler-Stiftung, Band 96, Düsseldorf

Roehl, H. (2002): Organisationen des Wissens. Anleitung zur Gestaltung, Stuttgart

Schertel, C. (2003): Wissensmanagement – Instrumente. In: OnForTe Team Verdi (Hg.): Wissensmanagement, Frankfurt, S. 26 - 27

Weinrich, H. (1997): Lethe. Kunst und Kritik des Vergessens, München

Willke, H. (1998): Systemisches Wissensmanagement, Stuttgart

Bernd Benikowski/Sigita Urdze

# eLearning – ein Konzept zur Förderung von Selbstlernkompetenz?
## Überlegungen zum Thema eLearning am Beispiel von „Wissensmanagement in Netzwerken"

1. Einleitung .................................................................................. 116
2. Frühe und moderne Formen des digitalisierten Unterrichts ........ 116
3. Programmierter Unterricht und Kybernetik
   Wo sind eigentlich die Sprachlaboratorien geblieben? ............... 117
4. Erst kommen die Lernziele, dann die Umsetzung von eLearning .......... 118
   4.1 Lernarchitekturen ............................................................. 119
   4.2 Kontakt zwischen Lehrenden und Lernenden
       Feedbacksysteme ............................................................ 119
   4.3 Flexible Lerninhalte ......................................................... 120
5. Das Training zur Einführung von Wissensmanagement in Netzwerken ........ 121
6. Resümee: Was eLearning zur Steigerung der Selbstlernkompetenz beitragen kann ........ 123

Literatur ........................................................................................ 124

## 1. Einleitung

Während noch vor einigen Jahren mit Begeisterung über neue Formen des Lernens durch eLearning debattiert wurde, ist mittlerweile eine relative Ernüchterung eingetreten. Die „best practice" Modelle sind rar. Auf breiter Front hat sich der Einsatz von eLearning noch nicht verwirklicht. Ist eLearning nur ein pädagogisches Spielzeug, das Euphorie hervorruft und schließlich doch nur in der Ecke liegen bleibt? Oder werden unsere technisch-didaktischen Visionen endlich verwirklicht und müssen wir uns um das Problem des Lernens immer weniger kümmern, da schließlich eine brillante eLearning-Welt wartet, in der jeder zu jeder Zeit lernen kann und wird? Im folgenden Aufsatz wird am Beispiel eines e-gestützten Wissensmanagementtrainings die zukünftige Lernarchitektur von modernen eLearning Projekten reflektiert und deren Auswirkung auf die Steigerung der Selbstlernkompetenz ihrer Nutzer überprüft.

## 2. Frühe und moderne Formen des digitalisierten Unterrichts

Gute Lehrfilme sind spätestens seit der Zeit des modernen Schulfernsehens nicht mehr wegzudenken. Die dort entwickelte didaktische Qualität ist von vielen standardisierten Lernprogrammen noch immer nicht erreicht. Das besondere des digitalisierten Wissens ist vor allem die ständige Verfügbarkeit durch die gegenwärtige Informationstechnologie. Während noch vor einigen „Lehr"-Generationen ein Film ein besonderer Höhepunkt einer Lehrveranstaltung war, können heute auf einem Server gespeicherte Lehrangebote permanent verfügbar gehalten werden. Stellen wir uns nun einmal vor, dass zukünftige Institutionen des Lernens – seien es Schulen, Unternehmen oder Weiterbildungseinrichtungen – für alle Beteiligten des Lernbetriebes ein Angebot auf einem Server liegen haben, das qualitativ geeignetes Lernmaterial zur zeitlich unbegrenzten Nutzung zur Verfügung stellt. Denken wir weiter, dass alle Lernenden und Lehrenden Zugang zu diesem digitalisierten Wissen haben, dann werden Konturen einer zukünftigen Lernarchitektur erkennbar, die didaktisch aufbereitetes digitalisiertes Wissen als eLearning-Angebot permanent bereithalten wird.

Derzeit sind eLearning Produkte zum großen Teil noch auf einzelne Lerneinheiten begrenzt, die als digitaler Fernkurs, meist eingebettet in ein Tutoring, von unterschiedlichen Institutionen angeboten werden. Viele Industrie- und Handelskammern, Handwerkskammern oder Hochschulen bieten Lernveranstaltungen an, die vom heimischen Computer oder vom Arbeitsplatz in der Firma bewältigt werden können. Die Hauptargumente, diese Form des Lernens zu nutzen, sind vor allem die zeitliche und örtliche Unabhängigkeit. Egal zu welcher Tages- oder Nachtzeit: Lernen ist immer möglich, die IT-Lernplattformen garantieren völlige Unabhängigkeit. Es kann quasi an jedem Ort, an dem ein Computer steht, gearbeitet werden. Nicht umsonst sind gerade die mittelständischen Unternehmen daran interessiert, auch ihren Mitarbeitern Fortbildung zu ermöglichen, ohne diese für einige Tage für traditionelle Lehrveranstaltungen freizustellen und damit auch die Verantwortung für die Lernzeiten ihrer Mitarbeiter zu übernehmen. In der gegenwärtigen Diskussion der Wirkungsweise von eLearning wird „digitalisiertes Lernen" aber erst dann als erfolgreich angesehen, wenn es von Präsenzveranstaltungen begleitet wird, das heißt, die Lernformen gemischt werden – zum „blended learning".

Viele eLearning Programme werden aber immer noch standardisiert angeboten. Oft sind hunderte von Teilnehmern bei manchen Anbietern für ein eLearning Programm kein Problem. Technisch sind sie das natürlich auch nicht. Was einmal im Web ist, kann von Millionen von Menschen abgerufen werden, ohne noch einmal kopiert oder neu gedruckt zu werden. Aber was bedeutet dies eigentlich für das Lernen? Der Rückblick auf die Zeit des programmierten Unterrichts und der Kybernetischen Didaktik ist an dieser Stelle interessant. Bereits die damalige didaktische Diskussion hat Formen entwickelt, die selbständiges Lernen fördern sollten.

## 3. Programmierter Unterricht und Kybernetik – Wo sind eigentlich die Sprachlaboratorien geblieben?

An die Zeit, in der viele Weiterbildungseinrichtungen und Schulen Sprachlaboratorien eingerichtet haben, können sich viele Lehrende und Lernende noch gut erinnern. Der Lernende konnte in einer selbstbestimmten Geschwindigkeit einzelne Lerneinheiten abarbeiten, Übungen durchführen und erhielt ein unmittelbares Feedback. Individuell differenziertes Lernen war möglich. Das Feedbacksystem gestattete dem Lernenden eine permanente Lernkontrolle, die anders war als traditionelle Tests oder schulische Klassenarbeiten. Trotzdem hat sich diese Lernform, die eigentlich in ähnlicher Weise auch bei e-Learning Angeboten als Argument dient, nicht flächendeckend durchsetzen können. Kritisch ist nach den Gründen zu fragen, die dem kybernetischen Lernen – und vor allem Selbstlernen – im Wege gestanden haben. Es soll nun nicht die Diskussion kybernetischer didaktischer Instrumente erneuert werden, aber zumindest ein greifbarer Befund für heutige eLearning Programme lässt sich ableiten.

Lerntechnologien sind nur dann hilfreich, wenn sie von den Lernenden genutzt werden (wollen). Dazu gehören Akzeptanzfragen ebenso wie Anwendungskompetenzen und Motivationsaspekte. Genauso wie in dieser Zeit müssen wir heute darüber nachdenken, ob diese (Selbst)Lernkompetenz bei eLearning Nutzern nicht tatsächlich ausreichend vorhanden sein muss, um erfolgreich an eLearning Projekten teilzunehmen. Für unsere Fragestellung bedeutet das, zu überprüfen, wie eLearning Projekte gestaltet sein müssen, um auch Selbstlernkompetenzen – gleiches gilt für den Umgang mit technischen Medien – zu vermitteln, will man sie nicht als Voraussetzung stehen lassen.

## 4. Erst kommen die Lernziele, dann die Umsetzung von eLearning

Viele gegenwärtige eLearning-Programme sind keinesfalls einer didaktischen Denkrichtung zuzuordnen, sondern sind das Resultat unterschiedlich orientierter Entwickler. Nicht selten steht die Technik als solche im Vordergrund. Es muss aber auch ein didaktischer Weg vermittelt werden, wie der jeweilige Stoff zu bearbeiten ist und welche Ziele für die Teilnehmer mit der Lernarbeit verbunden sind. Auch Selbstlernkompetenz muss selber didaktisch Teil des Lernprozesses sein. Aufgrund der gescheiterten, auch frühen Versuche des eLearning, kann man davon ausgehen, dass Selbstlernkompetenz sich nicht einfach durch den Umgang bzw. die Nutzung eines Programms entwickelt. Spricht man von Selbstlernkompetenz, umfasst dies immer zwei Ebenen. Zum einen die Organisationsleistung des Lernenden, die Lernangebote abzurufen und zum anderen – und diese Ebene wird häufig ausgeblendet – muss der Lernende in die Lage versetzt werden, über das Gelernte zu reflektieren und sich Gelegenheiten schaffen, das Gelernte in die Praxis zu transferieren und zu erproben. Die Lernmotivation bleibt nur dann erhalten, wenn mit neu Gelerntem auch positive Erfahrungen im Arbeitsalltag verbunden werden können. Die Vermittlung einer solchen Handlungskompetenz bedarf spezieller didaktischer Konzepte.

## 4.1 Lernarchitekturen

In der Zukunft werden wir auf Lernarchitekturen, die einen großen Teil des Lernens an den Bildschirm verlagern, nicht mehr verzichten können. Fragen zu Vorteilen oder zur institutionellen Einführung des eLearnings sind aber zu kurz gegriffen. Auch die bereits erwähnte Mischung aus Präsenzseminaren und eLearning-Angeboten reicht noch nicht weit genug. Die Planung umfassender Lernarchitekturen stellt die Lernziele nach oben und bezieht organisatorische Rahmenbedingungen mit ein. Beispielsweise die Frage, wie in einem Betrieb ein bestimmtes Lernziel unter der Prämisse umgesetzt werden kann, dass die Teilnehmer nur begrenzt in Präsenzseminaren lernen sollen und geographisch über ganz Deutschland verteilt sind?

## 4.2 Kontakt zwischen Lehrenden und Lernenden – Feedbacksysteme

Ein weiteres wichtiges Element einer erfolgreichen e-gestützten Lernarchitektur ist der persönliche Kontakt zwischen Anbietern und Lernenden. Die Instanz des eTutors soll den Lernenden bei der Organisation seines Lernprozesses begleiten und unterstützen. Eine echte Coachingfunktion, die den Lernenden auch im Lernprozess unterstützt, übernimmt der Tutor nicht. Zur Erreichung von Selbstlernkompetenz greift diese Funktion zu kurz. Echte Feedbacksysteme sind bisher in nur wenigen eLearning-Projekten erreicht worden, denn auch Feedback muss in der Lernarchitektur sichergestellt werden und sollte nicht als Zusatzangebot stehen bleiben.

Lernen ist dann erfolgreich, wenn der Lernende eine Rückmeldung über seine eigene Lernarbeit erhält. Eine Rückmeldung, die sich nicht auf richtig oder falsch beschränkt, die nicht vom Computer erzeugt wird, sondern von einem Lehrer, Dozenten oder Trainer im persönlichen Kontakt an den Lernenden gegeben wird. Ein individuelles und persönliches Feedback, von einer Person, die den Lernenden bereits bekannt ist, hat zwei außerordentlich wichtige Komponenten. Erstens ist Lernen dann gezielt möglich, wenn der Lernende mitgeteilt bekommt, was und wie etwas zu verbessern ist und dies konkret auf seine Person beziehen kann. Zweitens ist natürlich der motivierende Aspekt der differenzierten Rückmeldung des Trainers außerordentlich positiv einzuschätzen.

## 4.3 Flexible Lerninhalte

Bedarfsgerechte Anpassung der Lerninhalte an die Lernenden ist eine weitere Anforderung, die an moderne Lernarchitekturen gestellt werden sollte. Denn nur in der Praxis verwendbare Inhalte tragen dazu bei, das Gelernte mit positiven Erfahrungen zu reflektieren und umzusetzen. Es ist Aufgabe der Trainer, neue Lerninhalte für die Nutzer des eLearning Programms zu erstellen und zu gestalten. Lehrende sollten die Möglichkeit haben, ihr Lernangebote ohne weiteren Programmieraufwand auf die Lernplattform zu stellen. In ähnlicher Weise, wie eine Unterrichtsvorbereitung mit einem Textverarbeitungsprogramm erstellt wird, sollte es möglich sein, einfache eLearning-Angebote als Lehrer oder Dozent weit gehend eigenständig zu erstellen.

Es sei noch einmal erinnert: Präsenzseminare sollten in einem eLearning Projekt immer begleitend angeboten werden. Sie tragen auch in hohem Maße dazu bei, künftige Lerninhalte zu generieren und den Qualifikationsstand der Teilnehmer zu überprüfen. Es ist in jedem Lernprojekt zu klären, wie der Anteil von Präsenzseminaren zum eLearning-Angebot zu dosieren ist. Das hängt von der Lerngruppe und vom Lernstoff ab.

Dieser hohe Grad an Individualisierung ist mit Standardprodukten nicht zu erreichen, denn die aufwendigen Software-Entwicklungen sind nur dann finanzierbar, wenn sie in großer Auflage verkauft und umgesetzt werden können.

Soll eLearning aber zukünftig die Lernmotivation und die Selbstlernkompetenz seiner Nutzer steigern, braucht es mehr Spielraum für individuelle Lernarchitekturen einzelner Bildungsinstitutionen.

Solche Modelle sind keinesfalls Utopien, sondern werden bereits umgesetzt. Im Rahmen des BMBF-Projekts crosscomp wurde ein Lernsystem zum Thema „Wissensmanagement in Netzwerken" entwickelt.

## 5. Das Training zur Einführung von Wissensmanagement in Netzwerken

Das Training „Wissensmanagement in Netzwerken" wurde für Verantwortliche in KMU mit geringen Vorkenntnissen zum Thema entwickelt.[1] Diese sollen in das Themenfeld eingeführt werden und praxisnahe Tipps für die Gestaltung von Wissensmanagement erhalten. Ziel ist es, ihre Kompetenz als Netzwerkakteure zur erfolgreichen Durchführung von Wissensmanagementprojekten zu fördern. In das Curriculum eingeflossen sind im Rahmen von crosscomp entwickelte Strategien, Methoden und Instrumente für das Wissensmanagement in Netzwerken.

Der Aufbau des Lernsystems umfasst insgesamt drei Präsenzphasen (jeweils 1 - 1,5 Tage) mit zwei dazwischen geschalteten Selbstlernphasen (jeweils 2 - 3 Monate). In den Selbstlernphasen wird u. a. eine multimediale eLearning-CD eingesetzt. Neben den Hauptinhalten in Textform sind auf dieser zu finden:

- Videos, die das Gelernte visualisieren und so zum besseren Verständnis beitragen.

- Schaubilder sowie vertiefende Texte, in denen über das Basiswissen hinausgehende Inhalte dargestellt werden. Diese müssen nicht von allen Teilnehmern bearbeitet werden, sondern bieten besonders Interessierten Ansatzpunkte zur weiteren Vertiefung.

---

[1] Vgl. gaus gmbh/Sozialforschungsstelle Dortmund 2004

- Übungen, in denen das Erlernte auf den betrieblichen Alltag angewendet wird. Nach ihrer Bearbeitung werden die Übungen per E-Mail an den Trainer geschickt, der ein Feedback gibt.

Während der Selbstlernphasen sind die Teilnehmer nicht auf sich gestellt. Vielmehr werden sie dazu aufgefordert, mittels E-Mail mit ihrem Trainer zu kommunizieren sowie sich über Message-Boards und Chats mit anderen Teilnehmern auszutauschen.

Als weiteres Unterstützungsinstrument für die Selbstlernphasen, aber auch für die Präsenzeinheiten, wurde die Toolbox „Der Wegweiser zum wissenden Unternehmensnetzwerk" erarbeitet. Hier finden sich zahlreiche vertiefende Praxistipps. Deren Ziel ist es, Umsetzungsschritte, Probleme und Chancen darzustellen und möglichst authentisch zu visualisieren. Im Einzelnen beinhaltet die Toolbox:

- Darstellung zweier Modellprojekte, die im Rahmen von crosscomp durchgeführt wurden. Ziel war die Entwicklung und Erprobung geeigneter Instrumente der Kooperation und des organisationsübergreifenden Wissensmanagements. Potenziale, aber auch Probleme sollen in realen Gestaltungszusammenhängen aufgezeigt werden.

- Marktübersicht Methoden/Tools, womit technische Hilfsmittel sowie managerielle Methoden zum Aufbau eines Wissensmanagementsystems gemeint sind. Eine vollständige Übersicht über vorhandene Instrumente ist aufgrund von deren Fülle nicht möglich, angezielt war daher die beispielhafte Darstellung verschiedener Ansätze.

- Selbstdiagnose-Tool, das eine integrierte Checkliste darstellt, die Auskunft gibt über den Status Quo in KMU-Netzwerken. Ziel ist es, mit wenig Aufwand u. a. Problembewusstsein für die Notwendigkeit von Wissensmanagement zu schaffen sowie Bedarfe im Unternehmen zu spezifizieren.

Das Feedbacksystem und der soziale Lernbezug mit den Lehrenden und innerhalb der eigenen Lerngruppen sind für die erfolgreiche Realisierung des eLearning Programms wichtige Elemente. Tatsächlich ist es bei der so gewählten Lernarchitektur schwer, sich dem Lernen zu entziehen. Jeder Einzelne unterliegt einer stärkeren Lernkontrolle als in einem Präsenzseminar. Selbstlernkompetenz erlangen die Teilnehmer nicht durch eine Einführungsveranstaltung ins Lernprogramm, sondern nur durch kontinuierliches Arbeiten in den Selbstlerneinheiten, die eingeforderten Transferleistungen und durch positive Erfahrungen mit dem neu Gelernten – in dem Fall neuen Verhaltensalternativen.

## 6. Resümee: Was eLearning zur Steigerung der Selbstlernkompetenz beitragen kann

Die Vorstellung, dass das bloße interessante Lernangebot oder die Möglichkeit, jederzeit und überall zu Lernen, selbständiges Lernen und damit Selbstlernkompetenzen fördern, wird – wie man unter anderem an vielen verstaubten LernCDs sehen kann – nicht zum Erfolg führen. Die Förderung von Selbstlernkompetenz muss explizites Ziel von eLearning Projekten sein, das heißt, jedes eLearning Projekt sollte sich durch externe (Lern)Anleitung auszeichnen und im Besonderen durch eine Didaktik, die auf die Förderung von Selbstlernkompetenzen abzielt.

Im Folgenden sollen die Phasen der Entwicklung von Selbstlernkompetenz noch einmal zusammengefasst werden, um dabei die Vorteile, die eLearning Projekte leisten können, deutlich zu machen.

- Wissen und Informationen am Bildschirm aufnehmen
  E-learning kann Inhalte besonders interessant und abwechslungsreich multimedial darstellen. Eine solche Aufbereitung der Inhalte kann die Lernmotivation erhöhen.

- Lerninhalte selbständig für den eigenen Bedarf sortieren
  Wenn ein Lernangebot selbständig selektiert werden muss, bedarf das vorab einer Reflexion der eigenen Qualifizierung. Das fördert die Sensibilisierung für die eigene Person und trainiert Entscheidungen über das Lerntempo und den Lernort.

- Übungsräume für den Transfer des Gelernten in der Praxis gestalten
Über eLearning Programme können Inhalte und Übungen so gestaltet werden, dass eine ständige Transferleistung des einzelnen Teilnehmers gefordert ist. Nur durch tatsächliche positive Erfahrungen kann sich neues Verhalten im Alltag durchsetzen.

- Feedback
Lernen ist nur dann erfolgreich, wenn der Lernende Feedback über seine eigene Lernarbeit erhält. Das kann sich auf die Organisation des Lernens, aber auch auf Erfahrungen bei der Umsetzung neuer Verhaltensweisen beziehen. Das Feedback leitet immer neue Reflexionsschleifen ein. Eigenes Verhalten/Wissen zu reflektieren ist ein wesentlicher Baustein der Entwicklung von Selbstlernkompetenz.

Abschließend kann man sagen, dass sich eLearning – mit all seinen Vorteilen – eingebettet in eine bedarfsgerechte Lernarchitektur, zur Steigerung von Selbstlernkompetenzen als moderne Lernform durchsetzen kann und auch den Anforderungen eines gesteigerten, selbstbestimmten Weiterbildungsbedarfs in der modernen Informationsgesellschaft durchaus gerecht wird.

**Literatur**

gaus gmbh/Sozialforschungsstelle Dortmund (Hg.) (2004): Wissensmanagement in Netzwerken. ConLearn®, CD-ROM, Dortmund

Stefan Dietlein/Patricia Spallek

# Fallstudie: Wissensmanagement bei Arthur D. Little Organisation und Technologie[1]

1. Die Rahmenbedingungen bei Arthur D. Little..................126
   1.1 Die Stellung von Wissensmanagement bei ADL................126
   1.2 Ganzheitliches Wissensmanagement..........................127
   1.3 Die Knowledge Management-Organisation bei ADL.............129

2. Systemauswahl.................................................131
   2.1 Technologie-Auswahl.......................................132
   2.2 XML als Schrittmacher.....................................134
   2.2.1 Technische Erklärung zum Studienergebnis XML............134
   2.2.2 Technische Details der Implementierung des
         Global Information Network..............................135

3. Umsetzung der ADL-Organisation in GIN.........................137

4. Stand heute und Ausblick......................................139

---

[1] Die Erstveröffentlichung erfolgte in profile, Internationale Zeitschrift für Veränderung, Lernen, Dialog, Heft 6, S. 57 - 66, 2003

## 1. Die Rahmenbedingungen bei Arthur D. Little

Arthur D. Little (ADL) ist eine global operierende Unternehmensberatung, die weltweit mit über 1.300 Beratern in mehr als 30 Ländern vertreten ist. Seit 2002 agiert ADL nach umfassender Umstrukturierung als Partnernetzwerk selbständiger Unternehmen in den verschiedenen Regionen. Die Kunden von ADL sind namhafte, meist international operierende Unternehmen aus zahlreichen Branchen wie z. B. Automobil, Chemie, Pharma, Banken & Versicherungen, Telekommunikation u. v. a.

ADL bietet seinen Kunden unabhängige Beratung zur Geschäftsstrategie und -entwicklung, Organisationsentwicklung, zu Finanz-, Technologie- und Innovationsmanagement, Informations- und nicht zuletzt Umweltmanagement. Die Berater von ADL verfügen neben funktionalen Fähigkeiten über eine hoch qualifizierte Ausbildung sowie Berufserfahrung in den Industrie-Branchen. Die Verknüpfung von exzellentem Methoden-Know-how mit dezidiertem Branchen-Know-how ist eine der herausragenden Stärken von ADL. Sie findet ihre Entsprechung in der internen Organisationsform: Branchenorientierte „Industry Practices" werden ergänzt durch sog. „Functional Practices", welche branchenübergreifend das Methoden-Know-how weiterentwickeln und in die Industry Practices zurückspeisen.

### 1.1 Die Stellung von Wissensmanagement bei ADL

Berater werden heute vor allem da gebraucht, wo es darum geht, innovative Lösungen im unmittelbaren Kontext des Klienten ad hoc zu erarbeiten. Die Zeiten, da Berater dem Klienten einfach sagen, wie es richtig oder besser gemacht wird, sind lange vorbei. Das Vermögen, neue Lösungen zu erarbeiten, d. h. Neuartiges zu schaffen, wird zunehmend zum Maß für die Beratungsleistung; und da nichts so alt ist wie die Neuigkeit von gestern, wird die Dynamik der Wissensentwicklung zum Kriterium für das Überleben auf dem Beratermarkt.

Daraus ergeben sich für das Knowledge Management (KM) in der Unternehmensberatung besondere Herausforderungen. Wissen, das vom Knowledge

Management gesammelt, bearbeitet und bereitgestellt wird, muss eine wesentliche Charaktereigenschaft haben: Es muss produktiv sein, d. h. es muss zu innovativen Lösungen anregen. Nur solches Wissen ist zur Zielverfolgung geeignet. Sein Anregungspotenzial hilft, Fähigkeiten aufzubauen, Lücken zu schließen, neues Know-how zu entwickeln und – gewissermaßen als Eigenreaktion – die Wissenskultur der Unternehmensberatung zu vervollständigen und zu verfeinern.

## 1.2 Ganzheitliches Wissensmanagement

Das heute bei Arthur D. Little weltweit eingesetzte Knowledge Management-Instrumentarium hat fünf Handlungs-Dimensionen, die nur in ihrer ganzheitlichen Anwendung zum Erfolg führen: Inhalt, Kontext, Prozess, Kultur und Infrastruktur/IT als Enabler.

Eine isolierte Betrachtung der verschiedenen Dimensionen wäre irrelevant; Wissensinhalte „an sich" sind bedeutungslos. Ihre Bedeutung entsteht in einem spezifischen Kontext, entwickelt sich in Prozessen und ist eng mit der Kultur und der Infrastruktur der (Klienten-)Organisation verbunden.

Bei der Dimension Inhalt spielt die Qualität und die Ausrichtung an den Unternehmenszielen eine herausragende Rolle. Nur solche Inhalte sind für das Knowledgemanagement (Knowledge Management) interessant, die hohe Relevanz etwa für die strategischen Zielsetzungen oder die Geschäftsprozesse im Unternehmen haben.

Der Unternehmenssprache – der Dimension Kontext – kommt eine besondere Bedeutung zu. Sie muss permanent weiterentwickelt und auf sich verändernde Bedürfnisse angepasst werden. Von der Qualität dieser Sprache, d. h. wie gut sie das Geschäft der Unternehmensberatung beschreibt: „Was wissen wir? Was haben wir gelernt, aus Erfolgen und Misserfolgen? Was müssen wir wissen, um erfolgreich zu sein?" Hängt ab, ob das Knowledge Management tatsächlich und nachhaltig in der Lage ist, den gesammelten Wissens- und Erfahrungsschatz verständlich für jedermann im Unternehmen zu Verfügung zu stellen.

Dabei wechseln die Sichten auf die Inhalte des Knowledge Management ständig und sind abhängig von der jeweiligen Problemstellung und Beratungssituation, die sich wiederum mit der gleichen Dynamik ändert, die die Märkte treibt, in denen die Berater und ihre Klienten tätig sind. Hinzu kommen unterschiedliche Sprachen und Ausdrucksweisen, die vom Knowledge Management berücksichtigt und integriert werden müssen.

Geeignete Prozesse sind unverzichtbar für ein erfolgreiches Knowledge Management. Sie sorgen dafür, dass die relevanten Inhalte identifiziert, bewertet und, mit dem geeigneten Kontext versehen, in ein Knowledge Management-System gespeist werden, so dass sie jederzeit an jedem Ort der Welt von den Beratern abgerufen werden können. Auch das Identifizieren von Wissenslücken und die Schließung dieser Lücken sind Bestandteil dessen, was Knowledge Management-Prozesse leisten müssen.

Das Herzstück der Knowledge Management-Prozesse bei ADL sind die sog. Debriefings. Sie beinhalten eine umfangreiche, standardisierte Auswertung und Dokumentation der Beratungsprojekte, von der Akquisitionsphase bis hin zur Klientenbetreuung nach Abschluss des Projektes, bei der nicht nur ausgewählte schriftliche Unterlagen, sondern vor allem auch Erfahrungen, Best Practices und Lessons Learned jeder Akquisitions- und Projektphase erfasst werden. Darüber hinaus gibt es eine Vielzahl anderer Quellen, die in der Akquisition und Abwicklung von Beratungsprojekten eine wichtige Rolle spielen und deshalb im Fokus von Knowledge Management liegen: Wettbewerbsbeobachtung, Marktanalysen, Ratings etc.

Ohne eine Kultur des Teilens und des offenen Wissens- und Erfahrungsaustausches kommt ein derart gestaltetes Knowledge Management nicht aus. Drei Elemente sind hier wesentlich, die das Knowledge Management beständig adressieren, einfordern und garantieren muss:

- Der Wissensaustausch muss immer ein Geben und Nehmen sein. Keiner darf vom Knowledge Management profitieren, ohne auch seinen Beitrag zu leisten.

- Die Autorenschaft, die Achtung des geistigen Eigentums ist unverzichtbar. Knowledge Management „nimmt keinem Wissen weg", im Gegenteil: Es schafft einen Marktplatz der Kompetenzen im Unternehmen, der die Reputation der „Gebenden" erhöht, mit positiven Auswirkungen auf die Karriere.

- Knowledge Management muss Chefsache sein. Die Unterstützung durch das Top-Management ist für ein erfolgreiches und insbesondere nachhaltiges Knowledge Management unverzichtbar.

## 1.3 Die Knowledge Management-Organisation bei ADL

Das eigentliche Fundament des Wissensmanagements bei ADL bilden die Knowledge Manager. Pro Practice gibt es einen hauptverantwortlichen Knowledge Manager, der zusammen mit einem Team von Knowledge Managern in den verschiedenen Standorten die Knowledge Management-Prozesse zum Laufen bringt, sie in Gang hält und eng an den Bedürfnissen des Tagesgeschäfts der Berater weiterentwickelt.

Knowledge Management verträgt keine hierarchische Organisation, die zudem noch neben oder parallel zur Geschäftsorganisation etabliert ist. Bei ADL bilden die am Knowledge Management beteiligten Knowledge Manager ein Netzwerk, eine Community, die über Practice- und Ländergrenzen hinweg in regelmäßigem Erfahrungsaustausch steht. Das Knowledge Management-Board, in dem die Practices und Regionen repräsentiert sind, erarbeiten die Standards und Richtlinien, die ein einheitliches Vorgehen garantieren sollen. Der Sprecher des Knowledge Management-Board ist als Koordinator verantwortlich für Konzeption und Umsetzung des Knowledge Management bei ADL. Er berichtet direkt an das Top-Management.

Wissen war im Unternehmen schon immer vorhanden, blieb aber in den laufenden Regalkilometern oder Gigabytes der Archive verborgen, denn es war wirtschaftlich nicht vertretbar, im Einzelfall wirklich relevante Materialien in größerem Umfang zusammenzusuchen. Mit der Einführung geeigneter IT-Tools wurde es ab 1996 möglich, eine dynamische Basis relevanten Wissens zu erzeugen und verfügbar zu machen.

Darüber hinaus destilliert das Wissensmanagement das relevante Wissen aus dem Gesamtwissen und verringert den Aufwand der Nutzer weiter. Durch das IT-gestützte Wissensmanagement steht jedem Nutzer der Gegenwert einer ganzen Dokumentation mit Fachpersonal zur Verfügung. Es bietet das nützlichste Wissen – in der knappsten Form – sofort und von überall auf der Welt. Damit die IT jedoch zu einem effizienten Werkzeug wird, muss sie vor allem anwenderfreundlich sein; deshalb ist die erste Forderung an ein IT-System, dass es vollständig auf Basis von Internet-Technologien entwickelt ist.

ADL verfolgt bereits seit 1996 ein sehr effizientes und erfolgreiches Wissensmanagement, auch auf Ebene der IT. Die eingangs erwähnte Restrukturierung in ein globales Netzwerk von Partnerunternehmen hat jedoch auch einen neuerlichen Innovationsbedarf in den IT-Systemen erforderlich gemacht. Die hohe Eigenständig der geographischen und branchenorientierten Einheiten haben an das ADL-System die Anforderungen an das Vernetzen heterogener Einheiten auf einem neuen Niveau definiert.

Die herausragende Rolle des Industrie- und Methoden-Know-hows bei ADL und der hohe Vernetzungscharakter führte uns deshalb zu dem Entwurf einer IT-Architektur, in dem die Branchen in der Unternehmenssprache, den Kontexten, jeweils eigenständig und dezidiert abgebildet sind. Wir haben in unserem Architekturdesign-Ansatz deshalb festgelegt, ein Netzwerk aus Knowledge Management-Systemen zu bilden, in dem die einzelnen Netzwerk-Partner relativ eigenständig und unabhängig agieren können. Dieses Netzwerk bezeichnen wir als Global Information Network GIN.

Wir waren uns aufgrund der langjährigen Erfahrung mit Knowledge Management darüber im Klaren, dass die branchenorientierten Kontexte der eigentliche Schlüssel für den Erfolg von GIN sein würden. GIN muss sozusagen je Branche eigene Kontexte verwenden, die dann bei der Suche in den Inhalten automatisch als „Expertenbrille" aufgesetzt werden.

Der hohe Stellenwert der „Unternehmenssprache" in einem Netzwerk schließt solche IT-Lösungen aus, die mit einfachen Suchmaschinen oder „lernenden" semantischen Netzwerken arbeiten, denn solche Lösungen bilden nicht das vollständige, lösungsorientierte, methodische Wissen ab. Ein wichtiges Element von Wissensmanagement ist nach unserer Auffassung aber die Verknüpfung der Inhalte mit dem Kontext, der sich nicht oder nur ungenügend aus Dokumenten und Archiven ergibt, und der erst durch die oben beschriebenen Knowledge Management-Prozesse und mit Hilfe der Unternehmenssprache richtig erfasst wird und als „Metaknowledge" (Wissen über das Wissen) dokumentiert wird. In Netzwerken von Unternehmen – will man sie dauerhaft erfolgreich betreiben – besteht diese Notwendigkeit noch weit mehr.

Für die Umsetzung von Kontexten gibt es viele Verfahren, z. B. Taxonomien, Thesauri, topic maps usw. Wichtig für das Design von GIN war vor allem eine angemessene Lösung zu finden, die multidimensional auf die Inhalte abgebildet werden kann, da wir natürlich nicht nur eine Taxonomie anwenden, sondern durchschnittlich 10 je Practice.

Gleichzeitig muss das System natürlich die Gesamtsicht quer über das Branchen- und Ländernetzwerk unterstützten, um Synergien und den Austausch zwischen Practices, Ländern, Projektteams und Methodenentwicklungsteams zu ermöglichen, was also bedeutet, dass GIN die „Expertenbrillen" ständig wechselt, je nachdem, in welches Land oder in welche Branche „gesehen" wird.

## 2. Systemauswahl

Zunächst war unser Ziel, auf eine vorhandene Standard-Lösung zurückzugreifen. Zu dem Thema Wissensmanagement gibt es bekanntermaßen viele Anbieter sowie zahlreiche benachbarte Gebiete, z. B. Portale, Dokumentenmanagement, Content Management, Media Asset Management usw. Insgesamt sind rund siebzig Software-Anbieter im weltweiten Markt aktiv, die direkt oder angrenzend das Thema Knowledge Management adressieren und für sich beanspruchen.

Wir haben die Anbieter entlang der Content-Wertschöpfungskette „Generieren-Verwalten-Verteilen-Publizieren-Erschließen" untersucht, in der Erwartung, dass die von uns benötigten Funktionalitäten in einzelnen, variierenden Facetten mehrerer Produkte abgebildet werden können.

Dabei haben wir entlang unseren Anforderungen vorhandene Studien und die Anbieter von Knowledge Management-Systemen und von angrenzenden Gebieten untersucht. Unsere Erwartung war durchaus, dass wir auch bei Kombination mehrerer Produkte auf einen Teil unserer Anforderungen würden verzichten müssen.

Die Studie hat allerdings gezeigt, dass die am Markt vorhandenen Systeme in den vergangenen Jahren kaum in die für das ganzheitliche Wissensmanagement so wichtigen Kernbereiche wie Multidimensionalität, Taxonomiemanagement u. a. weiterentwickelt wurden, für unsere Zwecke also nur mit sehr hohem Implementierungsaufwand einsetzbar waren. So hätten wir auf deutlich mehr als die Hälfte unser hoch priorisierten Anforderungen verzichten müssen bei insgesamt sehr hohen Lizenzkosten. Wir nehmen an, dass unter anderem die Konjunktursituation der IT-Märkte verhindert hat, dass die Software-Anbieter in den Bereich des ganzheitlichen Wissensmanagements weiter vorstoßen. Doch was immer auch die Ursachen waren – wir waren gezwungen, das Thema Knowledge Management bei ADL entweder neu zu definieren oder ein Modell zu entwerfen, in dem wir ohne oder mit Partnern ein Knowledge Management-System entwickeln und in eigener Regie bei ADL implementieren.

## 2.1 Technologie-Auswahl

Zur Technologie-Auswahl in der Option „Eigenimplementierung" haben wir eine weitere Studie durchgeführt. IT-Technologien und Strategiedefinition für Informationssysteme sind für ADL wahrhaftig ein bekanntes Gebiet. Unsere Aufgabe war es hier, die bekannten Fakten neu zu hinterfragen und mit der Brille der oben genannten Ziele zu betrachten und zu bewerten.

Zur besseren Lesbarkeit verkürzen wir hier die Auswahl der Technologien und beschreiben pointiert die Basis-Technologien

- SQL (Structured Query Language) eine Sprache, mit der Daten in Form von Tabellen beschrieben werden und XML (Extensible Markup Language) eine Fortentwicklung der „Internetsprache" HTML, in der Daten in Baumstrukturen beschrieben werden.

Für die Technologieauswahl hat ADL als Beratungsunternehmen eine sehr bewährte Methodik:

a. Zunächst werden in der angestrebten Funktionalität die Märkte segmentiert. In unserem Fall ist das wie oben beschrieben die Content-Wertschöpfungskette:
   - Portal und Collaboration,
   - Content Management,
   - Knowledge Management,
   - Document und Media Asset Management.

b. Im nächsten Schritt werden die gängigen, sichtbaren und künftigen Technologien identifiziert und in ein Schema gebracht, nämlich in:

- Basistechnologien, die heute jeder Hersteller nutzt bzw. anbietet (anbieten muss).

- Schlüsseltechnologien, die heute die Anbieter im Wettbewerb differenzieren. Wer nicht über die Schlüsseltechnologien verfügt, ist im Wettbewerb akut gefährdet. Hierzu gehört z. B. SQL-Fähigkeit, oder auch Browser-Fähigkeit, zumindest als Add-On.

- Schrittmachertechnologien, die in naher Zukunft wettbewerbsentscheidend sind. Hierunter haben wir vor allem XML und volle Browser-Unterstützung identifiziert.

Beispielhaft haben wir nachfolgend die entstehende Matrix abgebildet (Herstellernamen sind natürlich ersetzt durch „Anbieter 1" usw.):

## 2.2 XML als Schrittmacher

Die Königsklasse sind offensichtlich die Schrittmachertechnologien. Die Einordnung der vollen Browser-Unterstützung an dieser Stelle muss heute nicht mehr diskutiert werden. Aber warum ist hier XML eingeordnet?

Dies war ein eigener Bestandteil unserer Studie. Wir haben uns bekannte Projekte aus Knowledge Management und angrenzenden Gebieten herangezogen und durchgerechnet, mit welchem Aufwand diese Projekte implementiert werden können. Das Ergebnis war – schlicht gesagt – atemberaubend.

Wir hatten errechnet, dass die Implementierung des Global Information Network GIN für ADL auf SQL-Basis einen Aufwand von wenigstens 30 Mannmonaten erfordern würde. Im Vergleich dazu würde auf Basis von XML das gleiche Projekt einen Aufwand von 5 Mannmonaten verursachen. Das bedeutete aber eine Verringerung des Investitionsaufwands um über 80 %! Nachdem die Folgekosten, in Form von Pflege einer Anwendung, Fortentwicklung etc., in guter Näherung proportional zum Investitionsaufwand sind, reduzieren sich diese ebenfalls um über 80 %. Die Vergleiche in anderen Projekten ergaben ähnliche Verhältnisse.

### *2.2.1 Technische Erklärung zum Studienergebnis XML*

In SQL ist man gezwungen, die reale Welt einer Anwendung in flache Tabellen zu zergliedern. Möchte man z. B. in der Pharmakologie beobachten, ob und wie und ggf. mit welchen Nebenwirkungen ein Medikament wirkt, muss man mit wenigstens vier Tabellen arbeiten: Mit der Patienten-Tabelle, der Medikations-Tabelle, der Wirkungs-Tabelle sowie der Tabelle der Nebenwirkungen. Alle vier Tabellen stehen „gleichberechtigt" nebeneinander. Die Verbindung „Patient-Medikation-Wirkung-Nebenwirkung" entsteht erst durch Programme, die diese vier Tabellen möglichst geschickt miteinander verknüpfen, und weiteren Programmen, die die Verknüpfungen an der Benutzeroberfläche sichtbar machen. Das bedeutet, dass die Daten ohne interpretierende Programme sinnlos sind und umgekehrt.

Mit XML (Extensible Markup Language) werden auch komplexe Datenstrukturen vollständig und ohne interpretierende Programme beschrieben. Insbesondere lassen sich Abhängigkeiten, Hierarchien und Mehrfachfelder, wie z. B. Autoren, ohne Programme oder Hilfskonstruktion darstellen. Das bedeutet, dass die Daten ohne interpretierende Programme lebensfähig sind. Programme sind nur erforderlich, um die Ablauflogik („die sog. „business logic"), benutzerfreundliche Anzeigen, Recherchen und Eingabemasken darzustellen.

Während also die Implementierung mit SQL und vergleichbaren Konstrukten erheblich belastet ist durch Hilfskonstruktionen, die strukturell in der Beschreibungssprache liegen, entlastet die Datenbeschreibungssprache XML von diesem „Overhead". Die Implementierer können sich also auf die bestmögliche Lösung ihrer Aufgaben konzentrieren. Und genau da liegt der Schlüssel.

Wie sind heute davon überzeugt – nicht nur durch Studien, sondern auch durch eigene Erfahrung – dass die Technologie XML eine enorme Umwälzung im Markt der Software-Anbieter verursachen wird. Die Rechnung ist einfach: Ein Software-Anbieter, der unter tradierten Technologien eine Lösung, z. B. eine Portal-Lösung, erstellt hat, muss jährlich einen Betrag X abschreiben, der in die Pflege der Software reinvestiert wird. Newcomer, die eine identische Lösung unter XML erstellen, müssen lediglich einen Betrag abschreiben, der rund 80 % unter X im Vergleich zu dem „alteingesessenen" Wettbewerber liegt. Der Newcomer kann also nicht nur billiger anbieten, sondern auch schneller und billiger neuen Kundenbedarf abbilden.

### 2.2.2 Technische Details der Implementierung des Global Information Network

Wir hatten uns aufgrund der sehr überzeugenden Vorteile von XML dafür entschieden, GIN als komplette Neuentwicklung in XML durchzuführen, um die oben beschriebenen Vorteile wirklich vollständig nutzen zu können.

Das bedeutete auch, dass wir eine Datenbank auszuwählen hatten, die sehr gut über XML gesteuert werden kann. Hier haben wir uns für das System Tamino der Software AG, Darmstadt, entschieden, für das folgende Gründe sprachen:

- Tamino wird bereits seit mehreren Jahren entwickelt und ist ein ausgereiftes und zuverlässiges System. Die Software AG ist Marktführer unter den Anbietern von XML-Datenbanken.

- Die Tamino-Datenbank ist ein natives XML-System, d. h. XML ist nicht nur eine aufgesetzte Schnittstelle, sondern die durchgehende Datenbankarchitektur

- Die Software AG ist seit rund 30 Jahren Herstellerin der Datenbank Adabas. Diese Erfahrungen sind in Tamino geflossen und machen das System mit weitem Abstand zu dem schnellsten, das wir bei unseren Evaluationen kennen gelernt haben.

Wie bereits dargestellt, ist die einfache Anpassbarkeit von GIN an wechselnde Kundenbedürfnisse und Branchen sehr wichtig. Weiterhin muss auch eine einfache und schnelle Integration in die Software aus angrenzenden Gebieten (Portale, DMS usw., siehe oben) gesichert sein. Da wir mit der Implementierung von GIN nun völlig neu gestartet waren, konnten wir aus dem „Arsenal" modernster Software-Architekturen die für uns geeignete auswählen und haben das System in der Architektur eines so genannten Web-Service implementiert.

Die Web-Service-Architektur ist für die Integration von anderen und in andere Software-Systeme konzipiert und für unsere Aufgaben zukunftsentscheidend, denn sie:

- erhöht massiv die Integrationsfähigkeit des GIN in andere Systeme der Content-Wertschöpfungskette und

- sichert die Investition im gesamten Partnernetzwerk, in dem die heute und zukünftig eingesetzte Softwarelandschaft nicht zentral gelenkt werden kann.

Die hier wichtige Eigenschaft einer Web-Service-Architektur ist, dass sie in einer Mittelschicht in Form einer „Process Engine" die komplette logische Sicht des Systems GIN abbildet. Dadurch können eben auch andere Systeme logisch konsistent an GIN ankoppeln, sofern sie dazu berechtigt sind, was im sog. „Login Ticketing" geprüft wird.

So weit zu einigen technischen Details der Implementierung. Wie war aber nun der tatsächliche Aufwand gegenüber den in der Studie vorausberechneten fünf Mannmonaten?

Die Studien wurden in den Monaten April und Mai 2002 durchgeführt. Direkt im Anschluss begann ab Juni 2002 die Implementierung. Ende Juli wurde ein erster Prototyp in drei ausgesuchten Practices bei ADL eingeführt und Ende Oktober 2002 wurden die technischen Implementierungsarbeiten abgeschlossen. Sowohl in der Projektzeit als auch in Aufwand und Kosten haben wir eine exakte Punktlandung geschafft. Dies ist bei einem Projekt dieser Komplexität besonders erwähnenswert und bestätigt die technologischen Einschätzungen ebenso wie die verwendeten Komponenten.

## 3. Umsetzung der ADL-Organisation in GIN

Für die Umsetzung der Branchen-Organisation von ADL haben wir uns dafür entschieden, sowohl die Daten selbst als auch die Kontexte je Branche in einer eigenen XML-Datenbank abzubilden. Das hat zum Vorteil, dass die Branchen-Datenbanken physikalisch weitgehend unabhängig voneinander sind und dadurch organisatorisch weit mehr Eigenständigkeit und Entwicklungsmöglichkeiten erhalten. So können z. B. Kontexte in einer Branche angepasst bzw. erweitert werden, ohne die anderen Branchen zu „stören".

Die Umsetzung der Kontexte erfolgt je Branche in Form von Thesauri, die wir gegenüber traditionellen Anwendungen jedoch deutlich erweitert haben. Verwendet wurden dabei die „normalen" Thesaurus-Eigenschaften, wie z. B. Über- und Unterordnung von Begriffen, Synonyme, Polyhierarchien usw. Zusätzlich haben wir vor allem folgende Erweiterungen vorgenommen:

- Automatische Anwendung der Thesauri auf alle Inhalte der Daten
- Linguistische Verfahren für die sinnvolle automatische Abbildung.

Neben der expliziten Verschlagwortung der Wissensbeschreibungen bietet die Erweiterung also eine automatische Abbildung der Begriffe, d. h. der Unternehmenssprachen, auf die Inhaltsbeschreibungen des Wissens. Diese völlig neue Automatik ist für den Betrieb des Netzwerks von entscheidender Bedeutung, da man nicht davon ausgehen kann, dass die einzelnen Netzwerkpartner eine manuelle Verschlagwortung komplett durchführen können. Damit gibt das System den Netzwerkpartnern in der Ausgestaltung ihres eigenen Knowledge Managements nochmals deutlich mehr Freiheit, ohne auf den Qualitätsanspruch in der Gesamtsicht zu verzichten.

Für das System GIN entsteht daraus natürlich eine weitere Herausforderung, denn die Arbeit mit eigenständigen Branchen-Systemen fordert das Zeitverhalten (Performance) des Systems erheblich. Am besten lässt sich das an einem Beispiel demonstrieren.

Ein Mitarbeiter sucht im gesamten Unternehmen nach Experten für Wissensmanagement. GIN untersucht zunächst die UDDI (eine Art „gelbe Seiten" der Netzwerkpartner), welche Branchen an das Gesamtsystem angebunden und auf welchem Server diese lokalisiert sind. Danach wird die Suchanfrage an die einzelnen Systeme weitergereicht. Jedes einzelne „Branchen-GIN" erweitert dabei aufgrund der eigenen Kontexte die Suchanfrage um untergeordnete Begriffe, Synonyme etc. Dabei wird der gesamte Kontext verwendet, der sich je Branche aus rund 10 erweiterten Thesauri zusammensetzt. Anschließend werden die Kontexterweiterungen mit booleschen Operationen auf alle Dateninhalte angewendet. Nach Rückmeldung der Ergebnisse aus allen Branchen-Systemen werden diese zu dem Gesamtergebnis zusammengefasst und einheitlich auf dem Browser repräsentiert.

Insgesamt laufen bei ADL derzeit 18 Branchen-Teilsysteme mit insgesamt rd. 60.000 knowledge pieces, die auf 2 Server verteilt sind. Eine Anfrage wie im obigen Beispiel erfordert trotz der enormen (inneren) Komplexität gerade 1,8 Sekunden. Selbst sehr anspruchsvolle Anfragen werden innerhalb 5 - 6 Sekunden beantwortet. In Anbetracht der Mengengerüste ist das ein phantastisches Ergebnis, das derzeit sicherlich nur mit der sehr ausgefeilten GIN-Logik sowie mit der Datenbank Tamino erreicht werden kann.

## 4. Stand heute und Ausblick

Die Implementierung von GIN wurde in 2002 abgeschlossen, die organisatorische Anpassung der Knowledge Management-Prozesse und der System-Roll-Out begannen Ende 2002 und werden bis Ende April 2003 abgeschlossen sein.

Auf der CeBIT 2003 wurde GIN erstmals als Knowledge Management-Standard-Softwarelösung der breiten Öffentlichkeit vorgestellt und stieß auf großes Interesse des Fachpublikums, da die hohe Funktionalität und die einfache Anpassbarkeit des Systems mit einem sehr günstigen Preis verbunden sind. Dadurch werden Knowledge Management-Projekte auch in der aktuellen Wirtschaftslage für jedes Unternehmen mit einer sehr schnellen Profitabilität machbar.

**Teil III: Wissensmanagement in Netzwerken**

Jürgen Howaldt/Rüdiger Klatt/Ralf Kopp

# Wissensmanagement in Netzwerken als Gestaltungsaufgabe

1. Einleitung .................................................................................. 144
2. Wissensbasierte Netzwerkbildung und implizites Wissensmanagement .................................................................................. 145
3. Netzwerkprobleme als Probleme der Wissensorganisation .............. 146
   3.1 Dynamik von Wissen in Netzwerken ............................................ 146
   3.2 Personengebundenheit von Wissen in Netzwerken ..................... 148
   3.3 Kontextabhängigkeit von Wissen in Netzwerken ......................... 151
4. Besonderheiten des Wissensmanagements in Netzwerken .............. 152
   4.1 Zunahme der Akteurs- und Handlungsebenen ............................ 153
   4.2 Wissensmanagement in Netzwerken erhöht die Aufwände .......... 155
   4.3 Durchgriffsmöglichkeiten hierarchischer Steuerung fallen aus ..................................................................................... 156
5. Fazit ......................................................................................... 158

Literatur ........................................................................................ 159

## 1. Einleitung

Die Bildung von Netzwerken ist insbesondere für die kleineren, mittelständischen Unternehmen in wissensintensiven Branchen eine Handlungsstrategie, die die Probleme der Kontextabhängigkeit des Wissens, der Personengebundenheit und der Wissensdynamik auflösen kann.

In diesem Beitrag werden die Auswirkungen und Folgeprobleme des Umgangs mit der Ressource Wissen im Spiegel konkreter Netzwerkarbeit beschrieben. Empirische Basis sind die im Rahmen des Projektes crosscomp durchgeführten 12 Fallstudien im Medien-/IT- und in der Beratungsbranche sowie die Erfahrungen im Rahmen von zwei Modellprojekten.

Vor dem Hintergrund der empirischen Ergebnisse wird deutlich, dass Netzwerkmanagement in den untersuchten Branchen immer auch organisationsübergreifendes Wissensmanagement bedeutet. Netzwerkprobleme verweisen auf Probleme der Wissensorganisation. Netzwerkmanagement ist in dieser Perspektive Wissensmanagement. Dieses häufig **implizite** Wissensmanagement wird zunächst auf der Folie der Besonderheiten der Ressource Wissen (Dynamik, Personen-, Kontextabhängigkeit des Wissens) analysiert.

Danach werden die Spezifika des gestaltenden Umgangs mit Wissen in Netzwerken herausgearbeitet (Zunahme der Akteurs- und Handlungsebenen, Erhöhung der Aufwände, Fehlen hierarchischer Steuerungsmöglichkeiten). Es wird deutlich, das mit dem Bedeutungsgewinn verteilter impliziter Wissensbestände die Pflege des organisationsübergreifenden Beziehungskapitals gegenüber der Datenbankpflege an Bedeutung gewinnt. Wissensmanagement in Netzwerken erfordert die Organisation, Motivation und Befähigung zu schneller, direkter Kommunikation zwischen den personalen Wissensträgern über Organisationsgrenzen hinweg.

## 2. Wissensbasierte Netzwerkbildung und implizites Wissensmanagement

Vor dem Hintergrund der hohen Bedeutung der Ressource Wissen und ihres spezifischen Charakters kommt dem Wissensmanagement in den Unternehmen der Beratungs- und IT-/Multimediabranche eine zentrale Bedeutung zu (vgl. Howaldt u. a. 2003). Der „Wissensvorsprung" ist die zentrale Grundlage zur Sicherung der Wettbewerbsfähigkeit. Dieser Wissensvorsprung muss dabei nicht nur gegenüber den Wettbewerbern ständig neu reproduziert werden. Im Gegensatz zum produzierenden Gewerbe, bei dem sich der Abstand zwischen dem Wissen des Unternehmens und dem Wissen der Kunden kontinuierlich vergrößert, ist das Ergebnis eines Beratungsprozesses häufig die Schließung dieser Kluft und der Verlust des Wissensvorsprungs des Beraters. Wie Willke für den Bereich der Unternehmensberatungen aufzeigt, ist der Berater seinen Kunden gegenüber in der Regel nur so lange im Vorteil, wie die Organisationen als Klienten „anspruchslos und unprofessionell agieren" (Willke 1998, S. 121). Gerade dies ändert sich jedoch in dem Augenblick, da Unternehmen eigene interne Beratungskompetenz aufbauen und deshalb beim Einkaufen externer Kompetenz mit gestiegenen Erwartungen auftreten (vgl. ebd.).

Insofern wird der professionelle Umgang mit der Ressource Wissen entlang der „Wertschöpfungskette" von der Entwicklung über die kontinuierliche Weiterentwicklung bis hin zur Anwendung immer mehr zu einem zentralen Thema in den Unternehmen. Während – wie unsere Fallstudien zeigen – die großen Unternehmen inzwischen umfangreiche Wissensmanagementsysteme aufgebaut haben, sind kleine und mittlere Unternehmen hierbei jedoch häufig überfordert.

Ursachen hierfür sind zum einen die fehlenden finanziellen, zeitlichen und qualifikatorischen Ressourcen. Darüber hinaus sind kleine Unternehmen in der Regel nicht in der Lage, eine entsprechende Arbeitsteilung in ihrer Organisation umzusetzen. Last but not least reichen häufig auch die bestehenden Wissensbestände nicht aus, um den Kunden umfassende Dienstleistungsangebote aus einer Hand anzubieten.

Insofern sind kleine und mittlere Unternehmen auf Netzwerke angewiesen, um langfristig wettbewerbsfähig zu bleiben. Im Mittelpunkt der Arbeit dieser Netzwerke steht dabei der effektive Umgang mit der Ressource Wissen von der Genese bis zur Anwendung. Netzwerkmanagement bedeutet in diesen Branchen zugleich auch immer organisationsübergreifendes Wissensmanagement. Häufig ist den handelnden Akteuren in den Netzwerken diese Tatsache nicht bewusst. So wird die Frage nach einem Wissensmanagement in vielen Netzwerken verneint. Dennoch steht die Generierung, (Neu-)Verteilung, Speicherung etc. von Wissen im Mittelpunkt der Arbeit des Netzwerks. Wir sprechen in diesen Fällen von implizitem Wissensmanagement.

## 3. Netzwerkprobleme als Probleme der Wissensorganisation

Unabhängig vom Netzwerktyp und den spezifischen Umgangsweisen mit Wissen erweist sich in wissensintensiven Branchen Netzwerkbildung und kooperatives Verhalten als Handlungsstrategie, um Probleme der Wissensdynamik, der Personengebundenheit des Wissens und der Kontextabhängigkeit des Wissens aufzulösen. Ein indirekter Indikator für die Wissensintensität ist im Verhältnis der Sach-/Anlagen-Kapitalquote und der Wertschöpfung eines Unternehmens zu finden. Je geringer diese Quote bei gleichzeitig hoher Wertschöpfung, desto „wissensintensiver" das Unternehmen (vgl. Stewart 2000).

Dabei spiegeln sich die Besonderheiten der Ressource auch in den typischen Problemlagen der konkreten Netzwerkarbeit in diesen Branchen wider. Die Netzwerkprobleme erscheinen hier in besonderer Weise als Probleme der Wissensorganisation.

### 3.1 Dynamik von Wissen in Netzwerken

Während technisierbares Wissen (z. B. technische Anleitungen, Wissen über Routinetätigkeiten) vergleichsweise leicht gesammelt, archiviert, abgerufen und gelernt werden kann, weil es statisch, ohne Kontext und auch in Zukunft unter veränderten Bedingungen gültig ist, ist das Medien-, IT- und Beratungswissen in den von uns untersuchten Netzwerken zu einem großen Teil einem ständigen, kontextsensitiven Erneuerungsprozess unterworfen. Das Wissen in den untersuchten Branchen ist extrem dynamisch. Dies macht im Multimedia-/IT-Bereich und in der Beraterbranche eine ständige Anpassung an die Wissensevolution notwendig. Die Vernetzung mit anderen Unternehmen wird dabei in den von uns beobachteten Fällen zu einem wichtigen Bestandteil der Unsicherheitsabsorption und zu einem Medium effektiver Wissensgewinnung, ohne die die kleinen, wenig kapitalkräftigen Unternehmen auf teure Weiterbildungsveranstaltungen oder auf den Einkauf externer Expertise über neue Fachleute angewiesen wären. Im Netzwerk wird neues Wissen von einzelnen autodidaktisch erworben. Das vorhandene Wissen wird dann im (informellen) Erfahrungsaustausch weitergegeben. Der Vorteil der Wissensaustauschprozesse im Netzwerk liegt im Aufbau einer breiteren Expertenbasis. Dies vereinfacht und effektiviert die Anpassung an die Wissensentwicklung.

Auch die Berater arbeiten im Netzwerk erfolgreicher, weil sie bezüglich der schnellen Paradigmenwechsel der Beratungskonzepte, -werkzeuge und -moden, aber auch der veränderten Problemlagen in den Betrieben durch den Erfahrungsaustausch im Netzwerk immer auf dem neuesten Stand sind. Durch die breitere Erfahrungsbasis werden neue Trends schneller wahrgenommen als nur auf der Grundlage eigener Erfahrungen. Bekanntlich leiden stärker auf sich bezogene Unternehmen eher unter der „Schwerkraft des Bestehenden" als offene Netzwerke. Gegenüber Unternehmen, die sich der Dynamik der Wissensentwicklung alleine stellen, sehen die von uns beobachteten Unternehmen in der Bildung von Netzwerken einen Wettbewerbsvorteil. Derzeit verschwinden viele kleine Unternehmen vom Markt, weil sie aus eigener Kraft der Wissensdynamik nicht standhalten können, es aber auch versäumt haben, sich durch die Integration in Netzwerke neu zu positionieren. Dabei wirkt die Netzwerkbildung nicht nur nach innen durch eine vergleichsweise ökonomische Form der Wissensgewinnung und des Wissensaustausches. Sie wirkt auch nach außen durch die Möglichkeit, fremde, komplementäre Kompetenzen und die damit verbundenen Dienstleistungen mit eigenen sinnvoll zu verbinden.

In den KMU der IT-/Medien- und der Beraterbranche hat sich aus den oben dargelegten Gründen schon sehr früh die Bildung von Netzwerken als eine wichtige Handlungsstrategie zur Überwindung von Größennachteilen unter der Anforderung dynamischer Wissensentwicklung manifestiert. Dazu zählt auch, dass die Netzwerke die gesamte Wissenskette von universitärer Forschung über Hersteller bis zum Kunden zu integrieren suchen. In der Frage der Einbindung wissenschaftlichen Wissens konnte in den von uns betrachteten Multimedia-/IT-Netzwerken festgestellt werden, dass schon die Unternehmensgründung oft einen universitären Hintergrund hat, auf die Initiative eines Lehrstuhls oder von Studierenden zurückging und in unmittelbarer Nähe zur Universität in Technologie- oder Gründerzentren ihren Anfang nahm. Dadurch wurde die Einbeziehung neuen wissenschaftlichen Wissens – zum Beispiel durch Teilnahme an Uni-Seminaren, durch die Fortsetzung des Studiums oder das Schreiben einer Diplomarbeit – ebenfalls auf effiziente und kostengünstige Art sichergestellt.

## 3.2 Personengebundenheit von Wissen in Netzwerken

Sowohl in den Medien/IT- als auch in den Beraternetzwerken wird Wissen zuerst als eine personale Kategorie oder Eigenschaft verstanden. Der erste Weg zur Gewinnung von neuem Wissen führt daher über die Kontaktaufnahme zu personalen Wissensträgern im eigenen oder in anderen Unternehmen, daraus resultiert die wichtige Funktion informeller Erfahrungsaustausche, da diese die „doppelte Barriere" der Weitergabe von Wissen in Netzwerken am wirkungsvollsten umschiffen.

Für die vereinfachte Übertragung von weniger komplexen oder von externen Wissensbeständen haben sich in den beobachteten Netzwerken die Nutzung von E-Mail, gemeinsamen Webplattformen, Mailinglisten bewährt, die aber bislang noch nicht zu einem systematischen Aufbau gemeinsamer Wissensbestände geführt haben. Die informationstechnischen Instrumente des Wissensmanagements werden derzeit aber auch eher als Kommunikationsmedien genutzt und unterstützen so den individuellen Erfahrungsaustausch.

Das spricht dafür, dass insbesondere das Fach-, Spezial- und Erfahrungswissen der IT-Experten, aber auch das kontextsensitive Erfahrungswissen der Berater sehr schwer standardisierbar ist und sich deshalb gegen eine leichte Übertragung sperrt, sei es durch Dokumentation, sei es durch Lernen. Die kontextsensitiven, personenorientierten Instrumente des Wissensmanagements, die für Einzelunternehmen entwickelt worden sind (Debriefings, lessons learned oder Mentoring-Modelle) sind, so ist festzustellen, für Netzwerke weitgehend ungeeignet, weil sie auf den zeitlichen und örtlichen Erfahrungszusammenhang und die Kultur einer Einzelunternehmung zugeschnitten sind. In den beobachteten Netzwerken versuchte man deshalb, über die Einrichtung unternehmensübergreifender Arbeitskreise oder über die Durchführung gemeinsamer Pilotprojekte für neue Dienstleistungen zu einem strategischen Austausch des Wissens und vor allem zum Aufbau einer gemeinsamen Wissensbasis zu kommen.

Auch in Netzwerken soll die Abhängigkeit von der Expertise und Erfahrung des einzelnen Individuums, aber auch von der Kompetenz des einzelnen Unternehmens durch Wissensmanagement reduziert werden, so dass das Netzwerk als Ganzes weniger abhängig wird von dem Verhalten Einzelner oder vom Austritt eines Unternehmens. Natürlich spielen in diesem Kontext auch informationstechnische Wissensbewahrungs- und -verwertungssysteme eine Rolle als unterstützende Werkzeuge, die den Wissenstransfer erleichtern sollen. Aber vor der Frage der technischen Unterstützung steht die einer angemessenen „Gewinnung" und eines funktionierenden Transfers von Person zu Person und vor allem von Unternehmen zu Unternehmen, die weniger von der Technik abhängt als vielmehr vom Kooperationsgrad und dem gemeinsamen Nutzen, den die vernetzten Unternehmen durch Wissensmanagement sehen.

Die Schwierigkeiten der Technisierung von Wissen durch Wissensmanagementsysteme führen in den Netzwerken beider Branchen, wie oben bereits angedeutet, zu der – aus der Sicht der Unternehmen häufig nicht intendierten – Entfaltung informeller Wissensaustausche. Diese sind unterbaut von sozialen oder kulturellen Rahmenordnungen, gleichen Sozialisationsmilieus (wie im Falle von Internet- und Multimediadienstleistern, die sich über ihre universitären Wurzeln zusammenfinden) oder übergreifender regionaler Netzwerke, zu denen beispielsweise auch die durch öffentliche Förderstrukturen entstandenen Beraternetzwerke gehören.

Insbesondere Mitarbeiter im Medien-/IT-Sektor sind häufig kulturell (noch) in der Internet-Community verwurzelt, dessen bekanntesten und prägendsten Niederschlag man in der „open-source"-Produktion von Software im Internet findet. Hier generiert die gemeinsame Hintergrundüberzeugung, dass Wissensaustausch kein ökonomisch determinierbarer Prozess ist, sondern Information und Wissen im Gegenteil frei verfügbar gemacht werden müssen, die Entfaltung einer impliziten Wissensorganisation über Unternehmensgrenzen hinweg.

Wir gehen davon aus, dass auch diese kulturelle Fundierung in bestimmten Kontexten die Bildung von Netzwerken und den Aufbau von netzwerkgemäßen Wissenskulturen erleichtert und unterstützt. Dies zeigt sich beispielsweise auch daran, dass im Medien-/IT-Bereich auch das „Label" community genutzt wird, um Unternehmensnetzwerke aufzubauen. Das Problem der Personengebundenheit von Wissen generiert in den beobachteten Netzwerken Handlungsstrategien, die sich zwischen den zwei idealtypischen Polen organisationszentrierten und personenzentrierten Wissensmanagements bewegen: Für einige Netzwerkakteure liegt die zentrale Aufgabe des Wissensmanagements darin, das personengebundene, implizite Wissen allgemein und personenunabhängig zugänglich und nutzbar zu machen, um dem Wissensabfluss durch Personalfluktuation zu begegnen und das Wissen von Personen für Unternehmen und Netzwerke unabhängig von dem Wissensträger verfügbar zu machen. Diesen Typ bezeichnen wir als organisationszentrierte Handlungsstrategie des Wissensmanagements. Hier spielt Informationstechnologie als Speicher-, Such- und Bereitstellungsmedium eine herauszuhebende Rolle.

Für andere ist Wissen immer kontextabhängig und nur schwer vom Erfahrungshintergrund des Wissensträgers zu lösen. Dies gilt insbesondere für komplexes Expertenwissen. Hier stehen die Probleme der Übertragbarkeit und des Transfers von Wissen in Netzwerken im Vordergrund. Die Aufgabe des Wissensmanagements besteht deshalb nicht in der Objektivierung und personenunabhängigen Speicherung des Wissens, sondern vielmehr im Aufbau von Kontexten, die den Wissensfluss zwischen den Wissensträgern ermöglichen und so die Chance für gemeinsame Lern- und Produktionsprozesse im Netzwerk bieten. Zu solchen Lernforen gehören ebenso face-to-face Formen (Arbeitskreise, Workshops, unternehmensübergreifende Projektteams) wie auch virtuelle Gemeinschaften via Internet. Auch hier spielen IT-Technologien eine wichtige Rolle. Anders als im ersten Typ dienen sie jedoch nicht als Speichermedium für Wissen (Archive, Datenbanken etc.), sondern als Kommunikationsmedium, die eine Vernetzung der Wissensträger ermöglichen. Das Wissen bleibt im Besitz des Wissensträgers, der über die Verwendung, Weitergabe etc. selbst nach eigenen Nutzenkalkülen entscheidet. Diesen Typ bezeichnen wir als experten-/personenorientiertes Modell des Wissensmanagements.

### 3.3 Kontextabhängigkeit von Wissen in Netzwerken

Bekanntlich ist insbesondere in der sozialwissenschaftlichen Hermeneutik, aber ähnlich auch in der soziologischen Systemtheorie der Sinnbegriff zentral für die Definition von Wissen. Er verweist darauf, dass erst der Kontext (eine Geschichte, ein Sinnzusammenhang) als offene Verweisungsstruktur sinnhaften Handelns Informationen als Wissen erkennbar machen und dieses im Zusammenhang dann von Individuen erlernt und zu einem persönlichen Wissensbestand gemacht werden kann, der auch potenziell handlungswirksam, also nutzbar im Sinne der Anwendung in den je eigenen Kontexten des Handelns werden kann. Kontexte sind aber in dem hier zugrunde liegenden Verständnis immer dreierlei. Erstens situativ, das heißt nicht beliebig reproduzier- und wiederholbar: Im Beratergeschäft hat jeder Kunde seine besondere Problemsituation, Marktlage, Persönlichkeit. Zweitens individuell, das heißt abhängig auch von der jeweiligen Erfahrungsgeschichte und den durchlaufenen Bildungsprozessen des Einzelnen. Drittens als Folge daraus: Kontexte enthalten nur eine begrenzte Anzahl an generalisierbaren Elementen, die für Lernen und Wissenstransfer herausdestilliert werden können.

Die von uns beobachteten Unternehmensnetzwerke haben in der Regel keine gemeinsame Unternehmensgeschichte. „Kulturelle" Verbindungen gibt es eher über gemeinsame universitäre Wurzeln oder – im Falle der Multimedia-/IT-Unternehmen – über Teilhabe an der Internet-Community oder gleicher Problemhorizonte (Probleme mit Behörden, Firmensitz in derselben Immobilie).

Diese Faktoren können die natürlichen Schranken der Kontext- und damit auch Unternehmens- und Personengebundenheit – für das Wissensmanagement in Netzwerken partiell abschwächen. Aber das Problem spiegelt sich dennoch in Verständigungschwierigkeiten – etwa bei Arbeitskreissitzungen, in denen die Akteure häufig ihre Sicht der „Realität" vermitteln und keine Möglichkeit haben, die Problemsicht der anderen Unternehmen zu verstehen. Darüber hinaus hemmt die Kontextgebundenheit des Wissens die explizite Definition von gemeinsam benötigten Wissensbeständen und gemeinsamen Wissenszielen. Es fällt den Akteuren oft schwer, im Netzwerk auf einen gemeinsamen Nenner zu kommen, welches Wissen man für welche gemeinsame Zielsetzungen braucht. Dies verweist bereits auf Fragen konkreter Gestaltung des Wissensmanagements in Netzwerken, worauf nachfolgend eingegangen wird.

## 4. Besonderheiten des Wissensmanagements in Netzwerken

Mit dem Bedeutungsgewinn verteilter impliziter Wissensbestände gewinnt die Pflege des organisationsübergreifenden Beziehungskapitals gegenüber der Datenbankpflege an Bedeutung. Wissensmanagement in Netzwerken erfordert die Organisation, Motivation und Befähigung zu schneller, direkter Kommunikation zwischen den personalen Wissensträgern über Organisationsgrenzen hinweg.

Nun sind Netzwerke zwar bereits eine Antwort auf Wissensprobleme und insofern eine Form der Wissensorganisation bzw. ein Instrument des Wissensmanagements. Allerdings weist das interorganisatorisches gegenüber dem intraorganisatorischen Wissensmanagement eine Reihe von Besonderheiten auf. Netzwerke legen die Probleme und Dysfunktionalitäten exzessiven Wissensmanagements in besonderer Weise offen und begründen die Notwendigkeit eigenständiger Anwendungsprinzipien und Organisationsformen.

In Anlehnung an bereits 1993 von Peter Drucker formulierten Überlegungen resümieren Caspers u. a. (2004, S. 3) folgende Ausgangssituation:

„Wenn das Kernproblem der sich seit einiger Zeit formierenden Wissensgesellschaft in einem effektiven und effizienten Umgang mit dem Problemlösungsrohstoff Wissen besteht, dann zählen die Bereitstellung dieser Ressource ihre Pflege und Weiterentwicklung sowie ihr produktiver Einsatz zu den zentralen Managementaufgaben von heute."

Allerdings wird die Luft bei der Frage nach einem adäquaten Management derartiger Prozesse insbesondere im Kontext von Netzwerken dünn (vgl. Kopp 2001, S. 58 ff.). Nicht nur, dass aus Mangel an Alternativen bisweilen versucht wurde, problematische Ansätze exzessiven Wissensmanagements Netzwerken überzustülpen, es blieb auch unreflektiert, das derartige Übertragungen aus dem einzelorganisatorischen Zusammenhang die Spezifika der Wissensgenese in Netzwerken nur unzureichend berücksichtigt. Dabei gelten für das Wissensmanagement in Netzwerken eine Reihe von Besonderheiten, die über die Personengebundenheit, Kontextabhängigkeit und die Dynamik des Wissens hinausgehen. Drei zentrale Eigenarten sind nachstehend skizziert.

### 4.1 Zunahme der Akteurs- und Handlungsebenen

Netzwerke vermehren leider nicht nur die Anzahl nutzbarer Wissensquellen, sondern auch die Anzahl der Akteurs- und Handlungsebenen. Die Organisation des Informations- und Wissensaustauschs bzw. die Wissensintegration zwischen den Akteuren stellt höchste Anforderungen an das Wissensmanagement. Die Informations- und Wissensflüsse sind nicht nur auf Ebene eines einzelnen Betriebes zu steuern, sondern **in mehreren Betrieben** gleichzeitig. Hinzu kommt die Organisation des Austauschs von Erfahrungen auf **zwischenbetrieblicher** und schließlich **netzwerkweiter** Ebene (ggf. unter Einbezug weiterer Akteure, bspw. aus der Wissenschaft). Dies setzt die Fähigkeit voraus, Vertreter verschiedenster Organisationskulturen nicht nur miteinander „ins Gespräch" zu bringen, sondern über die genannten Ebenen hinweg, bezogen auf den Netzwerkzweck und unter Maßgabe äußerst knapper Mittel, relevante Wissensbestände zu identifizieren bzw. in geeigneter Form verfügbar zu machen und ggf. zu ergänzen.[1]

Dabei finden letztlich die wenigsten operativen Schritte der Wissensintegration auf Ebene des Gesamtnetzwerkes statt. Vielmehr formieren sich themenbezogen dezentrale Einheiten (bspw. Arbeitsgruppen). Aufgabe des Wissensmanagements in Netzwerken ist es dafür zu sorgen, dass die relevanten Ergebnisse für das Gesamtnetzwerk verfügbar gemacht werden. Neben den entsprechenden Klärungen über das was netzwerkweit in welcher Form (bspw. Kurzprotokolle über „milestones" an alle; Statusberichte) von Interesse ist, gilt es die wichtigen Ergebnisse aus den dezentralen Einheiten einzufordern und zu sichern. Dem Wissensmanagement kommt somit die Aufgabe der Herstellung von Transparenz aber auch der Ergebnissicherung (im Sinne eines Netzwerkgedächtnisses) zu. Die Erfahrungen in den Modellprojekten zeigen, dass den Berichtspflichten nur nachgekommen wird, wenn sie auf ein Minimum begrenzt werden und wenn absolute Klarheit darüber herrscht wer, was, wann und wo abzuliefern hat.

Netzwerke sind Erfahrungsdrehscheiben, die nur in Schwung bleiben, wenn es dem Wissensmanagement gelingt, die jeweiligen Wissensträger bzw. -geber und Wissensempfänger bzw. -nehmer zu identifizieren, zu aktivieren und so über geeignete Kommunikationsformen zu „verlinken", dass eine problemadäquate Wissensaggregation für unterschiedliche, situativ wechselnde Bedürfnisse ermöglicht wird. Die Beziehungen der Netzwerkakteure zueinander unterliegen einer hohen Dynamik, in der die Rollen als Wissensgeber und -nehmer ständig wechseln. Insofern stellt gutes Wissensmanagement sicher, genügend Situationen und Anlässe zur effektiven Wissenszirkulation zu organisieren und methodisch zu unterstützen. Hohe Kommunikationsdichte, eine überschaubare Zahl heterogener Akteure (Multiplexität), die Auswahl geeigneter Partner (und deren Ersatz bei Fluktuation) sind wichtige Elemente gelingenden Wissensmanagements.

---

[1] Bereits hier kann eine falsche Zusammensetzung des Netzwerkes bzw. eine falsche Partnerwahl (unpassende Produkte oder Märkte, zu hohe Konkurrenz, mangelndes Engagement etc.) erhebliche Barrieren für die Implementation von Wissensmanagement errichten.

## 4.2 Wissensmanagement in Netzwerken erhöht die Aufwände

Netzwerkarbeit ist (meist nicht direkt gratifizierte oder honorierte) Zusatzarbeit. Insbesondere in der Aufbauphase von Netzwerken sind die erforderlichen zeitlichen, finanziellen, personellen und organisatorischen Aufwände besonders hoch. Aber auch in der Folgezeit lassen die Belastungen nur wenig nach, da Netzwerke einer ständigen Veränderungsdynamik unterworfen sind, so dass entsprechende Anpassungsleistungen zur Regel gehören. Diese Feststellung gilt für alle Beteiligten, wenn auch je nach Funktion in verschiedener Ausprägung. Wissensmanagement vergrößert die Arbeitsaufwendungen jeden Akteurs noch einmal, denn es ist in den hier verhandelten Netzwerken niemals als reine Serviceleistung delegierbar.

Wie unser Modellprojekt des Kompetenzzentrums Netzwerkmanagement gezeigt hat, sind zunächst eine Reihe von strategischen und konzeptionellen Fragen zwischen allen Beteiligten zu verhandeln. Die Herausbildung eines gemeinsamen Verständnisses ist ein zentrales Erfolgskriterium. Aufgrund der Eigendynamik bei der Gestaltung von Wissensmanagement schleichen sich oft Verfahrensregeln und Vorgehensprinzipien ein, die aus Gründen der Arbeitseffizienz eigentlich vermieden werden sollten. So sind die konkret beschlossenen Einzelmaßnahmen des Wissensmanagements dann realistisch betrachtet zu pflegeintensiv und zu aufwendig. Auf Basis der Erfahrungen aus beiden von uns durchgeführten Modellprojekten lassen sich einige **Prinzipien** benennen, die helfen die drohenden Aufwände wirksam zu begrenzen:

- Prinzip der Weiterentwicklung bewährter Praxis

Es kommt nicht darauf an eine gesonderte Funktion „Wissensmanagement" zu schaffen, sondern es geht vielmehr darum, festzustellen, welche wissensrelevanten Aktivitäten bereits im Netzwerk laufen und welche Strukturen sich bewährt haben. Diese sollten weiterentwickelt und ggf. vorsichtig ergänzt werden.

- Prinzip des langsamen Wachstums

Das Prinzip des langsamen Wachstums korrespondiert mit dem der Weiterentwicklung bewährter Praxis. Der Rückbau überdimensionierter Wissensmanagementsysteme verweist nicht nur auf überflüssige Arbeit, sondern bedeutet immer auch einen enormen Motivationsverlust und Frustrationen für die Betroffenen. Häufig gerät Wissensmanagement irreversibel in Misskredit. Aus diesem Grunde empfiehlt es sich, bescheiden und mit dem Mut zur (Wissens)Lücke anzufangen. Erst wenn sich erfolgreiche Routinen etabliert haben kann über Erweiterungsschritte nachgedacht werden.

- Prinzip des geringsten Aufwandes

„So wenig wie möglich und so viel wie unbedingt nötig" muss die Devise heißen. Netzwerke dulden keine Überstrukturierung bzw. werden ansonsten durch Zerfall bedroht. Überflüssige Anforderungen werden zunächst unengagiert abgewickelt und schließlich gar nicht mehr erfüllt.

- Prinzip der Zuständigkeit

Das Prinzip der Zuständigkeit unterstützt das Prinzip des geringsten Aufwandes beträchtlich. Gerade in Netzwerken ist Wissensmanagement auf Selbstorganisation angewiesen und soll diese gleichzeitig stärken. Dies bedeutet, dass für jede Wissensmanagementfunktion bzw. -aktivität ein Verantwortlicher gefunden werden muss. Wird bspw. der Vorschlag gemacht, „gelbe Seiten" für das Netzwerk zu erstellen, um Transparenz über Wissenspotenziale/Kompetenzen zu schaffen, steht und fällt die Maßnahme schlicht damit, dass sich jemand findet der die Idee umsetzt und das erreichte System kontinuierlich aktualisiert (Systempflege!).

Während es an Ideengebern meistens nicht mangelt, sind die Umsetzer und Pfleger rar. Dem Prinzip zufolge gilt: Erklärt sich niemand für die Umsetzung für zuständig, stirbt die Idee!

### 4.3 Durchgriffsmöglichkeiten hierarchischer Steuerung fallen aus

Die Konzipierung und Einführung eines Wissensmanagementsystems im Netzwerk, die Organisation der erforderlichen Abstimmungsprozesse und schließlich die laufende Koordination der Informations- und Wissensflüsse (Systempflege) auf und zwischen den verschiedenen Ebenen bedeutet einen erheblichen planerischen, administrativen, kommunikativen und zeitlichen

Aufwand. Nicht nur in funktionaler Hinsicht bedarf es deshalb eines zentralen Wissensmanagements, um die zusätzlichen Aufwände der Netzwerkpartner zeitlich zu begrenzen.

Bei der Organisation der Wissensflüsse kann das Wissensmanagement nicht auf hierarchisch legitimierte Verfügungsrechte, justiziable Regelungen, detaillierte Verhaltensdiktate oder ausgeklügelte Anreizsysteme zurückgreifen.[2] Die zumindest partielle Offenlegung von sensiblem Wissen ist ein letztlich freiwilliger Akt, der in hohem Maße auf Vertrauen basiert. Ein Klima des Vertrauens gerade im Hinblick auf den Umgang mit der Ressource Wissen setzt voraus, dass die individuelle Einspeisung von Wissen ins Netzwerk (und den damit einhergehenden Prozessen des Wissensabflusses) in einem zumindest mittelfristig ausgeglichen Verhältnis zum Zusatznutzen durch Wissen aus dem Netzwerk steht. Die Kunst des Wissensmanagements in Netzwerken besteht darin, dieses „Fließgleichgewicht des Wissensaustauschs" zu garantieren.

Die Vertrauensbasierung des Wissensaustauschs unter Netzwerkpartnern die naturgemäß nicht nur kooperative sondern auch kompetitive Absichten verfolgen wird durch die Ergebnisse unserer Experteninterviews erhärtet. Dabei stellte sich jedoch heraus, das Vertrauen durchaus unterschiedliche Ausprägungen haben kann. So genügt in der Anfangsphase eines Wissensaustauschs bereits die Abwesenheit von Misstrauen zwischen den Partnern.[3] Die Partner testen ihre Vertrauenswürdigkeit im Sinne eines reflexiven Monitoring durch kleinere überschaubare Projekte und durch langsame Erhöhung der Dosis vertrauenssensibler Informationen (selbstverständlich unter Wahrung einer selbstdefinierten irreduziblen Grenze). Die Einschätzbarkeit der gegenseitigen Berechenbarkeit, Erwartungsreziprozität von Vor- und Gegenleistung, Verlässlichkeit das Vorleistungen nicht missbraucht werden etc. bilden sich in einem rekursiven prozeduralen Arbeitszusammenhang heraus und führen zu

---

[2] Die zahlreichen gescheiterten Wissensmanagementprojekte führen viele ExpertInnen immer wieder zu der etwas hilflosen Empfehlung extrinsische Anreizsysteme zu schaffen. Damit wird i. d. R. vergeblich versucht Steuerungsinstrumente hierarchischer Systeme in den Netzwerkkontext zu übertragen. Zielführender erscheinen uns Überlegungen zur Stimulierung intrinsischer Motivationskomponenten.

[3] Dies kann auch langfristig ausreichend sein, wenn die Partner primär auf die Kopplung ihrer Kernkompetenzen setzen, ohne voneinander lernen zu wollen, so dass sensibles Know-how überhaupt nicht zur Disposition steht.

hochgradig differenzierten und im zeitlichen Verlauf teilweise variierenden Vertrauensintensitäten zwischen den Netzwerkpartnern.

## 5. Fazit

Im Ergebnis lässt sich festhalten, dass der effektive Umgang mit der Ressource Wissen entlang der „Wertschöpfungskette" von der Entwicklung über die kontinuierliche Weiterentwicklung bis hin zur Anwendung immer mehr zu einem zentralen Thema wissensintensiver Unternehmen geworden ist. Kleine und mittlere Unternehmen werden zu Netzwerkbildung angeregt. Sie potenzieren dadurch das intellektuelle Kapital und führen zu einer Vermehrung der Wissensquellen. Sie erhöhen das Mobilisierungspotential für Wissen, ermöglichen die Einarbeitung nicht standardisierter heterogener Expertise und sie führen zur schnellen Mobilisierung und Synchronisation verteilten Wissens.

Netzwerkmanagement impliziert immer auch Wissensmanagement. Dieses implizite Wissensmanagement ist vor allem an Personen und deren Beziehungen gebunden. Informationstechnische Strategien spielen dabei kaum ein Rolle. Denn Informationstechnologie fördert die durch Netzwerke intendierten Wechselwirkungen zwischen dem impliziten Wissen unterschiedlicher Wissensträger nur sehr vermittelt. Wissensmanagement in Netzwerken erfordert vielmehr die Organisation, Motivation und Befähigung zu schneller, direkter Kommunikation zwischen den personalen Wissensträgern über Organisationsgrenzen hinweg.

Angesichts der Zunahme von Akteurs- und Handlungsebenen, der Erhöhung der Aufwände und des Fehlens hierarchischer Steuerungsmöglichkeit haben Unternehmensnetzwerke aber erhebliche Schwierigkeiten mit der Umsetzung von Wissensmanagementstrategien.

Diese sind nur dann erfolgreich, wenn sie sich an der Weiterentwicklung der bewährten Praxis impliziten Wissensmanagements orientieren. Darüber hinaus legen die Eigenarten der Netzwerke nahe, ein eher langsames Wachstum der Komplexität des Wissensmanagements anzuzielen, den Aufwand – so weit möglich – zu begrenzen und die Selbstorganisation zu fördern.

## Literatur

Caspers, R./Bickhoff, N./Bieger, T. (2004): Einleitung. In: Caspers, R./Bickhoff, N./Bieger, T. (Hg.): Interorganisatorische Wissensnetzwerke. Mit Kooperation zum Erfolg, Berlin/Heidelberg/New York/Hongkong/London/Mailand/Paris/Tokio

Howaldt, J./Klatt, R./Kopp, R. (2003): Interorganisationales Wissensmanagement im Kontext wissensintensiver Dienstleistungen. In: Katenkamp, O./Peter, G. (Hg.): Die Praxis des Wissensmanagements – Aktuelle Konzepte und Befunde in Wirtschaft und Wissenschaft, Münster, S. 169 - 196

Kopp, R. (2001): Management von Verbünden. In: Flocken, P./Hellmann-Flocken, S./Howaldt, J./Kopp, R./Martens, H. (2001): Erfolgreich im Verbund – Die Praxis des Netzwerkmanagements, Eschborn, S. 58 - 88

Stewart, T. A. (1998): Der vierte Produktionsfaktor. Wachstum und Wettbewerbsvorteile durch Wissensmanagement, München/Wien

Willke, H. (1998): Systemisches Wissensmanagement, Stuttgart

Marion A. Weissenberger-Eibl

# Wissensmanagement in Netzwerken für Klein- und Mittelbetriebe

1. Problemstellung ..................................................................162

2. Analysefeld ........................................................................164

3. Empirische Untersuchung ..................................................166

4. Gestaltung durch Wissensmanagement ............................169

5. Fazit ...................................................................................173

Literatur ..................................................................................174

## 1. Problemstellung

Unternehmen wertsteigernd zu gestalten, erfordert die Innovationslogik neu zu denken. Während in der Vergangenheit und auch heute noch in vielen Bereichen das Agieren im betriebs- und volkswirtschaftlichen Umfeld von der Inputlogik geprägt ist, weichen innovative Denkmuster von der Inputlogik ab. Die Inputlogik konzentriert sich darauf, durch ein Mehr an Ressourcen den Output an Innovationen zu steigern. Angesichts der knappen Ressourcen und der schwierigen Wirtschaftslage ist dies eine Logik, die an ihre Grenzen stößt. Eine alternative Antwort darauf ist, die Inputlogik mit Innovation zu verknüpfen, wobei Innovation auf das inhärente Wissen in Technologien, Prozessen, Geschäftsmodellen und Methoden rekurriert. Diese Logik wird Innovationslogik bezeichnet und stellt die Innovationsfunktion als intelligente Neukombination aller Ressourcen einschließlich Wissen dar. Damit verbunden ist die Möglichkeit, Freiräume für Neuerungen im Unternehmen zu schaffen, aber auch den Stellhebel des wirtschaftlichen und wissenschaftlichen Unternehmertums anzusetzen (vgl. Weissenberger-Eibl 2004, S. 1 ff.).

Knüpft man an die Innovationslogik, die die intelligente Neukombination der Ressource Wissen in den Vordergrund rückt, an, so wird deutlich, dass Wissensmanagement jeden Mitarbeiter eines Unternehmens betrifft, egal ob er in einem kleinen, mittelständischen oder großen Unternehmen arbeitet. Jeder hat schon einmal die Erfahrung gemacht, wie stark sich der Erfolg von Arbeitsgängen reduzieren kann, wenn ein Mitarbeiter aus dem Unternehmen ausscheidet. Wissensmanagement stellt eine besondere Herausforderung für alle Unternehmen dar. Allerdings unterliegt es in kleinen und mittelgroßen Unternehmen (KMU) einigen spezifischen Besonderheiten. So sind in KMU die Ressourcen grundsätzlich stärker beschränkt als in großen Unternehmen; es ist beispielsweise kaum möglich, Experten explizit für Projektmanagement, Wissensmanagement oder ähnliche Aufgaben ein- oder freizustellen. Dieses würde den Gemeinkostenanteil am Preis des Produkts oder der Dienstleistung oft nicht hinnehmbar steigern. Umso entscheidender ist es für KMU, Wissensmanagement einzusetzen.

Die Wissenserhaltung stellt dabei nur einen Grund dar. Zusätzlich dazu lösen

„die exponentielle Vermehrung des verfügbaren Wissens, die rapide Abnahme der Halbwertszeit des Wissens und nicht zuletzt die Zusammensetzung der Unternehmensleistungen aus Information und Wissen (...) in der Unternehmenspraxis, bei Wissenschaftlern und Autoren eine steigende Aufmerksamkeit für das Thema Wissensmanagement aus" (vgl. Weissenberger-Eibl 2000, S. 1).

Aber was ist Wissensmanagement eigentlich?

„Der Wissensbegriff umfasst die Komponenten Kenntnisse und Fähigkeiten im Hinblick auf Realität, Personen, Normen, Werte und Handlungen, die auf Zeichen, Daten und Informationen basieren" (vgl. Weissenberger-Eibl 2000, S. 23).

Wissensmanagement ist nicht das Managen von Informationen mit Hilfe einer IT-Infrastruktur, sondern ein Bestandteil des Führungssystems. Damit wird im Wissensmanagement ein ganzheitlicher Ansatz verfolgt, um in strukturierter Vorgehensweise die Generierung, Nutzung und Verteilung von Wissen in einer Organisation zu verbessern.

Ein Problem des Wissensmanagements ist, dass eine direkte Übertragung von Wissen von einer zur anderen Wissensbasis in einem Unternehmen oder im Unternehmensnetzwerk – also zwischen zwei Mitarbeitern oder von einem System zu einem Mitarbeiter – nicht ohne weiteres möglich ist. Der Grund für dieses „Übertragungsproblem" ist die Tatsache, dass jede „eigensinnige" Wissensbasis sich spezifisch entwickelt (vgl. Weissenberger-Eibl 2000, S. 3). Dieses Problem verstärkt sich, sobald die Differenzierung von implizitem und explizitem Wissen vorgenommen wird. Bei explizitem Wissen handelt es sich um formulierbares konkretes Faktenwissen, das relativ einfach verbal übertragen werden kann. Implizites Wissen enthält hingegen deklaratives (Fakten- u. Begründungswissen) und prozedurales Wissen (Verfahrenswissen). Es wird durch Erfahrung erworben und seine Inhalte werden weder reflektiert noch überprüft. Es ist als handlungsleitend nicht bewusst, hat eine komplexe Struktur und kann auch falsche Theorien beinhalten, die durch Explikation überprüft werden (vgl. Herbig/Büssing 2003, S. 36 ff.).

Die Problematik des Wissenstransfers wird komplexer, wenn ein Netzwerk aus kleinen und mittelständischen Unternehmen betrachtet wird. Fast immer gehört das Management des Wissens, also dessen Erhaltung und Entwicklung zu den Kernaufgaben für ein nachhaltiges Management des einzelnen Unternehmens, aber auch des Unternehmensnetzwerkes (vgl. Weissenberger-Eibl (2001a). Die interorganisationale Perspektive des Wissensmanagements lässt sich anhand eines simplen Beispiels verdeutlichen. Die Geschäftsleitung eines renommierten Automobilherstellers entscheidet sich, ein neues Produkt zu entwickeln und herzustellen. Dabei ist die Frage zu beantworten, welches Wissen benötigt wird und wie dieses Wissen tatsächlich effizient in Unternehmensnetzwerken – also in der Zusammenarbeit mit Partnern und Lieferanten – genutzt werden kann.

Unternehmensnetzwerke stellen eine Organisationsform auf dem Kontinuum von Markt und Hierarchie dar, die sich das Ziel gesetzt hat, Wettbewerbsvorteile zu realisieren. „Um diese zu forcieren, werden horizontal, vertikal, lateral oder funktions- sowie prozessbezogen Beziehungen zu einer oder mehreren anderen Unternehmungen aufgebaut" (vgl. Weissenberger-Eibl 2000, S. 65). Sie zeichnen sich durch komplex-reziproke, eher kooperative denn kompetitive und relativ stabile Beziehungen rechtlich selbständiger, wirtschaftlich jedoch zumeist abhängiger Unternehmen aus (vgl. Sydow 1992, S. 79). Zusammen mit den Charakteristiken von KMU ergeben sich für das Wissensmanagement komplexe Anforderungen, die bei seiner Einführung zu berücksichtigen sind. Abhängig von den Motiven und Zielsetzungen, die mit einem Unternehmensnetzwerk verbunden sind, entsteht keine hierarchische Struktur, sondern vielmehr eine polyzentristische und durch Heterarchie geprägte Prozessorganisation. Diese Organisationsform ist ressourcenorientiert und konzentriert sich auf die spezifische Ressource Wissen (vgl. Weissenberger-Eibl 2000, S. 66).

## 2. Analysefeld

Der Erfolg eines Unternehmens beruht bekanntlich auf der Fähigkeit, verschiedene Kernkompetenzen interdisziplinär zu verknüpfen. Die Fähigkeit, neue Entwicklungen zu erkennen, eigenes Wissen mit fremdem Wissen zu verknüpfen und dies in neue Leistungen umzusetzen, entscheidet immer mehr darüber, ob ein Unternehmen den entscheidenden Schritt vor dem Wettbewerber ist. Vor diesem Hintergrund lautet die Ausgangsthese: Die Nutzung des Wissensmanagements in Unternehmensnetzwerken birgt Kosten-, Zeit- und Qualitätsvorteile.

Diese These gewinnt an Brisanz, wenn man Entwicklungstrends in der Unternehmenspraxis betrachtet. Vergleicht man Produktlebenszyklen von früher mit dem heutigen Verlauf anhand der Dimensionen Ertrag und Zeit, so zeigt sich, dass mit der Verkürzung des Produktlebenszyklus eine geringere Innovationszeit einhergeht. In der Automobilindustrie reicht die Entwicklungszeit vom Design freeze bis zum Erreichen der Kammlinie bei „schnellen Unternehmen" von 58 Monaten bis zu 88 Monaten bei „langsamen Unternehmen" (vgl. Kersten 1998, S. 418). General Motors versucht nach eigenen Angaben sogar die Serienentwicklungszeit auf 38 Monate zu reduzieren. Vor diesem Hintergrund und der Ausgangsthese stehen drei Fragen im Mittelpunkt:

- Welche Aktionsfelder sind in Unternehmensnetzwerken entscheidend?
- Welche Strategie erscheint Ziel führend? und
- Welche Kosten-, Zeit- und Qualitätswirkungen sind erkennbar?

Für das Management von Unternehmensnetzwerken sind insbesondere drei Aktionsfelder hervorzuheben: Regelungsfelder (vgl. Becker 1999, S. 222 ff.), Koordination und Controlling. Als Regelungsfeld ist das Netzwerkgeschäft vor allem mit der gemeinsamen Definition der Zielsetzung entscheidend. Im Bereich der Ressourcen spielen die Humanressourcen eine große Rolle. So liefert beispielsweise die Fa. Lear als Hersteller von Autositzen nicht nur die Produkte an das Produktionsband von Ford, sondern Mitarbeiter von Lear bauen diese am Band von Ford auch ein. Im Regelungsfeld der Führung geht es um die Frage, wird eine eingipflige Führung präferiert? Oder wird beispielsweise ein neues Gremium, das paritätisch aus Zulieferern und OEM zusammengesetzt ist, eingerichtet? Es ist zu berücksichtigen, dass in Abhängigkeit der Phasen der Zusammenarbeit (vgl. Weissenberger-Eibl 2001b, S. 32 ff.), d. h. bei Anlauf, Gründung, Betrieb und Beendigung, ein unterschiedlich hoher Regelungsaufwand, gemessen in Mitarbeiterkapazität, notwendig ist. Das zweite Aktionsfeld in Netzwerken ist die Koordination. Im Spannungsfeld von Markt und Hierarchie existieren Mechanismen, die anhand der Dimensionen „wirtschaftliche Abhängigkeit" und „Eingrenzung des Handlungsspielraums" eingeordnet werden können. Je größer die wirtschaftliche Abhängigkeit ist, desto eher wird ein Unternehmen des Netzwerkes die Ziele vorgeben können, nicht auf Basis einer Zielverhandlung, sondern durch Anweisung. Ist der Handlungsspielraum allerdings wenig eingegrenzt und die wirtschaftliche Abhängigkeit groß, so wird die Koordination zunehmend über Entzug oder Zuweisung von Ressourcen, wie es beispielsweise im Konzeptwettbewerb praktiziert wird, erfolgen. Im Vordergrund des Controllings stehen die Netzwerkbeziehung und das Ergebnis der Zusammenarbeit. Dabei werden Planungs- und Kontrollsysteme oder Koordinationsorgane ebenso eingesetzt wie Hilfsmittel zur Datenerhebung, -analyse oder zum Datenvergleich. Ziel des Controllings ist in diesem Zusammenhang die Unterstützung der Netzwerkführung in dreierlei Hinsicht: Um Erfolgspotentiale zu erkennen, zu nutzen und zu erhalten.

Analysiert man die Ansätze beider Forschungsfelder: Netzwerke und Wissensmanagement, so wird deutlich, dass von den Autoren unterschiedliche Schwerpunkte gesetzt werden. Nicht oder kaum berücksichtigt wird die interorganisationale Perspektive, dass Gestaltungsoptionen ganzheitlich zu entwickeln sind und dass sich die empirisch-gestützte Fundierung meist nur auf Teilaspekte konzentriert. Diese Erkenntnisdefizite bilden den Ausgangspunkt für die Forschung nach Lösungen für ein Wissensmanagement in Netzwerken.

## 3. Empirische Untersuchung

Die Untersuchung „Wissensmanagement in Unternehmensnetzwerken" stellt eine Expertenbefragung auf Basis von Fragebögen mit größtenteils geschlossenen Fragen und vorgegebenen Antwortalternativen dar und bezieht sich auf 42 Unternehmen (Rücklaufquote 18 %). Mit Hilfe von Ratioskalen, intervallskalierten Ratingverfahren und Fünf-Punkt-Skalen konnten quantitative Ausprägungen erfasst werden. Der Untersuchungsbereich der Befragung konzentriert sich auf Ziele, Organisation, Methoden und Wirkungen des Wissensmanagements in Unternehmensnetzwerken. Die beteiligten Unternehmen sind zu 19 % in vertikalen Unternehmensnetzwerken, zu 13 % in horizontalen und zu 15 % in Entwicklungsnetzwerken eingebunden. Service- und Vertriebsnetzwerke liegen bei 12 %, Produktionsnetzwerke bei 11 % und finanzielle sowie laterale Netzwerke bei 7 %. Richtet man den Blick auf die am häufigsten vertretenen Branchen, so sind dies mit 24 % Elektronik/Elektrotechnik, 17 % Automobilhersteller und 12 % Dienstleistungsunternehmen. Damit konnten Einschätzungen aus Unternehmen wie Siemens, Infineon, Ford, BMW oder Vaillant berücksichtigt werden. Die restlichen Branchen, wie Maschinenbau, Feinmechanik oder Energiewirtschaft, lagen bei 10 % oder darunter. 60 % der Unternehmen nannten einen Umsatz von bis zu 2,5 Mrd. €, von den restlichen Unternehmen wurde von 20 % der Umsatz auf 5 – 50 Mrd. € beziffert.

Die Analyse der Befragung ergab, dass aus Sicht der Unternehmen der Wissenstransfer, der sich zwischen der Wissensbasis des Senders und des Empfängers auf der Ebene von Personen, Gruppen und Organisationen vollzieht, das wichtigste Ziel des Wissensmanagements darstellt. Nutzt man die in der Literatur diskutierten Überlegungen (vgl. Heppner 1997; Weissenberger-Eibl 2003, S. 30 f.) für einen effizienten und effektiven Wissenstransfer, so sind für die Entwicklung des Lösungsvorschlages vor allem zwei Aspekte zu berücksichtigen. Zum einen, dass die Organisation des Wissenstransfers in einem Unternehmensnetzwerk abhängig davon ist, inwieweit eine Kongruenz von Bedingungen und relevanten Strukturmerkmalen für eine zielkonforme Verhaltensbeeinflussung erreicht werden kann. Zum anderen ist der Wissenstransfer auf Ergebnisvariablen zurückzuführen, wobei die Transferkreativität und die Transferzeit im Vordergrund stehen. Die Transferkreativität als Maß für den Zuwachs an Wissen wird so vor allem für die Entwicklung radikaler Innovationen zu berücksichtigen sein, die Transferzeit hingegen bei Produktverbesserungen, also bei inkrementalen Innovationen.

Hinsichtlich der Organisation räumen die Experten dem Einrichten von Projektteams und dem Freistellen von Spezialisten die höchste Eignung ein. Interpretiert man diese Bewertung im Hinblick auf die Konzeption des Lösungsansatzes, so sind drei grundlegende Alternativen für die organisatorische Gestaltung des Wissenstransfers zu berücksichtigen. Wissenstransfer ohne strukturelle Ausrichtung, d. h. es sind nur Sender und Empfänger beteiligt, ist dann vorteilhaft, wenn geringe kognitive Barrieren zwischen Sender und Empfänger bestehen und die Transferkreativität im Vordergrund steht. Die Gruppenbildung nach dem Ausgliederungsprinzip – also ein Projektteam – erweist sich als erfolgreich, sobald die Transferkreativität im Vordergrund steht und kognitive Barrieren zu überwinden sind. Dieser Zusammenhang wird in der Unternehmenspraxis wenig berücksichtigt. Eine Abstimmung über Integrationseinheiten – also beispielsweise durch das Freistellen eines Spezialisten, der den Kommunikationsprozess steuert oder die Moderation im Transferprozess übernimmt, ist hingegen dann effektiv, wenn eine kurze Transferzeit notwendig ist.

Der Methodeneinsatz in Bezug auf das implizite Wissen stellt sich in der Analyse als schwierig dar. Das ist darauf zurückzuführen, dass implizites Wissen durch Erfahrung erworben wird und seine Inhalte weder reflektiert noch überprüft werden. Es liegt jedoch eine empirische Evidenz für den „possible-access"-Ansatz vor, der auch dieser Untersuchung zugrunde gelegt wird. Dieser Ansatz besagt, dass implizites Wissen nicht notwendigerweise unbewusst bleiben muss und implizit erworbenes Wissen bewusst zugänglich sein kann. Bewertet wurden u. a. Erfahrungsaustauschzirkel, Kreativitätstechniken und Workshops. Die Auswertung zeigt, dass diese Methoden hinsichtlich der Eignung hoch eingeschätzt werden, aber die Unternehmenspraxis diese Methoden u. a. aus mangelndem Methoden-Know-how kaum anwendet. Auch hier stellt sich die Frage, welche Schlussfolgerungen sind aus der Einschätzung der Experten für die Entwicklung des Lösungsansatzes zu ziehen? Implizites Wissen ist vor allem in chaotischen und zeitkritischen Situationen handlungsleitend, da es keine Aufmerksamkeit benötigt. Berücksichtigt man zudem die Ergebnisvariablen Transferkreativität und Transferzeit, so sind vor allem drei Aspekte für die Entwicklung eines Lösungsansatzes für die Gestaltung eines Wissensmanagements in Unternehmensnetzwerken zu berücksichtigen. Einerseits das Engagement für die Entwicklung von Methoden, die die Explikation von impliziten Wissen beispielsweise in Erfahrungsaustauschzirkeln ermöglichen, andererseits macht dies darauf aufmerksam, dass geeignete Strategien zu entwickeln sind, um den hohen Eignungswert, beispielsweise bei den Kreativitätstechniken, realisieren zu können. Darüber hinaus wird im Bereich der Methoden des Managens von explizitem Wissen deutlich, dass das Projektmanagement in der derzeit praktizierten Form kaum den wünschenswerten Erfolg verspricht und Strategien zu entwickeln sind, die vor allem den Eignungsgrad von Projektmanagement (Mittelwert 2,1; Standardabweichung 0,8) erhöhen.

# 4. Gestaltung durch Wissensmanagement

Die Analyse der theoretischen Ansätze und die Ergebnisse der empirischen Untersuchung münden in einen Lösungsansatz für die Gestaltung von Unternehmensnetzwerken durch Wissensmanagement, der die aufgezeigten Forschungslücken zumindest annäherungsweise zu schließen vermag.

Der Lösungsvorschlag ist ein Gesamtkonzept, das Antworten auf zwei Fragen gibt:

- Welche Gestaltungsfelder sind für die Integration von Wissen in Unternehmensnetzwerken entscheidend?

- Welche Strategie ist für eine ganzheitliche Gestaltung unter Kosten-, Zeit- und Qualitätsgesichtspunkten Ziel führend?

Das entwickelte Gesamtkonzept bietet die Möglichkeit, Unternehmensnetzwerke systematisch zu strukturieren und unter Zuhilfenahme der Gestaltungsfelder des Wissensmanagements im Hinblick auf die Erfolgsgrößen Kosten, Zeit und Qualität zu gestalten.

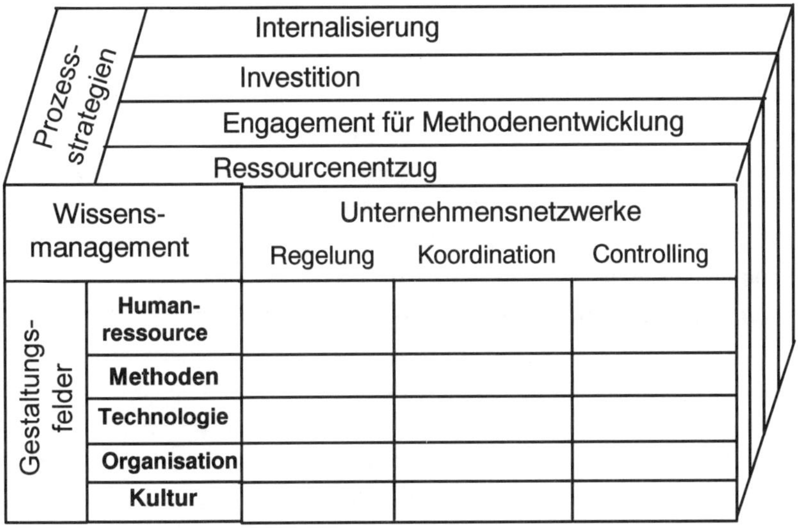

Abbildung 1: Gesamtkonzept „Konzeptwürfel"

Für die systematische Ausrichtung der Gestaltung wurden vier Strategien entwickelt, die die Stoßrichtung für die Aktivierung von Maßnahmenbündeln definieren und gleichzeitig ganzheitlich die Gestaltungsfelder des Wissensmanagements (Humanressourcen, Methoden, Technologie, Organisation und Kultur) für die Optimierung von Unternehmensnetzwerken nutzen. Mit diesem Konzept lassen sich aber auch systematisch Schnittstellen zu sinnvoll ergänzenden Theorieangeboten aufzeigen. So ist vorstellbar, dass man unter der Maßgabe der optimierten Gestaltung von Netzwerken durch das Aufschneiden des Konzeptwürfels auf einer Ebene einzelne Bereiche des Unternehmensnetzwerkes restrukturieren könnte – bis hin zu einem Reengineering eines weit umfassenderen Unternehmensnetzwerkes. Anschlussfähig und damit ergänzungsfähig ist dieses Konzept aber auch für die Diskussion und Analyse der mikropolitischen Interaktionen in einem Unternehmensnetzwerk. Was hierzu allerdings noch nicht geleistet wird, ist die Bestimmung der Dimensionen eine Abstraktionsebene tiefer, die auch dann wieder eine empirisch abfragbare Konfiguration auf der mikropolitischen Ebene darstellen kann.

Die direkt beeinflussbaren Gestaltungsfelder wie Humanressourcen, Methoden, Technologien und Organisation wirken sich auf die Unternehmenskultur aus, die wiederum die einzelnen Gestaltungsfelder verändern kann und in der Gesamtheit die Entwicklung und Herstellung beispielsweise eines neuen Automobils fördert. Das Gestaltungsfeld der Kultur bildet den Rahmen für die einzelnen Gestaltungsfelder und soll exemplarisch herausgegriffen werden. Die Unternehmens- und Innovationskultur entwickelt sich in der Regel aufgrund von positiven und negativen Erfahrungen und lässt sich meist auf einige wenige Erfolgsfaktoren zurückführen. Hierbei werden die Vision, Diversität, Redundanz, Autonomie und das kreative Chaos betont (vgl. Nonaka/Takeuchi 1995/1997, S. 36 ff.). Doch erst die Umsetzung der Erfolgsfaktoren in Maßnahmenbündel stellt sicher, dass die Organisation von innovationsförderndem Geist durchdrungen wird und begeisternde Produkte für den Kunden entwickelt und hergestellt werden. So konnten bei einem mittelständischen Unternehmen eines Netzwerkes des Anlagenbaus gezielt Maßnahmen für die Förderung der Innovationskultur im Innovationsprozess umgesetzt werden. Es wurde beispielsweise, bezogen auf die Vision, die Innovation als Unternehmensleitlinie verankert oder der Konzeptwettbewerb eingeführt, um Know-how der Zulieferer zu nutzen. Innovationsaudits wurden eingerichtet, um Diversität und Redundanz zu schaffen. Regelmäßige F&E-Seminare förderten die methodengestützte Autonomie und das kreative Chaos und zudem wurde die Position des Ideenscouts eingeführt, der systematisch Patent- und Zeitschriftenartikel auswertet und durch Besuch von Erfinder- und Technologiemessen systematisch neue Ideen gewinnt und so die Kultur für Innovation fördert.

Ausgehend von den Gestaltungsfeldern gilt es, eine Ziel führende Strategie, die sie miteinander verbindet, zu entwickeln, um die Forschungslücke der ganzheitlichen Gestaltungsoptionen ansatzweise zu schließen. Das Gesamtkonzept stellt hierzu Prozessstrategien in den Vordergrund. Sie berücksichtigen für die Erschließung von Wissen im Unternehmensnetzwerk den Anwendungs- und Eignungsgrad von Methoden aus der skizzierten empirischen Studie. Dabei werden die Methoden, abhängig vom Anwendungs- und Eignungsgrad, in Basis-, Schlüssel-, Ausschuss- und Durchbruchmethoden unterschieden. Im Mittelpunkt des Konzeptes stehen vier Strategien. „Engagement für Methodenentwicklung" setzt an den Basismethoden an (hohe Anwendung) und strebt durch Methodenmodifikation ihre Weiterentwicklung an. Die zweite Strategie „Investitionsstrategie" ist dadurch gekennzeichnet, dass Schlüsselmethoden (hohe Eignung) über Trainingsmaßnahmen und/oder Investition in Infrastruktur zu Durchbruchmethoden ausgebaut werden. Die „Internalisierungsstrategie" basiert darauf, die Erfahrung Dritter mit der Methode zu verstehen, um sie stärker als bisher in die täglichen Handlungen der im Netzwerk Tätigen aufnehmen zu können. Die Strategie des „Ressourcenentzugs" bezieht sich auf Ausschussmethoden. Hier werden Ressourcen freigesetzt, um sie an anderer Stelle wirkungsvoller einsetzen zu können.

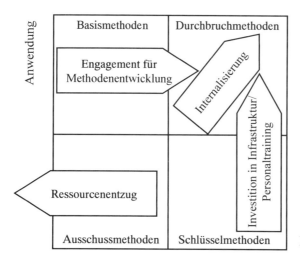

Abbildung 2: Prozessstrategien

Exemplarisch soll die Strategie „Engagement für Methodenentwicklung" verdeutlicht und dabei auf die Ergebnisse der empirischen Auswertung zurückgegriffen werden. Die empirische Untersuchung zeigte, dass es aus Sicht der Praxis durchaus angebracht ist, die Methode des Projektmanagements weiterzuentwickeln. Dies ist möglich, wenn man die Basismethode Projektmanagement mit einer Schlüsselmethode, der eine hohe Eignung zugesprochen wird, kombiniert. Eine solche Schlüsselmethode ist das Wissensprofil, das beispielsweise durch Yellow Pages konkretisiert werden kann (vgl. Weissenberger-Eibl 2002, S. 343 f.). Da die Ergebnisse in Unternehmensnetzwerken erheblich vom Wissenspotenzial und der Interaktion des Projektteams abhängig sind, kann mit Hilfe eines Wissensprofils der Akteure das für das spezielle Vorhaben am besten geeignete Team zusammengestellt werden. Das Wissensprofil kann Aussagen enthalten zu beruflichen Erwartungen, aber auch zu Vorlieben und vor allem zu Fähigkeiten einzelner Mitarbeiter, die sie sozusagen zu Spezialisten auf bestimmten Gebieten machen. Durch die so modifizierte Form des Projektmanagements ist eine Durchbruchmethode entwickelt worden, die die Gestaltung von Unternehmensnetzwerken verbessern kann und vom Projektteam verinnerlicht wird, so dass diese neue Form des Projektmanagements als Werkzeug in der täglichen Projektarbeit genutzt wird.

## 5. Fazit

Als Schlussfolgerung aus den Prozessstrategien lässt sich Folgendes zusammenfassen. In der Literatur wird die Optimierung von Netzwerken durch Wissensmanagement überwiegend abstrakt diskutiert. Durch Prozessstrategien wird versucht, die bisher weitgehend abstrakte „Wissensebene in Unternehmensnetzwerke" zu konkretisieren. Es wurde eine Strategie für die Konkretisierung der Wissensebene entwickelt und die Strategien auf Basis einer empirischen Studie im Hinblick auf Methoden spezifiziert, die als Durchbruchmethoden die Effizienz und die Effektivität verbessern können.

Die Ergebnisse der empirischen Studie in Bezug auf die in der Ausgangsthese genannten Zielgrößen Kosten, Zeit und Qualität zeigen, dass die Gestaltung von Unternehmensnetzwerken durch Wissensmanagement tatsächlich Effizienzverbesserungen ermöglicht (vgl. Abb. 3). Die Experten schätzen das Kostenpotenzial auf rund 19 %, wohingegen die größten Potenziale für die Verbesserung der Qualität (+27 %) und des Zeitfaktors (-24 %) genannt wurden (vgl. Weissenberger-Eibl 2000, S. 142). Damit wird deutlich, dass die Kombination von Methoden und Theorien unterschiedlicher Forschungsbereiche, die für das entwickelte Gesamtkonzept genutzt wurden, zu einer verbesserten Gestaltung führen kann. Entscheidend ist es, für die ganzheitliche Sicht zu sensibilisieren und Prozessstrategien aufzuzeigen, die es erlauben, die Gestaltungsfelder von Unternehmensnetzwerken mit denen des Wissensmanagements zu verbinden. Diskussionen in der wissenschaftlichen Forschung zeigen, dass dieses Untersuchungsfeld noch viele interessante Fragen aufwirft (vgl. Howaldt u. a. 2004, S. 201 ff.). So die spannende Frage, wie es gelingen kann, dass das Wissensmanagement als bewusst institutionalisierte, aber ganz selbstverständliche Aufgabe einer jeden Person im Unternehmensnetzwerk praktiziert wird.

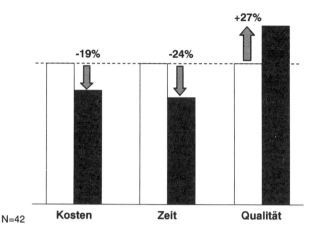

N=42 Kosten Zeit Qualität

Abbildung 3: Wirkungspotenziale

## Literatur

Becker, N. (1999): Regelungsfelder für Unternehmensnetzwerke, Wiesbaden

Heppner, K. (1997): Organisation des Wissenstransfers, Wiesbaden

Herbig, B./Büssing, A. (2003): Implizites Wissen und erfahrungsgeleitetes Arbeitshandeln: Perspektiven für Arbeit und Organisation. In: Zeltschrift für Arbeitsforschung, Arbeitsgestaltung und Arbeitspolitik, Heft 1, S. 36 - 53

Howaldt, J./Klatt, R./Kopp, R. (2004): Wissensmanagement als Zukunftsaufgabe erfolgreicher Unternehmenskooperationen. In: Weissenberger-Eibl, M. (Hg.): Unternehmen im Umbruch – Konzepte, Instrumente, Erfolgsmuster, Rosenheim, S. 201 - 222

Nonaka, I./Takeuchi, H. (1995/1997): The knowledge-creating company. How japanese companies create the dynamics of innovation, New York (dt. 1997)

Sydow, J. (1992): Strategische Netzwerke: Evolution und Organisation, Wiesbaden

Weissenberger-Eibl, M. (2004): Wandel durch Markt-Struktur-Innovation und Nachhaltigkeit. In: Dies. (Hg.): Unternehmen im Umbruch – Konzepte, Instrumente, Erfolgsmuster, Rosenheim, S. 1 - 34

Weissenberger-Eibl, M. (2003): Innovationen und Nachhaltigkeit verzahnen, in: Wissensmanagement, Heft 7, S. 30 f.

Weissenberger-Eibl, M. (2002): Customer Communities – E-Technologien wertsteigernd einsetzen. In: New Economy im Kontext kleiner und mittlerer Unternehmen (KMU), Jahrbuch der KMU-Forschung 2002, München, S. 343 - 357

Weissenberger-Eibl, M. (2001a): Interaktionsorientiertes Agentensystem – Referenzmodell zur Handhabung von Wissen in Unternehmensnetzwerken. In: Zeitschrift für Betriebswirtschaft, Heft 2, S. 203 - 220

Weissenberger-Eibl, M. (2001b): Lebenszyklen und Wissensmanagement in Unternehmensnetzwerken – Vertrauensgrad als Basis einer phasenorientierten Realisierung. In: io management, Heft 10, S. 32 - 37

Weissenberger-Eibl, M. (2000): Wissensmanagement als Instrument der strategischen Unternehmensführung in Unternehmensnetzwerken, München

Torsten Strulik

# Wissensarbeit im „Netz"
## Anforderungen und Gestaltungsmöglichkeiten wissensintensiver Dienstleistungen[1]

1. Einleitung ................................................................................. 178
2. Wissensarbeit ......................................................................... 179
   2.1 Wissenserzeugung ........................................................... 180
   2.2 Die Kombination heterogenen Wissens ............................ 181
3. Kundenberatung als wissensintensive Dienstleistung ............. 182
4. Gestaltungsmöglichkeiten wissensintensiver Dienstleistungen ... 185
5. Fazit ....................................................................................... 187

Literatur ........................................................................................ 188

---

[1] Der Beitrag basiert auf Ergebnissen des vom Bundesministerium für Bildung und Forschung (BMBF) geförderten Projekts „Mitarbeiterorientierte Ansätze eines systemischen Wissensmanagements zur erfolgreichen Umsetzung des Multikanalvertriebs im Bereich Finanzdienstleistungen", das in Kooperation mit der Dresdner Bank und unter Leitung von Prof. Dr. Helmut Willke und PD Dr. Torsten Strulik an der Universität Bielefeld durchgeführt wurde.

## 1. Einleitung

Wissens- und wettbewerbsgetriebene Verschiebungen in den Formen ökonomischer Wertschöpfung führen zu erweiterten Anforderungen an Arbeit und Organisation. Ins Zentrum rückt die Kategorie der Innovation, die auf mehrdimensionale Veränderungen verweist, in denen nicht nur immer ausgefeiltere Technologien eine Rolle spielen, sondern zudem neue Organisationsformen und Geschäftsprozesse entwickelt werden. Ganz gleich, ob es um die Gestaltung interorganisationaler Netzwerke (z. B. Howaldt u. a. 2003) oder organisationsinterner Geschäftsprozesse (z. B. Heßling/Strulik 2003) geht, stets gilt es, heterogene Wissensträger komplementär aufeinander zu beziehen und über diesen Weg die Kreativitätspotentiale zur Erbringung intelligenter und vernetzter Dienstleistungen zu erschließen.

Wenngleich entsprechende Maßnahmen des Wissensmanagements mehr erfordern als die Schaffung leistungsfähiger IT-Infrastrukturen, wird die Verfügbarkeit von Daten und deren Transfer innerhalb des Unternehmens sowie zwischen dem Unternehmen und seinen Zulieferern und Kunden immer noch häufig als die vorrangige Wertschöpfungsvariable betrachtet. Diese verkürzte Problemsicht birgt jedoch erhebliche Risiken. Unter dem Stichwort „Produktivitätsparadoxon" zeigen zahlreiche Forschungen, das Investitionen in neue Technologien, über deren Einsatz Dienstleistungen und Produkte weiterentwickelt oder neu gestaltet werden sollen, oftmals nicht zu den erwarteten Rentabilitätssteigerungen führen (z. B. Oberbeck 2001). Die Vernachlässigung der Interdependenzen organisationaler, technologischer und personaler Voraussetzungen von Innovationen führt dann häufig zur Formulierung immer neuer Themen und Schwerpunkte, zu einer mangelnden Kompatibilität mit den Anforderungen der Arbeitspraxis und nicht zuletzt zu einer unzureichenden Einbeziehung der Potentiale der Mitarbeiterinnen und Mitarbeiter.

In meinem Beitrag greife ich entsprechende Defizite auf und lenke die Aufmerksamkeit auf die soziale Dimension von intra- und interorganisationalen Wertschöpfungsnetzwerken. Ziel ist es, Anregungen für die Gestaltung von Dienstleistungen zu liefern, deren Erbringung nicht nur auf einem kreativen Umgang mit Wissen beruht, sondern in besonderem Maße die Kombination heterogener Wissensträger voraussetzt. Dabei gehe ich von der Einschätzung aus, dass die Überwindung aktueller Innovationsbarrieren eine stärkere konzeptionelle und praktische Berücksichtigung der Spezifik von Wissensarbeit voraussetzt. Dementsprechend konzentriere ich mich auf personale und organisationale Anforderungen, die im Zuge des Bedeutungszuwachses des Produktivitätsfaktors Wissen und der fortschreitenden Spezialisierung der Wissensproduktion an Bedeutung gewinnen. Zur Entfaltung meiner Argumentation werde ich zunächst einige konzeptionelle Überlegungen zur Wissensarbeit präsentieren (Abschnitt 2). Sodann zeige ich am Beispiel der Kundenberatung von Banken, welche Potentiale, aber auch welche Problemlagen mit einer wissensintensiven und vernetzten Leistungserbringung einhergehen (Abschnitt 3). Anschließend spreche ich Maßnahmen des Wissensmanagements an, welche die Mitarbeiter auf ihren Weg in die Wissensarbeit unterstützen und auf diese Weise die Innovationsfähigkeit von Personen, Organisationen und Netzwerken erhöhen können (Abschnitt 4). Ein kurzes Fazit fasst die geschilderten Befunde zusammen (Abschnitt 5).

## 2. Wissensarbeit

Der Begriff Wissensarbeit wird bereits seit den frühen 1960er-Jahren genutzt, um Veränderungen von Arbeit und Organisation zu beschreiben (z. B. Machlup 1962). Bis heute ist allerdings umstritten, anhand welcher Merkmale er sich angemessen bestimmen lässt. Die Definitionen reichen von einem umfassenden Verständnis von Wissensarbeit als „non-production work" (OECD 1996) bis hin zu systemtheoretisch fundierten Konzepten, die den Begriff für Tätigkeiten reservieren, welche auf die Generierung neuen Wissens ausgelegt sind sowie ein wirkungsvolles Zusammenspiel personalen und organisationalen Wissens erfordern (Willke 2001). Wenngleich es demnach schwierig erscheint, zu einer allgemein geteilten Begriffsbestimmung zu gelangen, so lassen sich doch m. E. zwei wichtige Merkmale identifizieren: die Konzentration auf die Erzeugung von Wissen (2.1) sowie die Anforderung, heterogenes Wissen in der Arbeitspraxis zu kombinieren (2.2).

## 2.1 Wissenserzeugung

Fritz Machlup (1962) hat frühzeitig zwischen wissenserzeugenden (knowledge-producing) und eher reproduzierenden (not-knowledge producing) Tätigkeiten unterschieden. Wissensarbeit im Sinne von knowledge-producing work kennzeichnet sich demnach durch die Erzeugung und Distribution von Wissen. „Transporters, transformers, processors, interpreters, analyzers, and original creators of all sorts will be regarded as knowledge-**producing** workers" (ebd., S. 74; Herv. im Original). Bevor ich weiter unten auf den interaktiven Aspekt der Wissensarbeit eingehen werde, sei an dieser Stelle eine Besonderheit der Wissenserzeugung angesprochen. So scheinen sich in Wissensarbeit Phänomene widerzuspiegeln, die bislang ausschließlich mit Bezug auf die Funktionsbedingungen einer Wissensgesellschaft thematisiert werden. Im Kern geht es um die Beobachtungen, dass die gegenwärtige Gesellschaft (1) immer mehr unter den Imperativ des durch **aktive** Erfahrung gesteuerten Lernens gerät (z. B. Weingart 2001; Willke 2001) und sich (2) in einem bislang unbekannten Maße durch einen **kreativen** Umgang mit Nichtwissen kennzeichnet (z. B. Strulik 2004).

Schließt man an diese Einschätzung an und überprüft man sie anhand aktueller Entwicklungen in der Arbeitspraxis, so spricht einiges dafür, Wissensarbeit als eine Form von Arbeit und Organisation zu betrachten, die durch einen reflexiven Umgang mit Wissen und Nichtwissen (als notwendige andere Seite des Wissens bzw. der Wissensproduktion) gekennzeichnet ist. Worum es bei Wissensarbeit geht, lässt sich vielleicht am treffendsten anhand einer Beschreibung von Robert Merton (1987) illustrieren, die sich auf die Produktion wissenschaftlicher Erkenntnis und die Relevanz einer kreativen Spezifikation von Nichtwissen richtet. Wissenschaftliche Erkenntnisprozesse

> „repeatedly adopt the cognitively consequential practice of specifying this or that piece of ignorance derived from having acquired the added degree of knowledge that made it possible to identify definite portions of the still unknown. In workaday science, it is not enough to confess one's ignorance; the point is to specify it. That of course, amounts to instituting, or finding, a new, worthy, and soluble scientific problem" (ebd., S. 8).

Übertragen auf Wissensarbeit bedeutet dies, dass deren Praxis darauf ausgerichtet ist, die Unbestimmtheit der Arbeitspraxis auf bestimmte Aspekte hin einzugrenzen, relevante Problemstellungen zu spezifizieren und zum Ausgangspunkt anschlussfähiger Problemlösungen zu machen. Wissensarbeit erscheint hier als eine Form der produktiven Erschließung (Ausbeutung) von Nichtwissen.

Demzufolge kennzeichnet sich Wissensarbeit vor allem durch kombinative und kreative Fähigkeiten. Entsprechende Tätigkeiten sind auf die permanente Revision und Erneuerung von Wissen ausgelegt. Mit der damit einhergehenden Dominanz problemlösender Arbeitsinhalte sind zugleich geringere Routineanteile und ein im Vergleich zu klassischen industriellen Produktions- oder einfachen Dienstleistungstätigkeiten höheres Niveau an autonomen Handlungsmöglichkeiten und eigenverantwortlichem Engagement verbunden. Bieten sich damit einerseits neue individuelle und kollektive Kreativitätspotentiale, so zeichnet sich andererseits ab, dass die auf traditionelle Arbeitsformen angewendeten Organisationsprinzipien nicht mehr greifen oder sogar kontraproduktiv sind. Herkömmliche Kontroll-, Koordinations-, Bewertungs- und Entlohnungsmechanismen stoßen angesichts dynamischer Arbeitsinhalte und -zusammenhänge an ihre Grenzen. Zugleich ist Wissensarbeit direkter am marktlichen Geschehen orientiert. Denn erweiterte Handlungsspielräume gehen in der Regel mit dem Zwang zu einer stärkeren individuellen Orientierung an unternehmerischen Ertragszielen und daraus abgeleiteten Kennziffern einher (z. B. Heßling/Strulik 2003). Insgesamt wird unter dem Aspekt der Wissenserzeugung sichtbar, dass Wissensarbeit ein hohes Maß an Kreativität verlangt und mit Ambivalenzen konfrontiert ist, die eine Art „janusköpfiges Denken" (Weick 1985) und Handeln erfordern.

## 2.2 Die Kombination heterogenen Wissens

Für Wissensarbeit scheint weiterhin kennzeichnend zu sein, dass sie in einem Netzwerk von Wissensträgern erbracht wird. Die fortschreitende Spezialisierung der Wissensproduktion führt parallel zu einem erhöhten Koordinationsbedarf, der sich beispielsweise in den Erfordernissen einer komplementären Abstimmung von Netzwerkakteuren, Unternehmenseinheiten oder Geschäftsprozessen widerspiegelt. Wissensarbeit ist in diesem Zusammenhang als eine Form des „boundary spanning" (Adams 1980) zu verstehen. Zum kritischen Moment der Arbeitspraxis avanciert die Herstellung intra- und interorganisationaler kommunikativer Anschlüsse, über die relevante Informationen in die Organisation Eingang finden, interpretiert und produktiv verwertet werden können. Man denke etwa an die Einbeziehung von Kunden und Lieferanten in die Produktentwicklung oder das Aufspüren „regulatorischer Unsicherheiten" (Culp 1997), an denen Innovationsbemühungen anknüpfen können.

Festzuhalten ist, dass Wissensarbeit mit erweiterten Koordinationsanforderungen einhergeht. Die Erschließung innovativer Wertschöpfungspotentiale setzt immer häufiger voraus, dass unterschiedliche Organisationen, Organisationseinheiten, Abteilungen, Gruppen und Personen miteinander in Beziehung gesetzt und auf eine gemeinsame Problemstellung (Nichtwissen) ausgerichtet werden. Generell stehen Organisationen vor der Herausforderung, heterogene Wissensträger so miteinander zu „relationieren", dass sie sich trotz zum Teil konfligierender Rationalitäten wechselseitig ergänzen. Gleichzeitig sind die Personen mit besonderen Rollen- und Kompetenzerfordernissen konfrontiert. Da sie als kreative „Problemlöser" in dynamischen und fragmentierten Arbeitskontexten agieren, müssen sie Wissen als ein interaktives Gut betrachten und zu einer „sozialen" Vernetzung organisationsinterner und -externer Anforderungen beitragen. Welche konkreten Aufgaben mit Wissensarbeit einhergehen und welche Hilfestellungen Maßnahmen des Wissensmanagements geben können, soll in den folgenden Abschnitten am Beispiel der Kundenberatung von Banken exemplarisch dargestellt werden.

## 3. Kundenberatung als wissensintensive Dienstleistung

Ein instruktives Beispiel für die Anforderungen und Gestaltungsmöglichkeiten wissensintensiver Dienstleistungen liefern die jüngsten Entwicklungen im Bankgeschäft. Der globale Wettbewerb, die wachsenden Renditeansprüche der Finanzmärkte, die fortschreitende Wissensbasierung von Dienstleistungen und Produkten sowie Veränderungen aufseiten der Kunden setzen die Branche unter erheblichen Anpassungsdruck. Beobachtbare Bewältigungsstrategien gleichen zum Teil den aus dem industriellen Sektor bekannten Maßnahmen (z. B. Personalabbau, Konzentration, Outsourcing). Darüber hinaus antworten die Banken mit der Ausdifferenzierung neuer Vertriebsstrukturen. Über den Auf- und Ausbau eines Multikanalvertriebs stellen sie sich lernend auf die schwierige Aufgabe ein, sowohl die Möglichkeitsräume für eine Standardisierung (Industrialisierung) als auch Differenzierung ihrer Angebote zu erweitern. Damit verbunden sind Erwartungen hinsichtlich einer effizienteren Gestaltung von Kundenbeziehungen und Dienstleistungen.

Mit der Entstehung dieses neuen Vertriebsarrangements und der Kanalisierung von Dienstleistungen wachsen aber auch die personalen und organisationalen Anforderungen im Umgang mit Wissen. Vor allem die Kundenberatung in den Filialen ist mit weit reichenden Veränderungen konfrontiert. Da der stationäre Vertrieb den größten Kostenblock innerhalb des Multikanalvertriebs darstellt, richten sich die konzeptionellen Änderungen des Filialbetriebs vor allem auf die Ausweitung wissens- und beratungsintensiver Dienstleistungen, die hohe Deckungsbeiträge generieren. Angestrebt wird, die Geschäftsstelle zu einem Kompetenz- und Dienstleistungszentrum zu entwickeln. In dieser Hinsicht soll die sukzessive Verlagerung standardisierbarer Service- und Dienstleistungsangebote auf die Vertriebskanäle E-Commerce und Call-Center nicht nur zu einer kostengünstigeren Abwicklung einfacher Banktransaktionen führen, sondern den Kundenberatern zugleich Unterstützung vor Ort bieten, beispielsweise indem Terminabsprachen durch Call-Center-Agents übernommen werden. Daneben vollzieht sich bereits seit einiger Zeit eine Verlagerung der in Beratungsprozessen anfallenden Back-Office-Tätigkeiten auf vertriebsunterstützende Service-Bereiche. Innerhalb dieser zentralen Einheiten werden sowohl einfache, administrative Tätigkeiten ausgeübt als auch entsprechendes Know-how für spezifische Aufgaben bereitgestellt. Insgesamt bedeutet dies für die Kundenberater einerseits eine Entlastung von Standardgeschäften und Routinetätigkeiten. Andererseits sind sie mit der Aufgabe konfrontiert, sich auf wissens- und beratungsintensive Dienstleistungen zu spezialisieren.

Als Folge unterliegt die Arbeit in der Kundenberatung einem Wandel, der sowohl das Tätigkeitsspektrum als auch die Kompetenzen der dort Beschäftigten betrifft. Grundlegend werden der Umgang mit individuellen und komplexen Produkten (z. B. Altersvorsorge, Baufinanzierung, Wertpapiere), die Nutzung hoch entwickelter Beratungssysteme sowie die Kompetenz, sich in einem Netzwerk von Vertriebskanälen und Service-Bereichen zurechtzufinden und dieses aktiv für die eigene Praxis zu verwerten. Die Erschließung immer neuer fachlicher Inhalte und die zunehmende Bedeutung von Teamarbeit (z. B. Anlage- und Kreditberatung im Team) sind weitere Merkmale, die für eine Entwicklung in Richtung Wissensarbeit sprechen. Wie die Selbstbeschreibungen von Kundenberatern zeigen, scheint es immer mehr um die Erzeugung von Problemlösungen zu gehen, die auf einem schnellen und kreativen Umgang mit relevanten Wissenskomponenten beruhen. So formuliert ein im Rahmen des Projekts befragter Kundenberater:

„Die Problemstellung aufseiten des Kunden ist komplexer geworden. (...) Dieses Bankbeamtentum, ich sitze in meinem Büro und warte bis der Kunde kommt und wir dann einfach die Produktlösung haben, geht nicht mehr. (...) Wir sind mittlerweile keine Produktlöser mehr, sondern wir sind Problemlöser" (Interview B30).Die folgende Abbildung gibt einen Eindruck hinsichtlich des nunmehr wesentlich komplexeren Arbeitsfeldes.

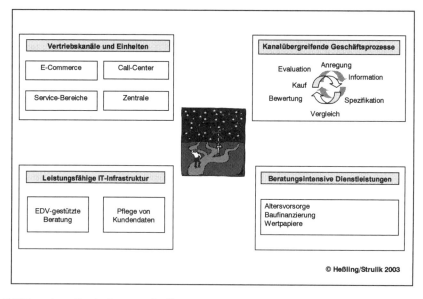

Abbildung 1: Kundenberatung im Kontext des Multikanalvertriebs

Insgesamt zeigt sich mit Blick auf die Veränderungen der Kundenberatung erstens, dass der Multikanalvertrieb eine prinzipiell intelligente Lösung für komplexe Aufgaben darstellt. Denn die bankinterne Ausdifferenzierung von Vertriebsstrukturen verspricht sowohl eine ertragsorientiertere Banksteuerung als auch eine flexiblere Berücksichtigung sich wandelnder Kundenbedürfnisse. Zweitens wird aber auch sichtbar, dass die Kundenberater ihre Arbeit nicht mehr in kleinen überschaubaren Zusammenhängen leisten, sondern nun in einem hoch dynamischen Feld mit unterschiedlichen Vertriebskanälen und Einheiten, strategischen Zielsetzungen, Dienstleistungsschwerpunkten und Kanal übergreifenden Geschäftsprozessen operieren. Für den nachhaltigen Erfolg des Multikanalvertriebs ist es daher entscheidend, dass sich das Wissen der Bank und das Wissen der Kundenberater progressiv ergänzen. Gegenwärtig zeigen sich in dieser Hinsicht allerdings noch erhebliche Schwierigkeiten. So zum Beispiel, wenn eine Kundenberaterin zwar über eine hohe Expertise verfügt, aber nicht ausreichend vom Call-Center unterstützt wird. Oder anders herum, wenn ein Service-Bereich hochwertige Qualifizierungskonzepte und Unterstützungsleistungen für spezifische Aufgaben bereitstellt, diese aber von den Kundenberatern nicht in Anspruch genommen werden. Wenngleich solche Beispiele nicht grundsätzlich neu sind, verdeutlichen sie doch die besonderen Anforderungen an das komplementäre Zusammenspiel unterschiedlicher Wissensträger.

## 4. Gestaltungsmöglichkeiten wissensintensiver Dienstleistungen

Angesichts dieser Aufgabenstellung geht es bei der Gestaltung von wissensintensiven Dienstleistungen um die Etablierung institutioneller Arrangements und Maßnahmen, die zu einer wirkungsvollen Kombination heterogener Wissensträger beitragen. Wenngleich in dieser Hinsicht noch erheblicher Klärungsbedarf besteht, so lassen sich doch bereits heute zahlreiche Konzepte und Instrumente ausmachen, die entsprechenden Anforderungen Rechnung tragen. Unter konzeptionellen Gesichtspunkten ist hier vorrangig das von Ikujiro Nonaka und Hirotaka Takeuchi (1995) entwickelte Modell einer „Wissensspirale" zu nennen. Die voraussetzungsvollen Übergänge zwischen implizitem und explizitem sowie personalem und organisationalem Wissen fokussierend, beschreibt es einen sich selbst verstärkenden dynamischen Prozess der Generierung von Wissen. Daneben steht für die konkrete Interventionsgestaltung mittlerweile eine breite Palette an Instrumenten bereit. Unter dem Aspekt der Relationierung heterogenen Wissens und einer besonderen Gewichtung der sozialen Dimensionen bieten sich insbesondere arbeits-, problemlösungs- und kommunikationsbezogene Instrumente an (Roehl 2000). Lernlaboratorien, Action Trainings, Rollenspiele oder Dialoge stehen exemplarisch für praxisorientierte Settings, in denen das Aufdecken, das Infragestellen und das Erweitern von „mentalen Modellen" (Senge u. a. 1996) erleichtert wird. Damit werden zugleich wichtige Bedingungen für eine Kombination von Wissen geschaffen.

Hinsichtlich des Auf- und Ausbaus des Multikanalvertriebs eignen sich etwa Maßnahmen des Wissensmanagements, die zu einer Vermittlung zwischen den relevanten Unternehmenseinheiten und deren Akteuren beitragen. Die folgende Abbildung zeigt ein Workshop-Konzept, das zu einem verbesserten Zusammenspiel von Filialen und Call-Centern beitragen soll.

| Problemstellung: | Die Kanalisierung von Dienstleistungen erlaubt zwar eine parallele und vernetzte Leistungserbringung, zugleich steigt jedoch der Synchronisations- und Koordinationsaufwand. So kommt es darauf an, das Zusammenspiel von Filialen und Call-Center komplementär zu gestalten. Aufseiten der Kundenberater und Call-Center Agents setzt dies ein Verständnis für die Anforderungen kanalübergreifender Geschäftsprozesse voraus. |
|---|---|
| Zielgruppe: | Kundenberater und Call-Center Agents |
| Ziel: | Am Beispiel eines vorgegebenen Geschäftsprozesses (z. B. Altersvorsorge) sollen Kundenberater und Call-Center Agents die Möglichkeit erhalten, sich im Kontext des Multikanalvertriebs zu verorten, sich am Kundenprozess zu orientieren und wechselseitige Nutzenpotentiale zu erkennen. |
| Themen: | Kundenorientierte Geschäftsprozesse<br>Einbindung von Filiale und Call-Center in einen Geschäftsprozess (z. B. Altersvorsorge)<br>Erarbeitung von Ansatzpunkten für eine verbesserte Zusammenarbeit |
| Methoden: | Input mit Diskussion, Arbeitsgruppen mit Metaplan, Ergebnispräsentation und -diskussion im Plenum |
| Veranstaltungsort: | Niederlassung (Region), Call-Center |
| Anzahl der Teilnehmer: | 8 – 10 |
| Dauer: | 1 Tag |

Abbildung 2: Workshop „Call-Center und Filiale – Wechselseitige Ignoranz oder Synergie?"

Unter Bezugnahme auf einen kundenorientierten Geschäftsprozess sowie anhand definierter Wissensarten und Teilprozesse können sowohl die Voraussetzungen für ein wirkungsvolles Ineinandergreifen der Vertriebskanäle reflektiert als auch entsprechende Anforderungen an die Arbeitspraxis formuliert werden. Über die Modellierung eines Kanal übergreifenden Kundenprozesses ist es den Beratern und Call-Center Agents möglich, ihre eigene Problemsicht zu erweitern. Indem sie sich in die Kundenperspektive versetzen und „ihre" Tätigkeiten als Teile eines umfassenderen Prozesses wahrnehmen und zugleich erkennen, dass ihre Vertriebskanäle sich wechselseitig in der Erbringung einer Dienstleistung ergänzen, wächst das Bewusstsein für die Bedeutung eines erfolgreichen Zusammenspiels der Kanäle. Dieses Workshop-Konzept lässt sich generell auf Bereiche übertragen, in denen es um die Schärfung eines Bewusstseins für die Anforderungen einer komplementären Leistungserbringung geht.

## 5. Fazit

Das Beispiel der Kundenberatung von Banken zeigt, dass mit dem Vordringen wissensintensiver Dienstleistungen auch die Anforderungen an die Arbeitspraxis zunehmen. Entsprechende Maßnahmen des Wissensmanagements sollten dabei erstens auf eine stärkere Förderung der Kompetenzen und Kreativitätspotentiale der Mitarbeiter zielen. Insofern auf personaler Ebene neue Handlungsspielräume entstehen, die kreativ erschlossen werden müssen, sind Hilfestellungen erforderlich, die Anregungen zu einer „intelligenten" Gestaltung der sich permanent wandelnden Arbeitspraxis geben. Dabei ist nicht zuletzt zu berücksichtigen, dass Wissensarbeit durch konfligierende Zielsetzungen geprägt ist. So stehen die Kundenberater beispielsweise vor dem Dilemma, sowohl ihre Beratungsqualität zu erhöhen, um Kunden dauerhaft zu binden, als auch ihre Praxis stärker an kurzfristigen Ertragsgesichtspunkten auszurichten. Wichtig ist es demnach, personale Kompetenzen zu unterstützen, die den Umgang mit konfligierenden Anforderungen erleichtern. Zweitens gilt es, dem Verhältnis zwischen der Organisation und ihren Wissensarbeitern eine größere Beachtung zu schenken. Es reicht weder aus, dass Organisationen innovative Strukturen, Geschäftsprozesse und IuK-Technologien herausbilden bzw. nutzen, noch dass die Mitarbeiter im Rahmen von Personalentwicklungsmaßnahmen immer neue Qualifikationen erwerben. Vielmehr müssen Instrumente gefunden und weiterentwickelt werden, die unterschiedliche Wissensträger dauerhaft und lernorientiert miteinander in Beziehung setzen.

**Literatur**

Adams, J. S. (1980): Interorganizational processes and organization boundary activities. In: Staw, B. M./Cummings, L. L. (eds.): Research in Organizational Behavior, Greenwich, CN, Vol. 2, S. 248 - 269

Culp, C. L. (1997): Functional and institutional interaction, regulatory uncertainty, and the economics of derivatives regulation. In: Schwartz, R. J./Smith, C. W. jr. (eds.): Derivatives handbook. Risk management and control, New York, pp. 458 - 494

Heßling, A./Strulik, T. (2003): Systemisches Wissensmanagement im Multi-Channel-Banking. Ansätze zur Auflösung des „Produktivitätsparadoxons" im Spannungsfeld von Kapitalmarkt- und Kundenorientierung. In: Soziale Welt, Jg. 54, Heft 1, S. 31 - 48

Howaldt, J./Klatt, R./Kopp, R. (2003): Interorganisationales Wissensmanagement im Kontext wissensintensiver Dienstleistungen. In: Peter, G./Katenkamp, O.: Medienzukunft heute. Die Praxis des Wissensmanagements, Münster, S. 196 - 194

Machlup, F. (1962): The Production and Distribution of Knowledge in the United States, Princeton

Merton, R. K. (1987): Three fragments from a sociologist's notebook: Establishing the phenomenon, specified ignorance, and strategic research materials. In: Annual Review of Sociology, Vol. 13., pp. 1 - 28

Nonaka, I./Takeuchi, H. (1995): The knowledge-creating company. How Japanese companies create the dynamics of innovation, New York/Oxford

Oberbeck, H. (2001): Zum Verhältnis von Dienstleistungsqualität und Dienstleistungsbeschäftigung. In: Baetghe, M./Wilkens, I. (Hg.): Die große Hoffnung für das 21. Jahrhundert? Perspektiven und Strategien für die Entwicklung der Dienstleistungsbeschäftigung, Opladen, S. 71 - 84

OECD (1996): The Knowledge-Based Economy, Paris

Roehl, H. (2000): Instrumente der Wissensorganisation. Perspektiven für eine differenzierte Interventionspraxis, Wiesbaden

Senge, P. M./Kleiner, A./Smith, B./Roberts, C./Ross, R. (1996): Das Fieldbook zur Fünften Disziplin, Stuttgart

Strulik, T. (2004): Nichtwissen und Vertrauen in der Wissensökonomie, Frankfurt/New York

Weick, K. E. (1985): Der Prozess des Organisierens, Frankfurt a. M.

Weingart, P. (2001): Die Stunde der Wahrheit? Zum Verhältnis der Wissenschaft zu Politik, Wirtschaft und Medien in der Wissensgesellschaft, Weilerswist

Willke, H. (2001): Systemisches Wissensmanagement. 2., neu bearbeitete Auflage, Stuttgart

Rüdiger Klatt

# Die schwierige Kommunikation zwischen Wissenschaft und Praxis
## Das Beispiel wissensintensiver Netzwerke kleiner Unternehmen

1. Einleitung .................................................................................... 192

2. Wissenstransfer zwischen Universitäten und Unternehmen
   Erfahrungen aus der Medien/IT-Branche ................................... 193

3. Theoretische Erklärungsmuster ................................................ 196

4. Schlussfolgerungen für die universitäre Forschung ................ 200

Literatur ............................................................................................ 202

# 1. Einleitung

Auf einer allgemeinen Ebene kann der Transfer von Wissen entlang der Wertschöpfungskette von der Generierung wissenschaftlichen Wissens zur innovativen Verwertung in den Unternehmen als eines der zentralen Ziele der Netzwerkbildung zwischen Hochschulen und Unternehmen, vor allem in wissensintensiven Branchen wie Medien/IT und Beratung, herausgearbeitet werden. Hochschulen gelten dabei als eine Art lokaler und regionaler Innovations-, Gründungs- und Wachstumsmotor (Paque 1995).

Hinter dieser Vorstellung steht das Ideal einer forschenden und lehrenden, von wirtschaftlichen Zwängen entlasteten Hochschule, die ihren Wissensvorsprung zum Zwecke der gebrauchs-, kunden- und gewinnorientierten Verwertung an die Unternehmen weitergibt. Personaltransfer, die Entsendung von Mitarbeitern, Praktikanten und Diplomanden in die Unternehmen, die Weitergabe von Patenten, gemeinsame FuE-Projekte sowie die hochschulnahe Unternehmensgründung, die die Ressourcen der Universität weiter nutzt, werden als geeignete Mittel betrachtet, diesen Wissenstransfer adäquat zu organisieren. Trotz einiger durchaus positiver Beispiele für einen gelingenden regionalen Wirtschafts- und Technologietransfer zwischen Hochschule und Unternehmen (vgl. den Beitrag von Kuszpa in diesem Band) lässt sich festhalten: Die empirischen Ergebnisse zur Wissensnutzung im Projekt crosscomp sowie eigene langjährige Erfahrungen an der Schnittstelle zwischen Wissenschaft und unternehmerischer Praxis insbesondere in kleinen und mittelständischen Unternehmen stellen dieses lineare, kausale Modell des Wissenstransfers in Frage. Andere Zeithorizonte, unterschiedliche Arbeitsprogramme und gegensätzliche Mentalitäten führen häufig zu einer stabilen Kultur missverständlicher Kommunikation und Sprachlosigkeit. Erst eine dauerhafte personelle und projektförmige Verzahnung von Lehrstühlen und klein- und mittelbetrieblichen Unternehmen, in der wechselseitige Lernprozesse und dialogisches Handeln im Vordergrund stehen, kann – neben unabdingbaren Reformen in den überregulierten Handlungsstrukturen der Universitäten – den Wissensaustausch erfolgreich befördern. Dabei geht es nicht nur darum, innovatives Wissens von Hochschulen an die Unternehmen weiter zu geben, sondern auch darum, durch den Austausch impliziten Wissens mit Praktikern zu lernen, welche

Probleme konkret die Nutzung universitärer Wissensressourcen begünstigen oder beeinträchtigen.

Die Rolle von KMU und Gründern muss dabei neu bewertet werden. Als wichtigen Trägern des Transfers entlang der Wissenswertschöpfungskette zwischen Universitäten und Wirtschaft muss deren Rolle als Wissensproduzenten auf „Augenhöhe" mit Forschung und Lehre stärkere Berücksichtigung finden. Diese bleibt bislang zu häufig an Theorie orientiert. Der Dialog zwischen Universitäten und KMU, der auf den an Personen orientierten Austausch impliziten Wissens abzielt, muss deshalb noch wesentlich stärker als bisher als Dialog zwischen unterschiedlichen, gleichermaßen berechtigten Wissenstypen – wissenschaftliches bzw. Theoriewissen hier, Praxis- und Alltagswissen dort – geführt werden. Die Kompetenzen (vor allem das Umsetzungswissen) und die Eigenlogiken von KMU als Trägern des Wissensverwertungsprozesses sollten vor diesem Hintergrund unmittelbar Eingang in den Forschungs- und Lehrprozess finden, wenn nicht sprachliche, kulturelle und alltagspraktische Barrieren den Wissensaustausch dauerhaft beeinträchtigen sollen.

## 2. Wissenstransfer zwischen Universitäten und Unternehmen – Erfahrungen aus der Medien/ IT-Branche

Im Rahmen der best-practice-Fallstudien, die wir in Netzwerken der Medien/IT-Branche durchgeführt haben, konnten wir den hohen Stellenwert der universitären Wissensproduktion als erstem Glied in der Wertschöpfungskette des Wissens in best-practice-Fallbeispielen aufzeigen. Diese Fälle zeigen, dass die Einbindung wissenschaftlichen Wissens zu einem Erfolgsfaktor wissensintensiver Netze werden kann. Die erfolgreiche Integration wissenschaftlichen Wissens ist aber insbesondere für mittelständische Unternehmen immer noch ein Problem, weil zahlreiche institutionelle und sozial-kulturelle Unterschiede den reibungslosen Austausch behindern. Im Folgenden beleuchten wir zunächst die best-practice-Fallstudien, die wir im Rahmen von crosscomp durchgeführt haben. Danach gehen wir auf die möglichen Fallstricke und Barrieren eines erfolgreichen Wissenstransfers zwischen Universitäten und Praxis jenseits solcher noch nicht verallgemeinerbarer Einzelfälle ein.

Bezogen auf die Marktanforderungen werden Kooperationen in der Medien/IT-Wirtschaft in der Regel entlang der Wertschöpfungskette und/oder im Rahmen komplementärer Kompetenzen eingegangen, um eigene Wissens- und Kompetenzlücken zu schließen. Netzwerke auf derselben Wertschöpfungsstufe sind selten und kamen in unserem Sample nicht vor. Das spricht dafür, dass die Netzwerke in erster Linie nicht den Aufbau einer gemeinsamen Wissensbasis anstreben, sondern die Verknüpfung unterschiedlicher, komplementärer Wissensbestände anstreben, um damit ihren Marktauftritt in einen größeren Zusammenhang zu stellen.

Viele der Start-Ups im Medien/IT-Bereich nehmen in der einen oder anderen Form noch an der universitären Wissensproduktion teil (siehe dazu den Beitrag von Kuszpa in diesem Band). Gerade im IT-Bereich ist der Kontakt zur Forschung als erstem Glied in der Wertschöpfungskette des Wissens von besonderer Bedeutung für die Unternehmen. Zum einen erfolgte die Unternehmensgründung in einigen Fällen auf Initiative einzelner Lehrstühle. Zweitens sind einzelne Mitarbeiter oder Freelancer noch eingeschrieben und studieren aktiv. Drittens gibt es in Aufsichtsräten und Geschäftsführungen noch persönliche Verbindungen zu den Lehrstühlen und – etwa über einen Lehrauftrag – zur Lehre. Viertens erfolgt auch die Rekrutierung neuer Mitarbeiter noch über die Kommunikationskanäle zur Universität, so dass man insgesamt sagen kann, dass die Bedeutung der Wissensproduktion an den Universitäten für die Gründung und für die laufende Geschäftsentwicklung im IT-Bereich sehr hoch ist.

Ein Ergebnis unserer Fallstudien im Medien/IT-Bereich war, dass bei der Netzwerkbildung im Medien/IT-Bereich die Wertschöpfungskettenorientierung, d. h. die Tendenz zur Kopplung von Unternehmen mit komplementären Kompetenzen entlang der Wertschöpfungskette, hoch ist.

In einem besonders prägnanten Fall führte dies zur Bildung eines strategischen Wertschöpfungsnetzwerks rund um das Softwareprodukt des fokalen Unternehmens. Das strategische Netzwerk von „Partnern" wurde von diesem

Unternehmen aufgebaut, um zu einer besseren Qualität und Marktdurchdringung des eigenen Produktes beizutragen. Das Netzwerk ist relativ lose gekoppelt, basiert auf Freiwilligkeit und dient der weiteren Verbreitung ganzheitlichen Wissensmanagements. Es umfasst wissenschaftliche Einrichtungen, die sich mit dem Thema forschend beschäftigen und die für eine Evaluation und Weiterentwicklung der Konzeption und eine Vermarktungsstrategie für das System mit der Einspeisung von Forschungsergebnissen sorgen sollen.

Das Netzwerk besteht darüber hinaus aus Solution Partnern, die Service-Dienstleistungen für die Implementierung und Wartung des Systems vor Ort erbringen und die zudem die regionale Vermarktung unterstützen. Das fokale Unternehmen kooperiert auf der Entwicklungsebene auch mit so genannten Technology Partnern, um beispielsweise innovative, neu entwickelte Tools im Bereich Wissensmanagement einbinden zu können, aber auch um Inkompatibilitätsprobleme der Software mit Standardbetriebssystemen im Vorfeld zu unterbinden und die eigene Software technisch (bezogen auf Schnittstellen- und Systemprobleme) immer auf dem aktuellen Stand zu halten. Der Aufbau des Netzwerkes orientiert sich also an der Evaluation, (Weiter-)Entwicklung, Vermarktung und Unterstützung der Software. Über die Partner werden Kundengewinnung und Vertrieb, Softwareentwicklung und Innovation, individuelle technische und organisatorische Beratung der Kunden, Unterstützung bei Implementierung, Wartung und Organisationsentwicklung, Rückkopplung von Kundenwünschen, Marktöffnung und zuletzt die wissenschaftliche Evaluation und Wissensaustausch mit der scientific community ermöglicht.

Das Beispiel zeigt, dass innovative Netzwerke wie auch Einzelunternehmen ein erhebliches Interesse an der Einbindung wissenschaftlichen Wissens haben, weil dies aufgrund des Innovationsgehaltes bei geringen Kosten ein effektiver Motor zur eigenen Unternehmens- oder Netzwerkentwicklung sein kann. Wissenschaftliches Wissen unterstützt die Innovationsfähigkeit und die Produktevaluation.

Solche best-practice-Fälle, wie die von uns untersuchten Netzwerke und Unternehmen, sind vermutlich nur begrenzt verallgemeinerbar. Blume und Fromm haben beispielsweise ermittelt, dass 67,1 % der Unternehmen sich über den Mangel an Information über das Leistungsangebot der Hochschule beklagen (vgl. Blume/Fromm 2000, S. 118; ISI u. a. 2000). Grund für die insgesamt doch recht schwierige Kommunikation zwischen Wissenschaft und Praxis dürften die unterschiedlichen Eigenlogiken und systemischen Besonderheiten der jeweiligen Handlungsfelder sein. Blume und Fromm bringen diese so auf den Punkt:

> „In Hochschulen resultieren die Forschungsanreize aus einem wissenschaftlichen Erkenntnisinteresse und nicht, wie in Unternehmen, aus einer Gewinnerzielungsabsicht. Planungshorizonte sind eher unscharf festgelegt, da sich der Abschluss von Forschungsarbeiten nicht exakt planen lässt. Unternehmen arbeiten dagegen in einem engeren Zeitkorsett und sind auf bestimmte, marktlich verwertbare Forschungsergebnisse ausgerichtet. Unternehmen bemängeln in diesem Zusammenhang oft die unzureichende Praxisnähe von Wissenschaftlern. Im Kern lassen sich diese Risiken auf unterschiedliche Organisationskulturen in Universitäten und Unternehmen zurückführen" (Blume/Fromm 2000, S. 117 - 118).

Obwohl mittlerweile auf ein breites institutionelles Fundament des Wissenstransfers zwischen Hochschulen und der unternehmerischen Praxis zurückgegriffen werden kann, ist ein eigentümliches Spannungsverhältnis zwischen vielen Wissenschaftlern und Praktikern zu vermerken. Gerade die Ebene persönlichen Erfahrungsaustausches ist, wenn sie überhaupt in nennenswertem Umfang zur eingelebten Praxis des Wissenstransfers gehört, noch dominiert von der Vorstellung, es gebe ein Kontinuum des Wissens und die Universitäten verfügten über einen Wissensvorsprung. Der Wissenstransfer hat dieser Vorstellung zufolge häufig eine Richtung: Der Praxis soll das komplexere, „bessere" Wissen der Wissenschaft vermittelt werden. Unabhängig davon unterstützen unterschiedliche Rahmenbedingungen – öffentlicher Auftrag und Wahrheitsorientierung hier, Wettbewerb und Gewinnorientierung dort –, die bis in die Verästelungen persönlicher Selbstwahrnehmung reichen, dieses Paradigma.

## 3. Theoretische Erklärungsmuster

Willke hat bereits 1998 herausgearbeitet, dass sich die Wissensgesellschaft nicht mehr darüber organisiert, dass Wissensproduktion und Wissensverwendung in unterschiedlichen gesellschaftlichen Teilsystemen – also etwa in Wissenschaft und Wirtschaft – stattfindet und es klare, gewissermaßen hierarchische Austauschbeziehungen gibt.

"Bislang war es geradezu ein Merkmal der Moderne, dass das Wissenschaftssystem für die Erzeugung, Beurteilung, Kanonisierung und Revision des erzeugten Wissens ausschließlich zuständig war (Stichweh 1987; Luhmann 1990). Andere Funktionssysteme wie Politik, Recht, Erziehung, Gesundheit etc. inkorporierten in intermediarisierenden Prozessen der Politikberatung, der Expertenanhörung, der Pädagogisierung, der Verknüpfung von medizinischer Forschung und Praxis in Universitätskliniken etc. das neue Wissen und formulierten Anforderungen an die Wissenschaft. Heute dagegen lässt sich eine Aufweichung dieser klaren Arbeitsteilung infolge einer Proliferation multipler ‚centers of expertise' (Jasanoff 1990) beobachten. (...) Wissen ist nur eine Form organisierter Information unter anderen. Daneben stehen funktionierende Technologien, Expertise, Intelligenz, implizites Wissen, organisierte Symbolsysteme, organisationales Wissen, wissensbasierte Operationsformen, professionelles Steuerungswissen und vieles andere" (Willke 1998, S. 4).

Nimmt man diese Überlegungen ernst, dann muss dringend über die operative Neugestaltung der Austauschbeziehungen zwischen Universitäten und Unternehmen nachgedacht werden. Die Universitäten produzieren eine spezifische Form von Wissen, neben der andere Formen der Wissensproduktion mit denselben Ansprüchen auf Realitätsadäquanz auftreten. Sichtbares Zeichen dieser Ansprüche etwa der Unternehmen ist das häufige (Vor-)Urteil vieler Praktiker in den Unternehmen, die Universitätsabsolventen seien für die unternehmerische Praxis nur beschränkt verwendungsfähig oder sogar ungeeignet. Denn in Forschung und Studium ist der wissenschaftliche Blick methodisch kontrolliert und unabhängig von Zeitdruck und Kontexten eher auf ein begrenztes Problem gerichtet. Störende Alltagsphänomene werden ausgegrenzt. Handeln wird modellhaft simuliert. In der Praxis dagegen sind nicht theoretische Fragestellungen, sondern die Komplexität verschiedener Interessen, das implizite individuelle wie kollektive Wissen und die praktischen Rahmenbedingungen von entscheidender Bedeutung für die Problembewältigung. Und während an der Hochschule das individuelle Leistungsvermögen eine zentrale Erfolgsbedingung ist, bewegt sich der Berufseinsteiger in einem komplexen Kommunikationsnetzwerk, in dem neben fachlichen auch soziale und emotionale Dimensionen eine erhebliche Rolle spielen. In der praktischen Berufsausübung zählt daher die Kommunikationsstärke, soziale Kompetenz und emotionale Intelligenz mindestens genauso wie fachliche Qualitäten. Berufliche Praxis, so Heidenreich (1999) reduziere sich nicht auf die bloße Anwendung technisch-naturwissenschaftlicher Kompetenzen. Der Praxisschock stelle daher die Brauchbarkeit vorher erlernter, rituell überhöhter Wissensbestände radikal in Frage.

Wissen muss sowohl auf Seiten der Wissenschaft als auch auf Seiten der wirtschaftlichen Organisationen in seinem Eigenrecht betrachtet werden als jeweils komplexe Struktur aus impliziten und expliziten Wissensbestandteilen[1], die nur begrenzte Schnittstellen haben und nur wenige Übergänge erlauben. Wie wir im Rahmen von crosscomp (vgl. Howaldt/Klatt/Kopp 2004) erarbeitet haben, erlauben insbesondere personale Netzwerke den Wissensaustausch in der notwendigen Komplexität. Denn nur der persönliche Kontakt ermöglicht eine komplexe Kommunikationsstruktur zwischen Wissenschaft und Praxis auf Augenhöhe, die neben dem expliziten, fachlichen Austausch auch die implizite Dimension des Wissens berücksichtigen kann. Gerade die Austauschbeziehungen zwischen Wissenschaft und Praxis auf der direkten, persönlichen Ebene unmittelbarer Kommunikation sind am geringsten entwickelt. Blume und Fromm kommen beispielsweise zu dem Ergebnis, dass der „direkte persönliche Kontakt (zwischen Universitäten und Unternehmen; R. K.) stärker vermisst (wird) als die zentrale Vermittlung" (Blume/Fromm 2000, S. 119).

Die zu fordernde personelle Durchdringung von Unternehmen und universitären Strukturen ist in Ansätzen gegeben. Sie funktioniert vor allem in Großbetrieben und sie funktioniert vor allem in Richtung Praxis. Den Universitäten gelingt es zunehmend, schon während des Studiums eine Einbettung der Studierenden durch Praktika und durch Diplomarbeiten zu erreichen. Nimmt man ernst, dass auch die Unternehmen eine eigenständige Wissensbasis haben, die unabhängig von der Erzeugung und Verwertung wissenschaftlichen Wissens ist, dann bedürfte es nicht nur einer temporären Einbettung der Studierenden, sondern in gleichem Maße auch der zeitweiligen Einbindung von Lehrkräften in Unternehmenskontexte. Dafür fehlen bislang weit gehend Erfah-

---

[1] Zur Bedeutung von implizitem Wissen im Kontext des Wissensmanagements vgl. Howaldt u. a. 2004.

rungen, Regulative und Rahmenbedingungen. Für Lehrstühle besteht häufig nicht die Notwendigkeit – oder sie wird zumindest nicht gesehen –, die Grenzen zwischen Universitäten und Unternehmen durchlässiger und transparenter zu gestalten. Das Fehlen einer hinreichenden strukturellen und persönlichen Motivation verhindert, dass ein Lehrstuhlmitarbeiter die vergleichsweise beschauliche Atmosphäre handlungsentlasteter Wissensproduktion verlässt, um in die Eigenlogiken und komplexen Wissensordnungen von Unternehmen wirklich ernsthaft und ohne wissenschaftlichen Blick einzutauchen.

Besonders prekär ist das Verhältnis der Universitäten zu jungen, kleinen Unternehmen. Sie werden in der Regel allenfalls als Wissenstransferempfänger betrachtet, und auch in dieser Hinsicht bestehen erhebliche Defizite.

> „Die größten Defizite (bei den gründungsbezogenen Rahmenbedingungen; R. K) bestehen bei der Vermittlung gründungsbezogener Kenntnisse durch Schulen und Hochschulen (...)" (Sternberg/Bergmann 2002, S. 7).

Als Realisierungsmedium für innovative Ideen werden sie noch selten ernst genommen, weil sie oft nicht die Sicherheit und Stabilität großbetrieblicher Strukturen gewährleisten können. Darüber hinaus gelten sie nicht als Träger eines eigenständigen Wissens, über das der universitäre Betrieb nicht verfügt. Ihre komplexen Erfahrungen zum Gründungsgeschehen, dessen Chancen und Risiken, den Barrieren im Umgang mit Behörden und Geldgebern, den Schwierigkeiten der Realisierung von Produktinnovation in einem riskanten Marktgeschehen usw. werden weder als Wissensinhalt wirklich ernst genommen noch durch personale Verzahnung in Forschung und Lehre eingebunden. Sieht man einmal von den oben diskutierten best-practice-Fällen ab, so sind die Lehrstühle offenbar häufig zu weit weg von der Gründungspraxis und zu sehr orientiert an der kanonisierten Form der Ermittlung und Weitergabe von Wissen im Rahmen von Forschung und Lehre. Dabei brächte die Verzahnung, die natürlich auch einige formale und methodische Probleme in sich birgt, auch erhebliche Geschwindigkeitsvorteile mit sich. Denn Forschung braucht Zeit und orientiert sich an Traditionen und Forschungsprogrammen. Deshalb können Forschung und Lehre aus methodischen Gründen bislang immer erst mit einer Verzögerung von einigen Jahren über eine vergangene ‚Realität' Auskunft geben. Eine enge Verzahnung mit der Praxis synchronisiert die Forschungspraxis und den Lehrbetrieb mit aktuell ablaufenden Entwicklungen und

Problemen der Unternehmen. Insofern kann diese Verzahnung auch ein wichtiger Motor für ein Fokussierung der Forschung auf die je aktuellen Forschungsbedarfe der Praxis sein.

## 4. Schlussfolgerungen für die universitäre Forschung

Entscheidend bei der Entwicklung von Perspektiven zur Verbesserung der Kommunikation und des Wissensaustauschs ist aus unserer Sicht, dass die jeweiligen Strukturen des impliziten Wissens von Unternehmen einerseits und Universitäten andererseits, die mehr sind als Prozess- und Produktwissen hier und die mehr sind als Forschungsergebnisse und fachliche Inhalte dort, in den Mittelpunkt des Wissensaustausches gestellt werden. Solche komplexen Formen des Wissens lassen sich am ehesten über dialogisch orientierte Instrumente vermitteln, die den Erfahrungsaustausch und den Aufbau von vertraulichen Strukturen fördern. Dabei ist zu betonen, dass es nicht um unilineare Lehr-Lernprozesse in eine Richtung geht, sondern um die Anregung wechselseitiger Lernprozesse im schwierigen Umfeld des impliziten Wissens des jeweils anderen Systems.

Zu diesen „impliziten" Inhalten gehören beispielsweise Wissen über die unterschiedlichen Zeithorizonte, gegensätzliche Arbeitsprogramme und informelle Kommunikationsströme bei der Durchführung von Projekten und unterschiedliche Mentalitäten, die in einer je spezifischen Alltagspraxis ihren Ausdruck finden. Wissenschaft etwa arbeitet nicht nur marktfern, sie arbeitet auch in enger Kopplung mit einem System öffentlicher Verwaltung von Haushalten und Drittmitteln. Sie untersteht dem öffentlichen Dienstrecht mit allen vielfältigen personal- und organisationspolitischen Auswirkungen. Praktiker hingegen stören sich an Langsamkeit und Bürokratie. Sie sind aber andererseits selten in der Lage, kurzfristige Orientierungen durch mittel- und langfristige Perspektiven zu ergänzen. Sie beklagen die Überregulierung bei der Netzwerkbildung und in der Drittmittelforschung, etwa bei Verbundprojekten.

Es empfiehlt sich vor diesem Hintergrund, über verschiedene Formen des Networkings an der Schnittstelle zwischen Forschung, Lehre und unternehmerischer Praxis nachzudenken als einer Möglichkeit, die Kommunikationsbarrieren und Wissensdefizite durch personalisierte Formen des Wissensaustausches zu bearbeiten (vgl. dazu umfassend Howaldt u. a. 2004).

Eine Beispiel für ein Instrument des Networkings ist das Lernlaboratorium. Es dient der Überwindung von institutionellen Begrenzungen und ermöglicht einen temporären Rückbau der Arbeitsteilung zwischen Wissenschaft (Wissensgenerierung) und unternehmerischer Praxis (Wissensanwendung). Im crosscomp-Projekt wurde mit dem Instrument des „Lernlaboratoriums" Wissensintegration und -entwicklung gemeinsam mit Wissenschaftlern, Praktikern und Beratern betrieben. Mit diesem Instrument kann eine prozessuale Form des Austausches impliziten Wissens zwischen gesellschaftlichen Teilsystemen erreicht werden, welche die Merkmale Interdisziplinarität, Interorganisationalität, Interinstitutionalität aufweist und die auf die Verzahnung der Expertise aus den genannten Teilbereichen zu einem bestimmten Leitthema zielt, ohne dass die Eigenlogik des jeweiligen Systems in Frage gestellt wird. Es geht um eine wechselseitige Verständigungsübung zur Erhöhung gemeinsamer Lernchancen.

Lernlaboratorien sind Experimentierorte und Erfahrungsdrehscheiben, an denen sich ein fester Kreis unterschiedlicher Experten in einem definierten Zeitraum mehrere Male trifft und in der Bearbeitung verschiedener Aspekte des Leitthemas einen koevolutionären Lernprozess durchläuft, welcher folgende grundlegenden Kennzeichen trägt:

- Entwicklung von Vertrauen und Offenheit.

- Aufbau wechselseitiger Kommunikationsfähigkeit (Verstehen; anschlussfähige Artikulation) die auch auf die Herausbildung einer gemeinsamen Sprache gründet (Wissen was jeweils gemeint ist).

- Wachsende Sensibilität für das, was andere aus den eigenen Wissensdomänen überhaupt interessiert.

- Impulsvermittlung für die eigene Wissensdomäne.

- Kristallisierung eines gemeinsamen Erfahrungsschatzes (Konsens-, Dissenzlinien).

Mit Instrumenten, die die kommunikative und soziale Vernetzung von Wissenschaft und Unternehmenspraxis unterstützen, ließen sich die positiven Ansätze, die wir im Rahmen unserer best-practice-Fallstudien im Bereich Beratung und Medien/IT feststellen konnten, in die Breite insbesondere mittelständischer Unternehmen tragen.

## Literatur

Blume, L./Fromm, O. (2000): Wissenstransfer zwischen Universitäten und regionaler Wirtschaft: Eine empirische Untersuchung am Beispiel der Universität Gesamthochschule Kassel. In: Vierteljahreshefte zur Wirtschaftsforschung, Heft 1, S. 109 - 123

Deutscher Industrie- und Handelskammertag (DIHK) (2003): Stellungnahme des Deutschen Industrie- und Handelskammertages (DIHK) zur Mitteilung der Kommission „Die Rolle der Universitäten im Europa des Wissens" (KOM(2003) 58 endg.), Brüssel/Berlin

Fraunhofer-Institut für Systemtechnik und Innovationsforschung (ISI), Karlsruhe/Zentrum für Europäische Wirtschaftsforschung (ZEW), Mannheim/ifo Institut für Wirtschaftsforschung, München (2000): Wissens- und Technologietransfer in Deutschland, Karlsruhe, Mannheim, München

Heidenreich, M. (1999): Berufskonstruktion und Professionalisierung. Erträge der soziologischen Forschung. In: Apel, H.-J./Horn, K.-P./Lundgreen, P. (Hg.): Professionalisierung pädagogischer Berufe im historischen Prozeß. Bad Heilbrunn/Obb. S. 35 - 58

Howaldt, J./Klatt, R./Kopp, R. (2004): Paradoxien und Dysfunktionalitäten im Umgang mit der Ressource Wissen – Vom Ende einer Managementmode? Wiesbaden

Paque, K.-H. (1995): Technologie, Wissen und Wirtschaftspolitik – Zur Rolle des Staates in Theorien endogenen Wachstums. In: Die Weltwirtschaft, Heft 3, S. 237 - 253

Sternberg, R./Bergmann, H. (2002): Global Entrepreneurship Monitor. Unternehmensgründungen im weltweiten Vergleich. Länderbericht Deutschland 2002, Köln

Willke, H. (1998): Organisierte Wissensarbeit, http://www.uni-bielefeld.de/pet/zfs.html; erschienen in der Zeitschrift für Soziologie 1998, Heft 3, S. 161 - 177

Maciej Kuszpa

# Schnittstellen zwischen Wissenschaft und Wirtschaft am Beispiel einer Unternehmensgründung an der Hochschule

1. Einleitung ................................................................................................ 206

2. Gründerspezifische Rahmenbedingungen ........................................... 206

3. Unterstützende Angebote der Hochschule ........................................... 210

4. Bewertung der Schnittstellen zwischen (Fern-)Universität
und (Gründer-)Praxis .............................................................................. 212

5. Fazit ......................................................................................................... 216

Literatur ........................................................................................................ 218

## 1. Einleitung

Der Entschluss zur Unternehmensgründung ist mit vielen offenen Fragen und Unsicherheiten für die Betroffenen verbunden. Die Gründer sind dabei zwar in der Lage, selbstständig viele Hürden zu meistern, eine kompetente Unterstützung bleibt jedoch unabdingbar. Die Hilfe seitens Dritter kann dazu beitragen, dass der Gründungsprozess nicht nur beschleunigt, sondern vor allem dass mögliche Probleme frühzeitig erkannt und entsprechende Maßnahmen eingeleitet werden. Die Hochschule könnte in diesem Kontext eine unterstützende Funktion übernehmen und die Gründer vor, während und nach der Unternehmensgründung in vielerlei Hinsicht begleiten.

Vor diesem Hintergrund werden im folgenden Beitrag die Schnittstellen zwischen Wissenschaft und Wirtschaft am Beispiel der Gründung der Peperoni Mobile & Internet Software GmbH an der FernUniversität in Hagen untersucht. Dazu sollen einerseits die (persönlichen) Rahmenbedingungen der Gründer vor ihrer Unternehmensgründung betrachtet werden, um ihren Unterstützungsbedarf in der Anfangsphase der Gründung auszuarbeiten. Andererseits werden die Möglichkeiten der FernUniversität, eine Unternehmensgründung zu unterstützen, dargestellt. Abschließend erfolgt ein Rückblick auf die Gründung der Firma Peperoni mit der besonderen Betrachtung der Frage, in wie weit sich der aus den Rahmenbedingungen der Gründer resultierende notwendige und gewollte Unterstützungsbedarf durch die Unterstützungsmöglichkeiten der FernUniversität gedeckt wurde.

## 2. Gründerspezifische Rahmenbedingungen

Vor einer Unternehmensgründung ist eine ausführliche Betrachtung der gegebenen Rahmenbedingungen unumgänglich, um vorweg Schwachstellen im Gründungsprozess aufzudecken und diese mit entsprechenden Maßnahmen gezielt abzusondern. So könnte fehlendes Eigenkapital mit Fremdkapital kompensiert, fehlendes Fachwissen mit einer Erweiterung des Gründerteams gedeckt oder fehlende Expertise beispielsweise in rechtlichen Fragen mit der Beauftragung eines Anwalts aufgefangen werden. Bei der Untersuchung der gegebenen Rahmenbedingungen stehen zunächst die Gründer selbst im Fokus. Dabei geht es um die Analyse des für das Gründungsvorhaben notwendigen fachlichen und unternehmerischen Wissens sowie der Praxiserfahrungen der Jungunternehmer.

In dem interdisziplinär zusammengestellten **Gründerteam** sind die Fachrichtungen Ingenieurinformatik (Elektrotechnik), Informatik (Software-Technologie) sowie Wirtschafts- und Sozialwissenschaften vertreten. Die Gründer können neben der universitären Ausbildung zudem erste Praxiserfahrungen aus mehreren Tätigkeiten in mittelständischen Unternehmen im In- und Ausland sowie bei staatlichen Institutionen vorweisen. Ihr angeeignetes Wissen und die gesammelten Erfahrungen sind neben der Stärkung des Selbstvertrauens in die eigene Arbeitskraft gleichzeitig eine wichtige Grundlage für ein Erfolg versprechendes Gründungsvorhaben. Außerdem haben erste Kontakte zu Unternehmern (auch im Bekanntenkreis) den Entschluss zur Selbstständigkeit gefestigt. Trotz dieser guten Voraussetzungen sind einige Defizite beim theoretischen Wissen, bei den praktischen Erfahrungen und beim Unternehmenskonzept festzustellen.

Das dem Gründerteam durch das Studium vermittelte **theoretische Wissen** konnte nicht alle für die Gründung erforderlichen Aspekte umfassen. Im betriebswirtschaftlichen Bereich wurden beispielsweise verschiedene Steuerarten in ihrem Ursprung und ihrer Funktion erörtert, das korrekte Ausfüllen einer Umsatzsteuervoranmeldung blieb jedoch ohne Erläuterung. Ähnliche Wissensdefizite waren auch im technischen Bereich zu verzeichnen, wo im Gründungsalltag eines Softwareunternehmens auftretende Probleme einer schnellen Lösung bedürfen. Die Anforderungen und Grundsätze von Betriebssystemen wurden beispielsweise während des Ingenieurstudiums thematisiert, die konkrete Einrichtung und Verwaltung dieser waren jedoch nicht Gegenstand der Lerninhalte. Die Vermittlung solcher Aspekte obliegt zwar nicht der universitären Ausbildung und kann aufgrund der Vielfalt an konkreten Einzelfällen in der Praxis nicht geleistet werden, dieses und vergleichbares Wissen fehlt allerdings den Studenten, die sich nach dem Studium für die Selbstständigkeit entscheiden.

Des Weiteren brachte das Team gemeinsam erste **praktische Erfahrungen** aus den Bereichen Marketing und Verkauf sowie Softwareentwicklung in die

Unternehmensgründung ein. Damit hatten sich die Gründer nützliches Handwerkszeug im Vorfeld angeeignet, um reibungslos beispielsweise Mailingaktionen planen und durchführen zu können. Die in einer jungen Phase des Unternehmens schwierige Planung und das Auftreten vieler unerwarteter Situationen im Alltagsgeschäft erfordern von den Gründern ein breites Spektrum an Erfahrungen, um entsprechend schnell reagieren zu können. Den Gründern fehlten insbesondere erste Erfahrungen hinsichtlich der Vorgehensweise bei schwacher Zahlungsmoral der Kunden oder bei wettbewerbsrechtlichen Streitigkeiten mit anderen Unternehmen. Fundierte Erfahrungen fehlten zudem beim Personalmanagement. Die Gründer hatten erste Erfahrungen mit Personalverantwortung im Rahmen von Projektleitung gesammelt, entscheidende Erfahrungen bei Personalauswahl und -führung konnten allerdings nicht vorgewiesen werden. Auch im technischen Bereich fehlte es an fundmentalen Erfahrungen beispielsweise hinsichtlich einer detaillierten und für Dritte nachvollziehbaren Dokumentation der Softwareprogrammierung oder den (vertrags-)rechtlichen Aspekten bei Softwareprojekten.

Zum Zeitpunkt der Unternehmensgründung stand für das Gründerteam eine grobe Geschäftsidee fest, ein detailliertes **Unternehmenskonzept** war aber (noch) nicht vorhanden. Dabei ging es nicht nur darum, das Konzept zu schreiben – Aufbau und Umfang einer solchen Detailausarbeitung waren zudem noch unklar. Darüber hinaus erschwerte die Vielzahl unterschiedlicher Ideen der Gründer eine Fokussierung auf einen bestimmten Geschäftsgegenstand. Als Teilaspekt des Unternehmenskonzeptes waren ferner die Fragen nach dem vorteilhaftesten Standort und der notwendigen Ausstattung für die Realisierung des Gründungsvorhabens offen. Da die von den Gründern angestrebte Unternehmenstätigkeit im Softwarebereich angesiedelt war, war für den Standort unter anderem der Zugang zu technischen Ressourcen wie Serverzentren mit leistungsstarker Internetanbindung und die Nähe zu IT-Experten entscheidet.

Zusammenfassend lässt sich für die gründerspezifischen Rahmenbedingungen ein zwar geringes persönliches, dafür ein wesentlich höheres unternehmerisches Risiko festhalten. Das geringe persönliche Risiko für die Gründer resultierte zum einen aus ihrer universitären Qualifikation und zudem im Vorhandensein einer Berufsausbildung in einem für die Praxis vergleichbar jungen

Alter. Zusammen mit ersten gesammelten Praxiserfahrungen während des Studiums boten diese Voraussetzungen (im Jahr 2000 noch sehr) gute Chancen auf dem Arbeitsmarkt. Im Falle eines Scheiterns der Unternehmensgründung wäre ein Berufseinstieg kaum anders zu sehen als direkt nach dem Studium. Das persönliche Risiko wurde zudem durch die Teamgründung gemildert, da es auf vier Schultern verteilt war. Schließlich entschärften auch der familiäre Beistand und die persönliche Unabhängigkeit (insbesondere aufgrund keiner eigenen familiären Verantwortung) das potenzielle Risiko erheblich.

Demgegenüber bestand ein hohes unternehmerisches Risiko für die Gründung, das sich in der innovativen Geschäftsidee begründete. Zum Gründungszeitpunkt im Jahr 2000 wurde auf der Computerfachmesse CeBIT das erste internetfähige Handy von Nokia vorgestellt. Das Internet auf mobilen Endgeräten wie Handy, Smartphone oder Personal Digital Assistent war jedoch mit großen technischen Herausforderungen (auch für den Endverbraucher) verbunden. Bei der Produktion von Inhalten für dieses mobile Internet waren und sind heute immer noch verschiedenste Besonderheiten zu beachten. Erst einmal müssen die Inhalte zahlreichen Geräten mit sehr verschiedenen technischen Charakteristika (z. B. Displaygröße und Speicherkapazität) genügen. Die Funktionalität dieser Inhalte hängt zudem stark von der Anpassung an verschiedene Internet-Browser auf den mobilen Endgeräten und den hierbei zugrunde liegenden Programmiersprachen (z. B. WML oder cHTML) ab. Die Geschäftsidee war mit der Vision „mobiles Internet für alle" verbunden, die mit Hilfe einer Software zu realisieren wäre. Solch eine Software sollte alle mobilen Endgeräte in ihren zahlreichen technischen Facetten untereinander und zusätzlich das Internet aus der PC-Welt vereinigen, was aber (auch heute noch) viel Entwicklungsaufwand erfordert. Das hohe Risiko für die unternehmerische Tätigkeit begründet sich damit zum einen in der erwarteten, sehr hohen Entwicklungszeit für die geplante Software sowie zum anderen in der ungewissen Marktentwicklung und insbesondere der unklaren technologischen Entwicklung im Mobilfunkbereich.

## 3. Unterstützende Angebote der Hochschule

Die Aufgabe der Hochschule ist vor allem die Wissensgenerierung in der Form, dass Bewährtes weiterentwickelt oder Neues geschaffen wird. Neben den Forschungsbestrebungen wird zudem hoch qualifiziertes Personal an den Universitäten ausgebildet und die wissenschaftliche Diskussion gefördert. Damit bietet das universitäre Umfeld – zwar nicht als primäres Ziel, jedoch als ein wertvolles Element – eine begünstigende Umgebung für Unternehmensgründungen an. Vor diesem Hintergrund ist es nicht verwunderlich, dass sich im hochschulnahen Umfeld neue Unternehmen ansiedeln und die Hochschulen zunehmend vielfältige Unterstützung für Unternehmensgründer (indirekt) offerieren (vgl. Abb. 1).

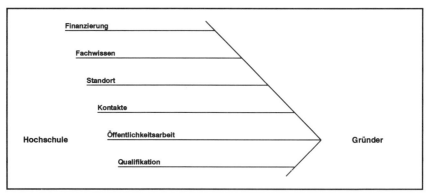

Abbildung 1: Unterstützungsmöglichkeiten der Hochschulen für Gründer

Die essenzielle Herausforderung für angehende Gründer liegt wohl in der Minimierung persönlicher finanzieller Risiken, die vielfach mit der Unternehmensgründung verbunden sind. Eine direkte **Finanzierung** von Unternehmensgründern durch die Hochschule wird zwar nicht vorgenommen, dafür leistet sie oft einen wichtigen Beitrag bei der Abwicklung von finanziellen Unterstützungen. Zunächst kann die Hochschule durch ihre Kontakte die Gründer mit Kapitalgebern zusammenführen. Auch im Rahmen der Antragsstellung bei öffentlichen Projektträgern und Förderungsstellen kann sie mit ihrem Wissen und Kontakten den Gründern zur Seite stehen. Zudem übernimmt die Hochschule gegebenenfalls die Verwaltung der Finanzmittel und die fachliche Betreuung der Gründer im Förderungszeitraum.

Gründer bringen meist ein fundiertes Wissen im Bereich der angestrebten Unternehmensgründung mit, in manchen Situationen fehlt ihnen allerdings oft ein tiefergehendes **Fachwissen** oder die Betrachtung ihres Vorhabens aus einer anderen Perspektive. Die Hochschule kann dieses Wissens- und Diskussionsdefizit mit ihren Wissenschaftlern aus unterschiedlichsten Fachbereichen leicht beheben. Der Zugang zum (interdisziplinären) fachlichen Austausch für die Gründer ist wohl die wertvollste Unterstützung verglichen mit der Öffnung ihrer Bibliotheken und Rechenzentren. Die Hochschule fungiert somit zum einen als Berater bei offenen Fragen und zum anderen als Prüfer beispielsweise bei der Begutachtung des Unternehmenskonzeptes.

In Bezug auf einen möglichen **Standort** für Unternehmensgründer bleibt festzuhalten, dass die Hochschulen über Räumlichkeiten für Büros und Veranstaltungen sowie Laboratorien oder Rechenzentren verfügen. Teilweise initiieren und betreiben sie zudem Technologie- und Gründerzentren in Zusammenarbeit mit lokalen Wirtschaftsförderungen oder anderen Partnern. In solch einem Umfeld finden die Gründer nicht nur Unterkunft, sondern auch idealen Raum zum Wachsen. Die Hochschule profitiert im Gegenzug vom Zugang zu neuen Entwicklungen und Diskussionspartnern.

Die Hochschule beschäftigt nicht nur viele Menschen und pflegt viele **Kontakte** zu anderen öffentlichen Institutionen und privatwirtschaftlichen Unternehmen, sondern ist auch ein Ort der Begegnung und der Diskussion. Dies birgt ein großes Netzwerk an Kontakten für die Gründer, die vor allem in der Anfangsphase an der Vermittlung von Kontakten zu potenziellen Kunden, Beratern und Gleichgesinnten interessiert sind.

Eine der größeren Herausforderungen für Unternehmensgründer liegt in der Steigerung der eigenen Bekanntheit und damit eng verbunden, der Gewinnung erster (Referenz-)Kunden. Hinsichtlich der **Öffentlichkeitsarbeit** bietet die Hochschule mit ihrer Presseabteilung (bei gegebenen Ressourcen) eine kompetente Beratungsstelle an. Hier könnten die Gründer professionelle Hilfe bei der anfänglichen Gestaltung eigener Pressemitteilungen und den Zugang zu Redaktionen und Journalisten erhalten. Darüber hinaus wäre denkbar, dass die Presseabteilung aktive Öffentlichkeitsarbeit für die Gründer – beispielsweise in Form der Verfassung und Verbreitung einer Pressemitteilung über das

Gründungsvorhaben – betreibt, da solche Nachrichten die Hochschule in der Öffentlichkeit positiv hervorheben.

An den Universitäten kann die für die Unternehmensgründung notwendige **Qualifikation** entweder im Rahmen einer Weiterbildung oder eines Studienschwerpunktes vermittelt werden. Dabei geht es allerdings nicht um die Unternehmensgründung als Forschungsobjekt, sondern in erster Linie um grundlegendes Handwerkzeug zur Bewältigung einer Unternehmensgründung. Die Inhalte sollten beispielsweise leicht einsetzbare Instrumente der Planung, grundlegende Führungsansätze oder Verfahren der Investitionsrechnung umfassen, aber auch Übungen hinsichtlich möglicher Verhandlungsgespräche mit Banken oder potenziellen Kunden beinhalten.

## 4. Bewertung der Schnittstellen zwischen (Fern-)Universität und (Gründer-)Praxis

Die FernUniversität in Hagen unterscheidet sich von anderen Universitäten insbesondere aufgrund ihrer Studenten, die bundesweit und im Ausland ansässig sind und von dort aus an der FernUniversität über den Postweg und mit Hilfe des Internets studieren. Damit ist die Wahrscheinlichkeit einer Unternehmensgründung am Standort Hagen aus dem Kreis der Studenten sehr gering. Nichtsdestotrotz wurde auf dem Campus das Hagener Gründer- und Technologiezentrum (TGZ) eingerichtet, in dem einige Gründungen aus dem hochschulnahen Umfeld zu verzeichnen sind.

Zum Kreis der Unternehmensgründer an der FernUniversität zählen u. a. einige Professoren mit ihren Instituten, wie beispielsweise das Institut für Wirtschaftswissenschaftliche Forschung und Weiterbildung GmbH (www.fernuni-hagen.de/IWW) oder das Institut für kooperative Systeme GmbH (www.iks-hagen.de). Zudem gründen (ehemalige) wissenschaftliche Mitarbeiter privatwirtschaftliche Unternehmen, wie die MMK MultiMedia Kommunikationssysteme GmbH (www.mmk-hagen.de) oder die ISL Internet Sicherheitslösungen GmbH (www.isl.de). Grundsätzlich steht das Hagener Gründer- und Technologiezentrum auch anderen Interessenten zur Verfügung, so dass dort auch Unternehmen von Gründern aufgebaut wurden, die nicht zu den Angehörigen der FernUniversität gehören oder gehörten. Zu nennen sind Firmen wie die ISOWARE GmbH (www.isoware.de) oder die boldt-beratung kommunikationssysteme GmbH (www.boldt-partner.de).

Vor dem Hintergrund dieser zahlreichen hochschulnahen Unternehmensgründungen und den lokalpolitischen Bestrebungen der Hagener Wirtschaftsförderung bietet die FernUniversität – genauso wie die meisten anderen (Präsenz-)Universitäten – zahlreiche Unterstützungsmöglichkeiten für Unternehmensgründer an (vgl. Abb. 2). Auch die Peperoni Mobile & Internet Software GmbH hat zum Teil auf dieses Angebot zurückgegriffen und ist dabei an verschiedensten Schnittstellen mit der FernUniversität in Berührung gekommen.

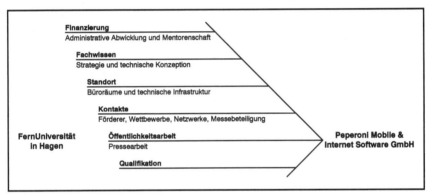

Abbildung 2: Unterstützung der FernUniversität bei der Gründung von Peperoni

Die FernUniversität bietet keine finanzielle Unterstützung für Existenzgründer an, kann jedoch (indirekt) eine **Finanzierung** begleiten oder gar erst ermöglichen. Im Falle von Peperoni trat die FernUniversität als Tutor und Abwickler im Rahmen der Förderung EXIST-SEED (www.exist.de) in Erscheinung. Dabei handelt es sich um ein Programm des Bundesministeriums für Bildung und Forschung zur Förderung von Existenzgründungen aus Hochschulen, das insbesondere zur Unterstützung der Entwicklung und Ausarbeitung einer Geschäftsidee als Vorbereitung einer Unternehmensgründung dient. Die Antragstellung wurde seitens der Gründer initiiert und die FernUniversität hat sich zur Begleitung des Antrages bereit erklärt. Im Nachhinein sind zwar einige Verzögerungen bei der Antragstellung anzumerken, die Mitarbeiter der FernUniversität waren jedoch stets bemüht, auftretende Unklarheiten schnell zu lösen.

Anzumerken bleibt allerdings, dass die Beantragung von EXIST-SEED erstmalig an der FernUniversität durchgeführt wurde, so dass die Mitarbeiter die entsprechenden Anforderungen und Vorgehensweisen neu erlernen mussten.

Umso vorbildlicher war und ist der Zugang zum **Fachwissen** anderer Lehrstühle der FernUniversität, an die sich die Gründer bei Unsicherheiten und Problemen während der Gründung von Peperoni gewandt haben. Dabei suchten sie insbesondere Rat in den Fachbereichen Wirtschaftswissenschaft sowie Elektro- und Informationstechnik. In den geführten Gesprächen mit den Lehrstuhlinhabern und wissenschaftlichen Mitarbeitern konnten über die Ausarbeitung von akuten Problemlösungen hinaus auch strategische Überlegungen beispielsweise hinsichtlich des zukünftigen Unternehmensaufbaus oder Beteiligungsoptionen erörtert werden. Der fachliche Austausch thematisierte zudem Konzepte technischer Art und schloss auch Mitarbeiter aus zentralen Einrichtungen wie Transferstelle und Universitätsrechenzentrum mit ein. Zusammenfassend konnte die FernUniversität mit ihrem interdisziplinären Fachwissen zum einen als Berater den Gründern bei offenen Fragen zur Seite stehen oder zum anderen als Prüfer der unternehmerischen Tätigkeit dienen. Insgesamt eine sehr hilfreiche Information und Beratung, gleichzeitig aber auch Überprüfung und Bestätigung des Gründervorhabens. Erstaunlicherweise wollte die FernUniversität im Gegenzug bislang nicht vom Fachwissen und den Erfahrungen der Gründer profitieren. Das Angebot der Gründer, sich als Praxisbeispiel im Rahmen des Gründerstudiums zu präsentieren oder die im Gründerstudium angebotenen Lerninhalte aus Sicht der Gründer zu hinterfragen, insbesondere dahingehend ob damit dem Gründerbedarf entsprochen wird, wurde bis heute nicht angenommen. Das Einbringen der Gründererfahrungen und -wissen wäre jedoch mit minimalem Aufwand für die FernUniversität verbunden und würde umso mehr eine praxisnahe Ausbildung betonen. Die Gründe für diesen eher einseitigen Wissensaustausch sind den Gründern nicht bekannt.

Bei der Suche nach dem vorteilhaftesten **Standort** für Peperoni gehörte das Hagener Technologie- und Gründerzentrum zu den ersten Adressen. Die FernUniversität konnte zum Zeitpunkt der Unternehmensgründung – aufgrund eigener Kapazitätsengpässe – keine Büroräume direkt zur Verfügung stellen. Es wurde jedoch gemeinsam mit der Wirtschaftsförderung und der Bergisch-

Märkischen Transfergesellschaft eine Lösung in der Form ausgearbeitet, dass die Gründer schließlich ein so genanntes Start-Up-Büro als Untermieter besetzen konnten. Bei Bedarf der Gründer ermöglichte die FernUniversität zudem die Nutzung von größeren Veranstaltungsräumen und den Zugang zur technischen Infrastruktur, die in verschiedenen Bereichen der FernUniversität untergebracht war. Dieses Angebot haben die Gründer gelegentlich genutzt, was ihnen größere Ausgaben und die Anschaffung von selten genutzter Ausstattung ersparten. Die Abstimmung an den Schnittstellen war dabei jederzeit reibungslos, da es sich hierbei wohl um kleinere und überschaubare Angelegenheiten handelte.

Einen weiteren wichtigen Baustein für eine erfolgreiche Unternehmensgründung stellen **Kontakte** dar. Für die Suche nach nützlichen Gesprächspartnern und deren Vermittlung an Peperoni war fortlaufend die Transferstelle der FernUniversität bemüht. In erster Linie gab es für die Gründer Anregungen hinsichtlich Möglichkeiten der finanziellen Förderung, daneben aber auch Hinweise auf Gründerwettbewerbe und -netzwerke. Die Mitarbeiter der Transferstellen waren zudem im Gegensatz zu anderen Schnittstellen für die Gründer stets ohne Aufforderung aktiv. Wenngleich manchmal der Eindruck entstand, dass Kontakte und Anregungen nicht direkt für das Vorhaben der Gründer zugeschnitten waren, war immer der gute Wille, eine nützliche Unterstützung leisten zu wollen, spürbar. Darüber hinaus gab der Messebeauftragte der FernUniversität einige hilfreiche Hinweise für die Gründer und vermittelte ihnen Kontakte im Kontext von Fachmessen.

Auch bei ihrer **Öffentlichkeitsarbeit** wurden die Gründer von der Pressestelle der FernUniversität nachhaltig unterstützt. Die Mitarbeiter verbreiteten die Pressemitteilungen von Peperoni, griffen diese aber auch als Grundlagen für neue Beiträge auf. So wurde zum Beispiel über die Gründer in der hochschulinternen Zeitschrift „FernUni Perspektive" berichtet (vgl. FernUniversität 2002a, S. 20) und ein Beitrag in der Fernsehsendung „FernUniversität – Wissenschaft direkt" gesendet (vgl. FernUniversität 2002b, o. S.). Zudem vermittelt die Pressestelle kontinuierlich Kontakte zu Redaktionen und Journalisten und empfiehlt die Gründer als Gesprächspartner für neue Beiträge. Von der Pressestelle der FernUniversität wurde das meiste Interesse den Gründern gewidmet. Der vielleicht entscheidende Grund für diese gemeinsame fruchtbare Zusammenarbeit verbirgt sich in der Zielhomogenität beider Partner. Die Pressestelle verfolgt für die FernUniversität ähnliche Ziele wie die Gründer für Peperoni verfolgen; die Steigerung der Bekanntheit und die Vermittlung eines positiven Images in der Öffentlichkeit.

Das Wissen über Unternehmensgründungen als **Qualifikation** wird im Rahmen eines Weiterbildungsangebots und eines grundlegendes Studienangebots an der FernUniversität vermittelt (vgl. FernUniversität 2003, o. S.). Die Weiterbildung richtet sich an drei unterschiedliche Zielgruppen. Im Rahmen eines Orientierungsstudiums können Gründungsinteressierte zunächst überprüfen, ob eine selbständige Tätigkeit für sie in Frage kommt. Das Gründerberaterstudium richtet sich dagegen an Berater, die eine wissenschaftliche und didaktische Fundierung ihrer praktischen Tätigkeit anstreben und ein Zertifikat erwerben wollen. Schließlich spricht das Studium „Start Up Management" Gründer an, die wissenschaftliche Hintergründe während der Gründungsphase benötigen. Darüber hinaus wird die Thematik „Unternehmensgründung" als Schwerpunkt eines betriebswirtschaftlichen Fernstudienangebots für Interessenten offeriert. Dieses primäre Unterstützungsangebot für Gründer wurde vom Peperoni-Team an der FernUniversität nicht wahrgenommen, da sie zum einen ihr Studium außerhalb Hagen absolvierten und somit die angebotenen Studienschwerpunkte zur Unternehmensgründung nicht belegen konnten. Zum anderen wurde das Weiterbildungsangebot – insbesondere das Orientierungsstudium – nicht wegen der Inhalte abgelehnt, sondern weil der Entschluss zur Selbstständigkeit längst getroffen war. Zudem wollten die Gründer eine mögliche Verzögerung der Unternehmensgründung vermeiden.

## 5. Fazit

Zum Schluss stellt sich die Frage, ob die vier Gründer von Peperoni zu dem damaligen Zeitpunkt den Schritt in die Selbstständigkeit auch ohne Wahrnehmung der Unterstützungsmöglichkeiten durch die FernUniversität unternommen hätten. Vor dem Hintergrund des vergleichbar geringen (persönlichen) Risikos für die Gründer und deren unaufhaltsame Motivation, etwas mit eigener Kraft aufzubauen, ist diese Frage mit einem klaren "ja" zu beantworten. Solch eine für die Gründer selbstverständliche Antwort begründet sich auch in einer gewissen Blindheit aufgrund des hohen Enthusiasmus, der durch den Reiz dieser persönlichen großen Herausforderung einer Unternehmensgründung und dem Wunsch, eigene Ideen zu verwirklichen, verursacht wurde.

Die vielseitige Unterstützung der FernUniversität hat über die Gründungsphase hinaus bis zum heutigen Tag dennoch einen wichtigen Stellenwert erlangt. Die kontinuierliche Begleitung erleichterte dabei nicht nur die Unternehmensgründung und hat das Wachstum des Unternehmens begünstigt, sondern sie hat zudem auch die persönliche Entwicklung der Gründer gefördert. Die zahlreichen (Fach-)Gespräche und Diskussionsrunden mit Professoren und Mitarbeitern der FernUniversität haben neben der Lösung von (Gründer-)Alltagsproblemen den Horizont und das Wissen der Gründer erheblich erweitert.

Eine beiderseits erfolgreiche Partnerschaft kann auf Dauer nur auf Gegenseitigkeit basieren. Die Vorteile für die Gründer sind offenbar, aber auch der Nutzen für die FernUniversität und andere Hochschulen, durch intensive Einbindung der Unternehmensgründer in der Wissenschaft, liegt auf der Hand. Denkbar wären dabei thematische Impulse aus der Praxis in Form von gemeinsamen Artikeln oder Forschungsprojekten sowie wertvolle Praxiserfahrungen, die als Praktikervorträge in die Lehre (Vorlesungen und Seminare), aber auch in die Forschung einfließen könnten. Darüber hinaus sind innovative Anregungen und Trends für das eigene (Lehr-)Vorhaben und nützliche Kontakte, die den Zugang zu Technologien oder Projektpartnern erleichtern, zu nennen. Im Falle der Zusammenarbeit zwischen der FernUniversität und Peperoni eröffnet sich beispielsweise mit „Mobile Education" (www.mobile-education.de) ein thematisch spannendes und innovatives Forschungsfeld. Hochschulnahe Unternehmensgründungen sind und bleiben (wenn gewollt) für beide Seiten nützlich und vielleicht werden so bald die Studenten der FernUniversität mit der Technologie von Peperoni mit Hilfe ihres Handys studieren können.

**Literatur**

FernUniversität (2002a): FernUni Perspektive Nummer 2/Winter 2002, S. 20, http://www.fernuni-hagen.de/EINRICHTUNGEN/Pressestelle/Perspektive/ FU_Perspektive_Nr2.pdf

FernUniversität (2002b): FernUniversität – Wissenschaft direkt, 09.11.2002, http://www.fernuni-hagen.de/WDRSENDUNG/2002/1109/welcome.html

FernUniversität (2003): Unternehmensgründung und Unternehmensnachfolge an der FernUniversität in Hagen, http://www.fernuni-hagen.de/GFS/

Gerhard Fatzer/Sabina Schoefer

# Wissensentwicklung in Beratungsnetzwerken
Ein Forschungsbericht zur Learning History des Organizational Learning Center (OLC) und der Society of Organizational Learning (SOL), USA

1. Einleitung ........................................................................................... 220
2. Theoretischer Hintergrund ................................................................. 221
   2.1 Learning History ......................................................................... 221
3. Forschungsvorgehen .......................................................................... 223
   3.1 Kontaktaufnahme mit Vertretern der Organisation SOL ............ 223
   3.2 Datenerhebung ........................................................................... 224
4. Ergebnisse .......................................................................................... 226
   4.1 Zum Begriff des Wissens in Organisationen oder im Bereich der Lernenden Organisation ............................................ 226
   4.2 Hauptprobleme der Wissensentwicklung in Organisationen und Netzwerken ........................................................................... 230
   4.3 Kompass zur Entwicklung von Wissens- und Beratungsnetzwerken ................................................................................... 233
5. Ausblick .............................................................................................. 235

Literatur ..................................................................................................... 236

# 1. Einleitung

„Heute ist die Situation so, dass Forscher Themen erforschen, die Manager nicht interessieren. Die Manager ihrerseits nehmen die Studien, Forschungsresultate oder Lerngeschichten der Forscher nicht ernst. Die Berater als dritte Gruppierung spielen die Rolle, dass sie nicht die nötige Geduld aufbringen, bis Wissen über Organisations- oder Veränderungsprozesse soweit entwickelt ist, dass es haltbar und auch reproduzierbar ist. Vielmehr nehmen sie dieses Wissen im Rohzustand, versehen es mit einem Label und bringen es zum Kunden, ohne dass es wirklich überprüft worden ist. Durch diese fragmentierte Form der Wissensproduktion entsteht das, was wir heute sagen können: Irrelevante Management-Literatur. Es entstehen Fallgeschichten von Unternehmensprozessen, die uns nichts erzählen außer der Geschichte. Es werden keine verallgemeinerbaren Prinzipien von Transformationen oder Veränderungsprozessen kreiert und so entsteht wiederum Wissen, was für die Manager überhaupt nicht handlungsrelevant ist" (Edgar Schein).

Dieses Eingangszitat äußerte Ed Schein in einem unserer Interviews. Es führt uns mitten in das Thema Wissensentwicklung und Wissensmanagement in Beratungsnetzwerken hinein. Die gängige Praxis von Wissenschaft, Beratung und Management zeigt, dass das in den jeweiligen Professionen erworbene Wissen fragmentiert und nicht miteinander verbunden ist. Hieraus ergibt sich die zentrale Frage, wie es zu diesen Fragmentierungen kommt und ob es Organisationsformen gibt, die diese Fragmentierung erfolgreich überwunden haben.

Als geeignetes Untersuchungsfeld erschienen uns Beispiele der Praxis von Netzwerken in den USA, weil hier sehr unterschiedliche Professionen erfolgreich länderübergreifend zusammengeführt wurden. Das führte uns zu der Society of Organizational Learning (SOL), eine Organisation, die weltweit für Lernen in Organisationen im Sinne des Weltbestsellers „Die fünfte Disziplin" von Peter Senge (1998) steht. SOL hat ihren Ursprung in den USA, war ursprünglich mit dem Sloan School of Management (MIT, Boston), eng verknüpft und integriert heute die Wissensentwicklung von Wissenschaftlern, Beratern und Managern aus 35 Ländern.

Wir erstellten u. a. zwei Fallstudien, da es sich bei der von Peter Senge gegründeten SOL um die Nachfolgeorganisation des Organization Learning Center (OLC) handelt. Diese Netzwerkorganisation untersuchten wir mit der Methode der Learning History um die Entwicklung und das Handhaben von Wissen in Beratungsnetzwerken zu untersuchen. Der Grund dieses Vorgehens ist eine Vorannahme unserer Forschung gewesen: Wissensmanagement und -entwicklung passiert nicht ohne Personen und organisationalen Kontext.

Wir fokussieren unsere Ausführungen zu den Ergebnissen auf Lernprozesse, d. h. darauf, wie Personen in Organisation Wissen transferieren, welche organisationalen Bedingungen günstig und welche ungünstig sind. Anschließend leiten wir hieraus einige Empfehlungen ab, wie unterschiedliche Professionen organisational zusammengeführt und eine Wissensfragmentierung überwunden werden kann.

## 2. Theoretischer Hintergrund

### 2.1 Learning History

Die Learning History ist ein Dialog über ein verschiedenes Zeit-/Raum-Kontinuum. Dabei ist der Container[1] nicht durch versammelte Menschen in einem „Einzelraum" kreiert, sondern durch ein sich fortlaufend erweiterndes Dokument, welches in variierenden Formen und Wiedergaben quer durch die Community zirkuliert. Das Dokument bahnt sich einen Weg, wodurch die Community zu sich und über sich selbst spricht.

Die Learning History ist ein Dokument über und für eine Organisation, die gemeinsames Lernen für alle Beteiligten – ob intern oder extern – ermöglicht. Sie repräsentiert die Erfahrungen und das Verständnis der Mitglieder und erzählt mit den eigenen Worten der Mitglieder. Sie stellt das so genannte „Reflectionable Knowledge" einer Organisation dar. Jede Learning History enthält

---

[1] Container im Sinne eines Gesprächsgefäßes (vgl. B. Isaac 2002).

- Berichte über Aktionen und Ergebnisse der Organisation,

- ebenso die Beschreibung der darin enthaltenen Lernmethoden und -techniken,

- Beschreibungen über tiefer liegende Annahmen und Begründungen,

- Perspektiven einer größeren Reihe von Menschen und

- ist ein kritisches Element zum Entwickeln einer organisationalen Infrastruktur zur Unterstützung von Lernprozessen.

Ein Grundanliegen der Learning History ist es, das Dokument (die story) zum Artefakt der Organisation zu machen und so einen Kontext für Konversation zu generieren. Eine Learning History umfasst eine größere Anzahl von Interviews, deren Dokumentation und Auswertung sowie einen Präsentationsworkshop.

Der Prozess des Befragens produziert ein Set von Antworten, die Learning History, welche wiederum reflektives Wissen hervorbringt, indem andere Beteiligte der Organisation sie lesen und gemeinsam diskutieren – sich sozusagen „in die Schuhe anderer stellen" und so deren Position kennen lernen. Und: Kaum etwas ist spannender als die Geschichten der Anderen über die eigene Organisation zu hören. Die Methode ist auf dieses menschliche Interesse bzw. die natürliche Neugierde ausgerichtet und ermutigt Beteiligte und Betroffene in die Sicht der Anderen einzutreten. Damit wird Lernen im organisationalen Rahmen angestoßen.

Übliche Befragungen der qualitativen Sozialforschung, die bis heute in der Organisationsforschung angewandt werden, übersetzen qualitative in quantitative Daten. Das sind oft sehr aufwendige und teure Verfahren mit dem Ergebnis alles gemessen zu haben, ohne das Verhalten zu beeinflussen. Oft bestätigen die Daten dann nur etwas vorher bereits Bekanntes.

Eine Learning History bezieht von Anfang an die betroffenen Akteure mit ein. Sie werden trainiert in der Technik des reflektierenden Fragens, im Interpretieren und Auswerten, im Niederschreiben. Somit werden sie selbst zu Experten der Transformationsprozesse ihrer Organisation.

Die Learning History schafft zudem die eigene Geschichte der effektiven Praktiken und nicht der best practices. Sie zeigt nicht nur, was die Menschen konkret getan haben, sondern was ihre Gedanken, was ihre Grundannahmen sind, wie sie zu ihren Entscheidungen gekommen sind und was andere über ihre Aktionen dachten. Somit kreiert der Prozess einer Learning History aktionsfähiges Wissen zwischen der Organisation.

Auch wenn von einer Learning History als Projekt gesprochen wird, stellt sie einen fortdauernden Prozess dar und ist kein Projekt mit konkretem Start und definierten Ende wie im klassischen Projektmanagement.

## 3. Forschungsvorgehen

Mit der Learning History taucht man Stück für Stück in die Tiefe einer Organisation ein und entdeckt ein wichtiges Detail nach dem Anderen. Nach einer längeren Zeit zeigen sich endlich die Konturen dieses Netzwerks deutlicher.

### 3.1 Kontaktaufnahme mit Vertretern der Organisation SOL

Ein Erstkontakt erfolgte im November 2001 in Boston mit Edgar Schein, Claus Otto Scharmer und Peter Senge. Dabei wurde deutlich, dass nicht nur SOL, sondern auch die Ursprungsorganisation OLC in der Learning History erfasst werden muss. Zusammen mit diesen Personen wurde ein erster Entwurf für den Interviewleitfaden entwickelt, der in der Endfassung eine Fragenliste von 14 Fragen (in der Kurzversion, 32 Fragen in der Langversion umfasste. Zu den Fragedimensionen gehörten Aspekte der

- Gründungsvision,
- Führungsstruktur,
- Organisationsstruktur,

- besondere Herausforderungen,
- Krisen, die überwunden werden mussten und
- Lernprozesse, die gemacht worden sind.

### 3.2 Datenerhebung

#### 3.2.1 Erste Interviewphase Boston, USA

Die erste Interviewphase wurde im Februar 2002 und im Juni 2002 in Boston, USA realisiert. Interviewpartner waren Edgar Schein, Peter Senge, Jean McDonald.

Dabei sind ca. drei Stunden gesprochenes Wort auf Tonträger aufgenommen wurden. Diese wurden im Anschluss transkribiert, vom Amerikanischen ins Deutsche übersetzt, zum einen nach Person und zum anderen nach Kategorie und Themenschwerpunkt geordnet. Alle nach Person sortierten Interviews bleiben auf Wunsch der Interviewpartner unter Verschluss. Nur die nach Kategorie und Themenschwerpunkt geordneten und übersetzten Transkripte sind in anonymisierter Form der Öffentlichkeit zugänglich.

#### 3.2.2 Zweite Interviewphase Boston, USA

Die zweite Interviewphase konnte im Oktober 2003 realisiert werden. Interviewpartner waren Frank Schneider, George Roth[2] und Claus Otto Scharmer. Auch hier kam jeweils wieder ein Datenmaterial auf Tonträgern von etwa 3 Stunden zusammen. Die Transkription, anschließende Übersetzung, die Sortierung erfolgte wie oben beschrieben.

Die zweite Interviewphase lieferte erste grundlegende Diagnosen und Hypothesen. Die Hypothesen haben gleichzeitig die Basis für die Feinplanung und Vorbereitung eines Experiments im Lernlaboratorium zu defensiven Routinen gebildet.

## 3.2.3 Lernlab: Rahmenbedingungen für ein funktionsfähiges Wissensmanagement – Das Problem der defensiven Routinen

Im Juni 2003 gab das Lernlab Wissenschaftlern, Praktikern und Beratern die Möglichkeit, Einblick in unsere Forschung einschließlich der Methode der „Learning History" zu nehmen. Dabei war es uns ein Anliegen, das Projekt crosscomp als Experimentierfeld zu nutzen, um die defensiven Routinen (vgl. Argyris 1993) in den eigenen und sehr unterschiedlichen Professionskulturen (Beratung, Wissenschaft, IT) zu untersuchen.

## 3.2.4 Teilnehmende Beobachtung und dritte Interviewphase Global Forum SOL Helsinki, Finnland

Wir nutzten im Juni 2003 die Gelegenheit neben der Präsentation unserer Ergebnisse am ersten „Global-SOL-Konferenztreffen" in Helsinki, Vicky Tweiten und Göran Carstedt zu interviewen. Auch hier sind die Interviews auf Tonträgern aufgenommen. Sie liegen in einer deutschen Übersetzung transkribiert vor. Auch hier werden sie auf ausdrücklichen Wunsch der Interviewpartner unter Verschluss gehalten.

Die Fragestellungen für die Interviews umfassten Fragen zu den o. g. Dimensionen. Zusätzlich konnten neuralgische Punkte erfragt werden, die sich aus den früheren Interviews erschließen ließen. Bei den beiden Interviews ging es vor allem um ergänzende Sichtweisen zur Globalisierung des SOL-Netzwerkes.

Die Interviews bestätigten viele unserer Hypothesen und gaben tiefe Einblicke in die Problemstellungen von Netzwerken. Es konnte festgestellt werden, dass vor allem das Problem der Identität stark in den Vordergrund trat. Eine der Kernfragen drehte sich darum, ob ein globales Netzwerk von der Mutterorganisation in den USA Strukturierungsvorgaben erhalten kann. Dies erschien

---

[2] Vgl. auch hierzu die Publikationen zu Roth (1996, 1998, 1999, 2001).

wenig sinnvoll zu sein, so dass man die Selbstdefinition den Akteuren aus den Partnerländern (Länderfraktalen) überließ.

Aufgrund der Interviews wurde klar, dass die Globalisierung des Netzwerkes ein angemessener Schritt ist. Allerdings begannen sich viele Mitglieder von SOL USA zu fragen, ob durch die Globalisierung nicht zu viel von Ihrer Identität aufgegeben werden müsste. Umgekehrt befürchten die Anderen, für ihre nationalen Besonderheiten und Problemlagen nicht genügend Raum zu haben.

Unsere Ergebnisse zeigen auf, dass zum jetzigen Zeitpunkt noch eine starke Gefahr durch die Dominanz der Mutterorganisation in den USA besteht. Gleichzeitig wurde klar, dass die Länderfraktale in ihrer Eigenart noch nicht vollumfänglich als Ressource anzusehen sind. Es wurde durch die Interviews auch deutlich, dass SOL einige Fehlentscheide in der Wahl ihres Managements gemacht hatte.

## 4. Ergebnisse

### 4.1 Zum Begriff des Wissens in Organisationen oder im Bereich der Lernenden Organisation

Es ist auffällig, dass die Befragten in fast allen Interviews kaum oder wenig definieren können, was Wissensentwicklung im Bereich Lernender Organisationen überhaupt sein soll. Ist es Praxiswissen, sind es Konzepte? Worauf man sich einigen konnte, ist die Tatsache, dass ein großes Erfolgsprinzip der beiden Netzwerke OLC/SOL darin bestanden hat, dass sie mit einem gemeinsamen identifizierbaren Produkt oder Programm gestartet sind. Das waren die „fünf Disziplinen" wie sie im gleichnamigen Buch von Peter Senge (1998) beschrieben wurden.

Diese fünf Disziplinen sind aufgeteilt in fünf Programme, die man den Managern oder den Personalentwicklern von Organisationen, Unternehmen – jetzt auch neu Schulen, Gewerkschaften, Spitälern – im Rahmen von so genannten Kernkursen beibringt.

Der zentrale Unterschied, worin sich das Konzept OLC/SOL von Peter Senge von allen üblichen Beratungsunternehmen unterscheidet, liegt darin: Peter Senge hat 1990 mit Gründung des Organizational Learning Center festgelegt, dass er selber keine individuellen Beraterleistungen für die Firmen des Netzwerkes erbringen wird.

Das scheint deshalb ein sehr weiser Entscheid zu sein, weil das Wissen, welches sich im Rahmen des Forschungs- und Beratungsnetzwerkes entwickelte, nicht auf eine Person fixiert wurde. Im Mittelpunkt steht das Konzept, die Beratungsleistung für das Unternehmen nicht über eine Person zu erbringen, sondern ein Netzwerk aufzubauen, dass im Sinne der Wissensentwicklung zur Verfügung steht, damit die Unternehmen ihre Manager, Entscheidungsträger oder Personalentwickler hier einklinken können.

Das Ganze ist so gestartet, dass das OLC ein Forschungsinstitut des Sloan School of Management war und durch ein Vorherrschen der beiden Professionskulturen Forschung und Management gekennzeichnet wurde. Die Berater haben in dieser ersten Organisation als Professionskulturen kaum existiert; höchstens als Unterstützer von Projekten und als irritierende Störenfriede, denen man von Seiten des Sloan School of Management (MIT) vor allem von Seiten der Forschungsgemeinschaft unterstellte, das Label MIT nur benützen würden, um ihre Beratungsfirmen aufzubauen. Eine Unterstellung, die leider nicht ganz von der Hand zu weisen war.

### 4.1.1 Wissensentwicklung als „fünfte Disziplin"

Wissensentwicklung bedeutet hier also, dass die Grunddisziplinen der fünf Disziplinen gelernt werden und im Rahmen von sehr ausführlichen Projekten zur Anwendung kommen.

Das OLC startete am Anfang mit drei Organisationen oder Unternehmen als Mitglieder. Gleichzeitig waren dies auch die Versuchsanstalten, in denen experimentell und pragmatisch alles umgesetzt worden ist, was in den fünf Disziplinen entwickelt wurde. Die Wissensentwicklung in Unternehmen, in so genannten Projektaustauschgruppen, die jetzt in fortgeschrittenerer Form bei SOL Project Clinics oder Fallbesprechung heißen.

Des Weiteren ging es darum, Systemdenken in Organisationen einzuführen, und auf die eigenen Organisationssituationen mit Hilfe von Systemsimulationen anzuwenden. Der Sinn bestand darin, Projekte dadurch besser verstehen zu können und in der Praxis optimal ablaufen zu lassen.

Wichtig für die Wissensentwicklung war in diesen beiden Fallbeispielen, die revolutionäre Grundidee – nämlich die drei Communities der Forscher, Berater und Manager zusammenzubringen – stringent weiterzuentwickeln und so zu verhindern Problemlösungen auf fragmentiertes Einzelwissen einer Profession zu reduzieren. Dies war eine der Grundvisionen sowohl bei OLC als auch bei SOL, aber die Realisierung ist es erst bei SOL gelungen.

*4.1.2 Wissen als personen- oder organisationszentriertes Wissen*

Sowohl beim OLC als auch bei der SOL wurde personen- und organisationszentriertes Wissen entwickelt.

Personenzentriertes Wissen wurde durch verschiedene Personen wie z. B. Peter Senge und seines ganzen Staffs, die im Rahmen von Kernkursen zum Wissen über Lernende Organisation verbreitet. Organisationsbezogenes Wissen im Rahmen der Projektaustausch- und Projektbesuchsaktivitäten, die bei den teilnehmenden Unternehmen praktiziert worden sind.

In diesem Zusammenhang kann man auch den Begriff „Communities of Practice" verwenden, der für die Wissensentwicklung zwischen Professionen (hier also Managern, Beratern oder Forschern) steht. Durch den Austauschprozess zwischen diesen drei Communities entsteht neues Wissen, welches in der jeweils eigenen Community nicht generierbar gewesen wäre. Auch dies ist ein Beitrag, der durch OLC und SOL erbracht worden ist.

Was bei SOL und OLC im Gegensatz zu traditionellen Beratungsunternehmen weniger eine Rolle spielt sind rein computergestützte Wissensdatenbanken.

Es gibt natürlich bei SOL eine Internetunterstützung, aber die Rolle dieser elektronischen Formen des Wissensmanagements ist sehr viel weniger prominent. Im Gegensatz zum traditionellen Wissensmanagement wird bei SOL und OLC nicht in die drei Phasen Generierung/Beschaffung, dann Speicherung/Bereitstellung und nachher Transfer/Implementierung unterschieden. Wir denken, dass diese eine akademische Aufteilung und Definition ist und dass Wissen eher durch das Zusammenführen der drei Communities of Practice erfolgt so, wie es Ed Schein im Eingangszitat beschrieben hat, nämlich nicht fragmentiert.

### 4.1.3 Die Rolle der Gründerperson in der Wissensentwicklung

Eine der Schwierigkeiten, bei einem personenzentrierten und zudem auch erfolgreichen Wissens- und Beratungsnetzwerk liegt in der Gründerperson. Die Dominanz und Prominenz der Person des Gründers oder der Gründerin eines solchen Netzwerkes markiert auch die Grenzen des Netzwerkes. Deshalb muss es zur Weiterentwicklung des Netzwerkes gelingen, über das so genannte Grenzprofil der Gründerperson hinauszugehen.

So kann es Sinn machen, die Ursprungsvision des Gründers zu transformieren oder sogar zu zerstören. Es gibt dazu ein aktuelles, neues, sehr spannendes Beispiel aus der Computerbranche: Das Fallbeispiel Digital Equipement, das Edgar Schein (2003) in seinem Buch „Dec is dead – long live Dec" beschreibt. Darin wird die Entwicklung der Lebensspanne von Digital Equipement, der ehemals zweitgrößten Computerfirma nach IBM, dargestellt. Edgar Schein nimmt den Ausgangspunkt bei der Gründerperson und dem ersten CEO Ken Olsen, dessen kulturelle Grundannahmen und Praktiken die Kultur der Organisation sehr lange geprägt haben, bis sie eine kritische Größe überschritten hat und die ursprünglich innovative Kultur in das Gegenteil verkehrt wurde. Bezogen auf SOL und OLC heißt dies, dass die Fokussierung auf den Gründer Peter Senge eine der Hauptressourcen, aber auch eines der Hauptprobleme darstellt. Möglicherweise ist es Erfolg versprechender, wenn zu Beginn eine Gruppe von gleich gearteten oder manchmal auch unterschiedlichen Personen steht, wie dies bei Digital Equipment der Fall gewesen ist.

### 4.1.4 Strukturelle Abhängigkeit als Problem

Wenn wir kurz zur Frage übergehen, was in diesem Wissensnetzwerk die Hemmnisse gewesen sind, dann waren es vor allem folgende Punkte: Die Abhängigkeit – strukturell bedingt – der ersten Organisation vom Sloan School of Management (MIT). Das MIT hat natürlich durch sein Renommee ermöglicht, dass vieles entstehen konnte. Und das Sloan School of Management (MIT) hat aber nachher durch seinen Kontrollmechanismus und seinen Wissenschaftsanspruch auch ein Stück dazu beigetragen, dass die Glaubwürdigkeit einiger Mitglieder im OLC nicht mehr gewährleistet war. Diese hatten für sich selbst in Anspruch genommen, Lernende Organisationen zu implementieren und mussten feststellen, dass sie sich, obwohl Bestandteil des Sloan School of Management (MIT) selber nicht als lernfähige Organisation erwiesen. Dieser Widerspruch konnte nur durch die Neugründung eines Netzwerkes, welches nicht mehr im Sloan School of Management (MIT) lokalisiert war, sondern in dem das MIT als eines von vielen Universitätsmitgliedern ringförmig um die SOL Organisation herum gruppiert oder „aligned" war, aufgelöst werden.

### 4.2 Hauptprobleme der Wissensentwicklung in Organisationen und Netzwerken

Bei selbstorganisierten Netzwerken sind die finanziellen Ressourcen und die Handhabung des unternehmerischen Risikos, ein wichtiger Punkt. Das war im Beispiel von OLC dadurch gelöst, dass es Sponsoren (Firmen) gab. Allerdings fand die Organisation im Kontext des Sloan School of Management (MIT) statt. Der Vorteil bestand darin, dass das MIT ein Infrastrukturgarant war. Der große Nachteil jedoch lag darin, das es dafür den Großteil der Sponsorengelder beanspruchte und so das Gesamtnetzwerk schwächte.

Ein weiteres Problem, das sich gestellt hat, war die mangelnde Ausgeglichenheit der drei Communities im OLC. Da gab es ein klares Übergewicht der Forscher und der Manager.

Ein anderes Problem hat mit der Frage zu tun: Wie wird Wissen innerhalb des Netzwerks weitergegeben? Dazu gab es die interessante Einrichtung des „Board of Director", welches z. B. in Kursen über Systemdenken nicht auf die renommiertesten Referenten zurückgriff. Es wählte statt dessen andere Vertreter aus Firmen aus, die die Themen bereits kennen gelernt hatten und ließen sich dann von ihnen unterrichten. Das heißt, erfolgreiche Wissensentwicklung findet eher in statusgleichen Lerngruppen bzw. innerhalb einer Community statt.

Anders ausgedrückt könnte man auch schlussfolgern, dass die Manager nicht von der Community der Wissenschaftler lernen wollten. Dabei mag die Professionskultur eine Rolle spielen. In diesem Fall könnte die Akzeptanz der Referenten als Angehörige der gleichen Professionskultur, nämlich der eines andern Unternehmens, das zwar in einer anderen Sparte tätig ist, eine Rolle spielen.

Betrachten wir die Struktur/Führungsorganisationsstruktur von OLC und SOL, so ist auffallend, dass das OLC eher traditionell hierarchisch in die MIT-Hierarchie eingebaut gewesen ist und eigentlich nur aus der Zielgruppe der Forscher, Doktoranden und des administrativen Staffs bestanden hatte. Als externe Ansprechpartner waren die Firmenvertreter vorhanden. Berater sind nur in sehr kleiner Zahl aufgetreten und wurden als eher irritierend empfunden. Man wusste nicht so genau, wie man sie einordnen sollte und man kannte auch ihren Nutzen nicht so genau, denn Beratung ist nicht Wissenschaft – so die Wertung.

In der weiteren Organisation, dem SOL, kann man schon davon ausgehen, dass es die Struktur eines wirklichen Netzwerkes hat. Es ist gestartet mit einem Designprozess, der von außen durch Dee Hock, dem Begründer von VISA angeleitet wurde. Startpunkt war eine Verfassung mit einem verfassungsgebenden Rat und einem Gremium (dem Council), das vergleichbar ist mit dem „Board of Directors" des OLC. Diesem gehören Forscher, Manager und Berater in gleicher Zahl an. Es besteht aus 15 Personen, die jedes Jahr neu gewählt werden. Weitere Instanzen sind die so genannten Konsortien, das sind größere Projekte, die sich einem Thema, z. B. dem Thema Nachhaltigkeit, dem Thema Qualität und der Forschung widmen und in denen Firmen, aus Management, Beratung, Forschung repräsentiert sind. Es gibt neben diesen Konsortien und dem administrativen Apparat, für den Forschungsbereich die so genannten Greenhouses, die Treibhäuser, die dazu dienen, Projektthemen weiter voranzutreiben. Sie tagen alljährlich.

Die Jahreskonferenz ist nach wie vor das wichtigste Forum. Es wurde dieses Jahr ausgeweitet als internationales Treffen in Helsinki, als erstes globales SOL-Treffen, zu dem verschiedenen Fraktale, das sind die Organisationsstrukturen der Länder, zusammen kommen. Zurzeit sind über 35 Länder mit Fraktalen vertreten.

Unsere Interviews zeigen, das sich SOL im Unterschied zum OLC, als internationales Netzwerk formiert, da die Themen des Lernens und die Themen der Organisation globaler Art sind. Dies verschärft natürlich die Probleme, die Beratungs- oder Wissensnetzwerken inhärent sind. Die Frage wie viel zentrale Steuerung es braucht und wie viel dezentrale Selbstorganisation möglich ist, wird virulent. Dies soll durch die so genannten Fraktale, selbstorganisierte Einheiten, wie sie aus dem Bereich der Quantenphysik bekannt sind, gelöst werden. Hier wird sich deutlich zeigen, ob sich Wissensentwicklung in globalen Netzwerken betreiben lässt. Es wird wichtig sein, eine Balance zwischen zentralen Interessen von SOL USA und den Länderfraktalen zu finden.

Fortbestehend ist bei SOL das Finanzierungsproblem, welches durch die Mitfinanzierung von Länderaktivitäten noch verschärft wird. SOL ist auch mit dem Problem gestartet, dass ungefähr eine Million Dollar Schulden zu Beginn abbezahlt werden mussten.

Eine weitere Schwierigkeit ist das Management solcher Netzwerke. Es hat sich hier herausgestellt, dass sich der langjährige Managing Director, Jeff Clanon, vor der schwierigen Situation gestellt sah, in einer gründerfixierten Organisation das Management zu repräsentieren. Er machte die Erfahrung, dass die Kunden oder Mitglieder des Netzwerkes sehr häufig über seine Person hinweg direkt mit dem Begründer in Verbindung gesetzt und dort vorteilhaftere Bedingungen angetroffen hatten.

Diese Problematik ist dem Gründer sehr wohl bekannt. Er hat auch versucht, sich selbst in den Hintergrund zu bewegen. Dies bedingt aber Gegenseitigkeit, nämlich Mitarbeiter, die bereit sind, mehr Verantwortung zu übernehmen und nach vorn zu gehen. Und dies erfordert ein sehr reifes Zusammenspiel.

Es ist im Moment noch zu früh, um definitive Schlussfolgerungen bezogen auf die Wissensentwicklung von SOL zu ziehen. Zurzeit scheint das Entwickeln von Wissen nur von sekundärer Bedeutung zu sein. Das Primäre ist das Aufbauen von Lernarchitekturen, Konsortien, Gremien, institutionellen Mitgliedern, Firmen, die imstande sind, voneinander zu lernen und ihre Organisationsrealität gemeinsam oder in wechselseitiger Unterstützung zu entwickeln.

Es gibt den Extremfall eines Mitglieds des Board of Directors, das davon ausgeht, dass keines der Projekte – im Sinne des gemeinsamen Lernens – ein Erfolg gewesen ist, sondern dass man fast überall, fragmentiertes Lernen beobachten konnte, d. h., dass nicht wirklich die ganze Organisation gelernt hat, sondern nur Personen, oder höchstens Gruppen. Seiner Meinung nach hat dies auch damit zu tun, dass das ganze Vokabular, das ganze Konzeptionelle der Fünften Disziplin nicht wirklich organisationsbezogen angewandt wurde. Konträr dazu ist verständlicherweise die Sicht des Gründers, der fast ausnahmslos alle Projekte als Erfolg taxiert und auf die ständige Weiterentwicklung des Netzwerkes verweist.

## 4.4 Kompass zur Entwicklung von Wissens- und Beratungsnetzwerken

Als Ergebnis unseres Forschungsvorgehens haben wir sechs Hypothesen formuliert, die für erfolgreich agierende Netzwerke von strategischer Bedeutung sind. Sie sind die Grundlage eines Kompasses für Wissen- und Beratungsnetzwerke. Dieser Kompass gibt eine Orientierung, um Methoden und Instrumente zu finden, um Netzwerke, angemessen zu beraten. Die Entwicklung des Kompasses ist noch nicht abgeschlossen.

### 4.3.1 Hypothesen zu Netzwerken

Erste Hypothese: Globale Orientierung ist eine der entscheidenden Ressourcen, aber auch eines der entscheidenden Risiken.

Zweite Hypothese: Die Koordination der Community im Sinne eines globalen Dorfes muss zentral und dezentral geschehen durch:

- Jährliche Konferenz,
- Einbezug der Länderfraktale,
- Treffen in der Zentrale mit Zeit zum Denken und Reflektieren und durch
- Greenhouses für die Forschung.

Dritte Hypothese: Die formale bzw. operative Ausgestaltung muss Impulse geben für:

- Prozesse,
- Kultur,
- Ressourcen,
- Werte, Professionskulturen,
- Systemverhalten,
- Struktur und
- Geschichte.

Vierte Hypothese: Ein solides Netzwerk wird durch die Kernkompetenzen des Gründers und durch die institutionelle Verankerung geprägt. Die Kernkompetenzen bzw. das Grenzprofil und die institutionelle Verankerung bestimmen die zukünftigen Entwicklungsmöglichkeiten.

Fünfte Hypothese: Für eine erfolgreiche Entwicklung müssen diese Anfangsbedingungen – Grenzprofil und institutionelle Verankerung – überwunden werden.

Sechste Hypothese: Die Anreize für eine Teilnahme in einem Netzwerk müssen genügend hoch sein, damit ein langfristiges Commitment entsteht.

### 4.3.2 Der Kompass

Ein Kompass ist ein Instrument zur Feststellung der Himmelsrichtung. Dieses Bild möchten wir übernehmen und betrachten unseren Kompass als Navigationsgerät für Organisationsformen wie Netzwerke.

Die folgende Abbildung gibt einen Überblick über die acht strategischen Himmelrichtungen, die im Sinne eines analytischen Instrumentariums zur Netzwerkentwicklung gebraucht werden.

Abbildung 1: Ein Kompass für die Entwicklung von Netzwerken

Dieser Kompass eröffnet die Perspektive auf alle wichtigen Fragestellungen zur Unterstützung eines Wissensnetzwerkes. Zu den einzelnen acht Elementen entwickelten wir detaillierte Fragestellungen, die ihrerseits als Diagnosegrundlage dienen und eine Hilfe in der Ist-Soll-Analyse einer Wissensorganisation geben.

## 5. Ausblick

Wir haben in diesen Fallstudien oder Learning Histories von zwei Wissensnetzwerken im Beratungs- und Forschungsbereich zwei erfolgreiche Netzwerkorganisationen, nämlich OLC und SOL, erforscht und dargestellt. Die Forschung mit SOL wird weitergeführt werden. Wir sind weit über die Grenzen unserer eigenen Ressourcen hinausgegangen, weil wir als Vertreter unserer

Profession daran interessiert sind, sinnvolle Möglichkeiten der Unterstützung für Menschen und Organisationen der Zukunft zu entwickeln.

**Literatur**

Argyris, Ch. (1993): Defensive Routinen. In: Fatzer, G. (Hg.) (1993): OE für die Zukunft. Ein Handbuch, 3. Aufl. 2004, Bergisch Gladbach, S. 179 - 226

Argyris, Ch. (2003): Eingeübte Inkompetenz – ein Führungsdilemma. In: Fatzer, G. (Hg.): Organisationsentwicklung für die Zukunft, Bergisch Gladbach, S. 129 - 144

Clanon, J. (1999): Learning History of SOL, int. Paper, M.I.T., Boston

Isaacs, W: (2002): Dialog als Kunst gemeinsam zu denken, Bergisch Gladbach

Roth, G. (1996): The Learning History Manual, M.I.T, Boston (internes Working Paper)

Roth, G. (1998): Car Launch, Oxford

Roth, G. (1999): Oil Change, Oxford

Roth, G. (2001): „Ein Unternehmen lernt". In: profile, Internationale Zeitschrift für Veränderung, Lernen, Dialog, Heft 1, Bergisch Gladbach, S. 91 - 98

Schein, E. (2003): DEC is dead, long live DEC, San Francisco

Senge, P. (1998): Fieldbook zur fünften Disziplin, Stuttgart

Senge, P./Scharmer, C. O. (2004): Presencing, Society of Organizational Learning, Boston

Peter Le/Pascale Holmgren

# Wissensnutzung in Kooperationsnetzwerken kleiner und mittlerer Unternehmen
## Herausforderungen und Lösungswege in der Beratungs- und Multimedia-/IT-Branche

1. Einleitung ...................................................................................... 238
2. Kooperationsnetzwerke in der Beratungs- und Multimedia-/IT-Branche ........................................................................................... 240
   2.1 Struktur und Koordination ...................................................... 240
   2.2 Kritische Erfolgsfaktoren ........................................................ 242
3. Anforderungen und Lösungswege der Wissensnutzung in den Kooperationsnetzwerken .............................................................. 244
4. Resümee und Ausblick ................................................................. 246

Literatur ............................................................................................ 248

## 1. Einleitung

Die Bedeutung der Ressource Wissen ist ein ständig wiederkehrendes Thema in wissenschaftlichen Studien und im operativen Geschäft der wirtschaftlichen Praxis. Zudem lassen sich wissensintensive Problemlösungen vielfach nur in Form von überbetrieblichen Projekten bewältigen, und somit kann verteiltes Wissen flexibel und zeitnah vernetzt werden (in Anlehnung an Kalkowski 2004). Demzufolge liegt es für kleinste und kleine Unternehmen, allein aufgrund ihrer begrenzten Ressourcen, nahe, sich mit komplementären Partnern zusammenzuschließen, um die Vorteile der Kooperation in Netzwerken zu nutzen. Die Voraussetzung für einen effizienten Wissensaustausch und die beständige Wissensgenerierung ist die Entstehung und Erhaltung lebendiger Wissensgemeinschaften (North u. a. 2000). Die Wissensnutzung in organisationsübergreifenden Netzwerken ist dem ständigen Wandel unterworfen und erfordert neue Konzepte und Methoden, die den Erhalt lebendiger Wissensgemeinschaften fördern. Mitunter zielen aktuelle Studien der Wissensnutzung in Netzwerken auf die Analyse überkommener Formen hochgradig arbeitsteilig organisierter Wissensproduktion und geben Anstoß für die Entwicklung geeigneter unternehmensübergreifender Kooperationsstrukturen und Modelle integrierter Wissensgenerierung.

Diesem Forschungsziel ist das vom BMBF/DLR geförderte Verbundprojekt „Cross Company Knowledge Management – Crosscomp" unter der Leitung der Sozialforschungsstelle Dortmund nachgegangen und hat zu diesem Zweck zwei Modellprojekte durchgeführt. Die Aufgabe des Lehrstuhls Wirtschafts- und Industriesoziologie der Universität Dortmund lag in der Evaluation der Modellprojekte (Laufzeit des Projektes: April 2001 bis März 2004). Zentrale Evaluationsbefunde werden hier diskutiert.

Folgt man Howaldt u. a. (2001; 2003), handelte es sich bei diesen Modellprojekten um Kooperationsnetzwerke als einer besonderen Form von Netzwerken, die unter Beteiligung von Akteuren aus Wissenschaft, Beratung und Politik im Kern auf die Durchführung von Kooperationen ausgerichtet sind. Im Vergleich dazu zeichnen sich Netzwerke generell durch dauerhafte soziale Beziehungen aus, die dabei relativ unspezifisch bleiben. Die Partner der Kooperationsnetzwerke sind kleine und mittelgroße Dienstleistungsorganisationen aus der Beratungs- und der Multimedia-/IT-Branche. Die Organisationen bzw. Unternehmen dieser Branchen zeichnen sich als „wissensintensive" Dienstleister aus, bei denen die Erzeugung und Nutzung neuen Wissens beim Produkt oder Prozess der Dienstleistung im Vordergrund stehen. Darüber hinaus basieren wissensintensive Dienstleistungen in der Regel in starkem Maße auf der intelligenten Nutzung und Weiterentwicklung der neuen Informations- und Kommunikationstechnologien. In der Prozessgestaltung hat die Einbeziehung der Kunden eine besonders große Bedeutung, d. h. in der Regel werden marktnahe Dienstleistungen als Resultat der Zusammenarbeit mit dem Kunden angeboten. Die Innovationen in diesen Bereichen zielen neben der Kostensenkung stärker auf die Erschließung neuer Märkte und neuer Beschäftigung. Des Weiteren sind wissensintensive Dienstleistungen in hohem Maße durch koordinative und wissensintegrative Tätigkeiten gekennzeichnet. In einem übergreifenden Prozessansatz werden häufig derartige Dienstleistungen aus mehreren spezialisierten Beiträgen rechtlich und wirtschaftlich selbständiger Anbieter flexibel und kundenorientiert gebündelt (Risch 2001).

Die hier betrachteten Kooperationsnetzwerke lassen sich aufgrund ihrer Spezifität zwei zentralen Typen der Kooperation in Netzwerken zuordnen (Howaldt/Klatt 2003). So kommt das Beratungsnetzwerk auf Grund seiner Strukturmerkmale einem „Virtuellen Netzwerk" nahe und das Multimedia-/IT-Netzwerk weist eher Merkmale einer „Community" auf. Bei einer Community handelt es sich um einen losen Kontakt unter Partnern, der sich im Falle einer konkreten Kooperation verdichten kann, jedoch im Wesentlichen dem Wissens- und Informationsaustausch dient (Howaldt/Klatt 2003). Das Virtuelle Unternehmen zeichnet sich durch seinen Ausschlag gebenden, unternehmungsübergreifenden Einsatz von Informationssystemen zur Vernetzung rechtlich unabhängiger Partner, den Verzicht auf die Institutionalisierung zentraler Managementfunktionen und durch lose Vereinbarungen anstelle umfangreicher Vertragsabsprachen aus (Sydow 1999; Kemmner/Gillessen 2000).

Zunächst sollen die Ziele und spezifischen Merkmale der Kooperationsnetzwerke kurz skizziert werden, um dem Leser einen Überblick über ihre Struktur und Koordination zu geben. Anschließend werden kritische Erfolgsfaktoren der Kooperationsnetzwerke bewertet und kommentiert, um im nächsten Schritt Anforderungen und Lösungswege der Wissensnutzung in den Kooperationsnetzwerken aufzuzeigen. Abschließend sollen hemmende und fördernde Faktoren der Koordination und der Wissensnutzung in Kooperationsnetzwerken kleiner und mittlerer Dienstleistungsunternehmen zusammenfassend dargestellt sowie der weitere Forschungsbedarf formuliert werden.

## 2. Kooperationsnetzwerke in der Beratungs- und Multimedia-/IT-Branche

In den betrachteten Kooperationsnetzwerken handelt es sich um freiwillige Zusammenschlüsse gleichberechtigter Partner wissensintensiver Dienstleister, deren zentrales Motiv die Bedienung des Marktes mit einem „umfassenden" Angebot aus einer Hand darstellt. Im Beraternetzwerk umfasst das Leistungsspektrum neben Beratungs- und Qualifizierungsangeboten auch praxisnahe Arbeitshilfen bis hin zu Analyse- und Evaluationsangeboten. Mit der Akquisition und Durchführung gemeinsamer Projekte versucht das Kooperationsnetzwerk der Multimedia-/IT-Dienstleister seine Außendarstellung zu verbessern und einen nachhaltigen Auftritt am Markt zu erzielen. Beide langfristig angelegten Kooperationsnetzwerke setzen sich aus rechtlich unabhängigen Partnern zusammen, die im Falle der Berater mit ca. 20 Mitgliedern von Kleinst-Unternehmen und Forschungsinstituten überwiegend aus dem Raum NRW stammen. Im Falle der Multimedia- und IT-Dienstleister gehören ca. 12 Mitgliedsunternehmen zum Kooperationsnetzwerk, deren Standorte vorwiegend um ein Technologiezentrum in der märkischen Region liegen.

### 2.1 Struktur und Koordination

Kooperationsnetzwerke können als „spin-off" eines bestehenden Netzwerkes oder eines sich auflösenden Netzwerkes entstehen, ebenso können vorausgehende erfolgreich abgeschlossene Projekte oder Erfolg versprechende Projektideen Impulsgeber zur Gründung eines neuen Kooperationsnetzwerkes sein. Zur weiteren Mitgliederwerbung greifen Initiatoren in erster Linie auf ein bestehendes personales Netzwerk zurück. Die Anzahl und Zusammensetzung der Partner reguliert sich innerhalb der Kooperation im Laufe der Zeit selbst.

Erste Ansprechpartner ergeben sich überwiegend aus bestehenden Kontakten aus dem näheren Umfeld. Bei Unternehmen gleicher Größe mit ähnlichen Interessen aus dem gleichen Tätigkeitsfeld liegt in erster Linie eine gemeinsame Kooperationsbasis vor. Zugleich basiert die Zusammenarbeit in beiden Kooperationsnetzwerken auf eingangs vereinbarter Spielregeln und der Orientierung an gemeinsamen Leitbildern.

Eine wichtige Rolle für den Erhalt dynamischer und fortlaufender Entwicklung in Kooperationsnetzwerken sind aktive Partner, die als Kern bzw. Motor der Netzwerkarbeit bezeichnet werden können und darüber hinaus eine persönliche und informelle Beziehungsebene intensiv untereinander pflegen. Um das Team der aktiven Partner bildet sich eine feste Struktur mit einem Kreis interessierter Teilnehmer, von denen einige in themenspezifischen, zeitlich begrenzten Arbeitskreisen mitwirken. Die Rolle des Kernteams darf nicht unterschätzt werden, denn das Kernteam übt bspw. im Rahmen der Partnerauswahlverfahren u. U. Managementfunktionen aus. Eine Festigung der Netzwerkstruktur und -arbeit, bspw. durch eine Vereinsgründung, gibt Netzwerken in schwierigen wirtschaftlichen Situationen Halt, d. h. die Institutionalisierung der Netzwerkstruktur dient dem Kooperationsnetzwerk als „Korsett", auf das es sich stützen kann.

Die laufende Abstimmung unter den Partnern und Weiterentwicklung der Kooperationsnetzwerke wird durch regelmäßige Treffen der einzelnen Gremien gewährleistet. Auf den Netzwerktreffen für alle Partner bzw. Mitgliederversammlungen wird von den Ergebnissen aus den Arbeitskreisen berichtet und neue Aufträge für die einzelnen Arbeitskreise werden vergeben. Darüber hinaus trifft sich das Kernteam in kürzeren regelmäßigen Abständen, um u. a. die strategische Orientierung, Kommunikationsprozesse und akquisitorischen Maßnahmen abzustimmen. Unterstützt wird der Informationsaustausch zwischen den Partnern durch Mailinglisten und technische Kommunikationsplattformen. Dennoch ist festzustellen, dass die Partner häufiger die direkte, oft bilaterale Kommunikation per Telefon, Fax oder Mail nutzen.

Regionale Unterstützung erhält v. a. der Verbund der Multimedia-/IT-Unternehmen durch seine Verankerung und Nähe zu einem Technologiezentrum, das als zentrale Informations-, Kommunikations- und Beratungsstelle dient. Kurze Wege fördern den informellen und kollegialen Austausch „zwischen Tür und Angel" und erleichtern die Durchführung gemeinsamer Projekte. Damit kann der zentrale Treffpunkt als „Schmelztiegel" für Kontaktanbahnungen und Sprungbrett für spätere Kooperationen bezeichnet werden.

Die Kooperationspartner im Netzwerk können durch die Anbindung an Forschungsinstitutionen und die damit verbundene Teilnahme an Transferveranstaltungen, wie Workshops und Lernlaboratorien, für die Netzwerkarbeit profitieren, Erfahrungen sammeln und Erkenntnisse gewinnen. Zu den Zielen dieser Netzwerk übergreifenden Veranstaltungen zählen zum einen die Diskussion grundlegender Fragen der Projektarbeit in einem erweiterten Expertenkreis und zum anderen der Wissensaustausch zwischen unternehmens- und branchenübergreifenden Akteuren.

Weiterhin wird im Rahmen der Kooperationsnetzwerke eine aktive Öffentlichkeitsarbeit unter Zuhilfenahme von Informationsbroschüren, Internet- und Messeauftritten sowie Veröffentlichungen betrieben.

## 2.2   Kritische Erfolgsfaktoren

Zahlreiche Anforderungen an die Kooperation in Netzwerken beginnen bereits bei der Auswahl und Zusammensetzung der Partner und setzen sich bei den laufenden Abstimmungsprozessen über verteilte Standorte fort.

Spezifische Probleme sind gleich zu Beginn der Netzwerkgründung bei der Partnerauswahl erkennbar. Sie stellen eine hohe Anforderung an die Initiatoren der Kooperationsnetzwerke. Bestehende Kontakte und zufällig angesprochene Kooperationspartner aus der Region und dem nahen Geschäftsumfeld vervollständigen die Konstellation der Partner. Größenunterschiede und damit implizierte Machtunterschiede unter den Partnern erschweren die Durchführung gemeinsamer Projekte und müssen frühzeitig erkannt werden.

Unterschiedliche, individuelle Interessen der Partner an der Teilnahme eines Kooperationsnetzwerkes sind zu differenzieren und zu gewichten. Es können Partner beteiligt sein, die insbesondere ihre Existenzsicherung durch die zusätzliche Durchführung bilateraler Projekte im Blickfeld haben. Andere verfolgen eher persönliche Interessen, wie Aufbau von Reputation oder Karriere und konzentrieren sich auf die Erfüllung dieser Ziele. Eine dritte Gruppe kann vorwiegend daran interessiert sein, ihre Kompetenzen und Geschäftsfelder zu erweitern. Diese drei beispielhaft genannten Interessen und Motive können bei den jeweiligen Partnern mit unterschiedlicher Gewichtung für die Teilnahme an einem Kooperationsnetzwerk ausschlaggebend sein. Schließlich kann die unterschiedliche Motivationslage der einzelnen Partner zu Missverständnissen bei Zielabsprachen und in der gemeinsamen Arbeit führen. Das Problem der „Trittbrettfahrer" kann auftreten, so lange eine Verbindlichkeit zur aktiven Mitarbeit im Netzwerk fehlt und es sich um einen freiwilligen Zusammenschluss von Interessierten handelt, wodurch die Ausübung von Ausschlusskriterien interessierter Partner nicht gerechtfertigt ist.

Relativ lose formulierte Vereinbarungen, die die Bereitschaft zur Teilnahme an der Kooperation in Netzwerken schriftlich festhalten, indizieren keinerlei Verbindlichkeit zur aktiven Mitgestaltung. Ein langfristiges Fortbestehen eines Kooperationsnetzwerkes kann durch die Schaffung einer größeren Regelhaftigkeit und Verbindlichkeit für die einzelnen Mitglieder gegenüber der Netzwerkarbeit gesichert werden. Diese Verbindlichkeit kann durch die Institutionalisierung der Netzwerkstruktur gestärkt werden und darüber hinaus durch die Einführung von Mitgliedsbeiträgen den Handlungsspielraum eines Netzwerkes erweitern. Die Einführung von Mitgliedsbeiträgen benötigt jedoch eine eindeutige Zustimmung der Partner. Knappe personelle und zeitliche Ressourcen können ebenso dazu führen, dass Kleinst-Unternehmer sich aus der laufenden Netzwerkarbeit herausziehen und aktiv ihren operativen Geschäftstätigkeiten nachgehen müssen.

Darüber hinaus erhöhen verteilte Unternehmensstandorte aufgrund ihrer geographischen Entfernung den Kommunikations- und Koordinationsaufwand unter den Partnern. Gemeinsame öffentliche Auftritte (z. B. Informationsveranstaltungen, Messe- und Ausstellungsbesuche etc.) fördern den Zusammenhalt und steigern den Bekanntheitsgrad des Kooperationsnetzwerkes. Die angesprochene Kommunikation unter den Partnern wird durch Internetforen oder reine Datenbanken unterstützt, kann jedoch nicht ausreichend gefördert werden, wenn die persönliche Beziehung zwischen den Partnern auf Grund ausschließlicher elektronischer Kommunikation zu kurz kommt. Erst die direkte, oftmals bilaterale („face-to-face") Kommunikation bildet den Grundstein einer gemeinsamen konkreten Kooperation. Des Weiteren erfordern technische Datenbanken und Internetforen eine nicht zu unterschätzende, ständige Pflege und aufwendige Aktualisierung.

## 3. Anforderungen und Lösungswege der Wissensnutzung in den Kooperationsnetzwerken

Die Wissensnutzung in Kooperationsnetzwerken beschreibt den system- und organisationsübergreifenden Umgang mit der Ressource „Wissen" mit dem Ziel, die Wettbewerbsfähigkeit der Mitglieder zu steigern. Auch hier können auf der Basis der Ergebnisse der Evaluation spezifische Anforderungen an die Wissensnutzung in Kooperationsnetzwerken benannt werden. Am Beispiel der Kooperationsnetzwerke in der Multimedia-/IT- und Beratungsbranche stellen sich die Formalisierung und der Transfer des Erfahrungswissens als ein schwer lösbares Problem dar. Allein die reine Informationsweitergabe und Dokumentenübertragung ist schwierig und an verschiedene Bedingungen und Aufwendungen gebunden. Betriebliche Methoden des Wissenstransfers, wie z. B. De-Briefing, Lessons Learned und Mentoring-Modelle, sind auf der gesamten Netzwerkebene nur bedingt und mit großem Aufwand anwendbar, da sie auf zeitliche und örtliche Erfahrungszusammenhänge sowie die Kultur der einzelnen Unternehmen zugeschnitten sind. Die Einrichtung unternehmensbergreifender Arbeitskreise und die Durchführung gemeinsamer Pilotprojekte kann diese Diskrepanz überbrücken.

In den Kooperationsnetzwerken wurden Tools zur Förderung der wissensintensiven Zusammenarbeit entwickelt, die insbesondere den Austausch vereinfachen, unterstützen und fördern sollen. Zur ersten Orientierung und Transparenz im Netzwerk wurden „gelbe Seiten" veröffentlicht, die das Kompetenzprofil jedes einzelnen Partners widerspiegeln. Eine ähnliche Funktion hat die „Produktmatrix" des Beraternetzwerkes. Hier kann nachgelesen werden, wer was macht und welche Ansprechpartner zur Verfügung stehen. In einem zweiten Schritt wurden kommunikationstechnische Hilfsmittel (wie Datenbanken bscw und sharepoint) eingeführt, die den regen und kontinuierlichen Austausch von Informationen und Erfahrungen unter den Partnern ermöglichen. Gleichzeitig dienen Internetdatenbanken zur zentralen Ablage von Dokumenten und zur Bereitstellung aktueller Informationen. Partnertreffen werden mit Workshops und internen Schulungen verbunden, auf denen u. a. die Kollegiale Fallberatung[1] erprobt wurde. Regelmäßige Unternehmertreffen an einem zentralen Ort (sog. „Unternehmerfrühstück" oder „Wissenskneipe") fördern den informellen Informations- und Erfahrungsaustausch unter den Partnern und einem erweiterten Kreis und lassen neue Kontakte entstehen. Die wechselseitige Weiterqualifizierung wird durch Mitarbeiteraustausch zwischen Kooperationspartnern und der Einrichtung einer gemeinsamen Ausbildungsstelle begünstigt.

Hinsichtlich der Erprobung der Tools zur Wissensnutzung in Netzwerken lässt sich feststellen, dass die effektive Nutzung und effiziente Anwendbarkeit der Tools noch erhebliche Defizite aufweist. Dies gilt insbesondere für die Anwendungsbereiche zur Identifikation und Selektion relevanter Wissensträger bzw. -bestände sowie des kontextbezogenen Wissenstransfers. Darüber hinaus „scheitert die Wissensnutzung oftmals nicht am System, sondern in den Köpfen der Teilnehmer", stellte der Geschäftsführer eines IT-Unternehmens und Partner des Multimedia-/IT-Kooperationsnetzwerkes fest. Eine fortlaufende Erprobung und Weiterentwicklung angewandter Methoden der Wissensnutzung wird verfolgt.

Als Zwischenergebnis wurden in diesem Zusammenhang u. a. folgende Anforderungen an eine effiziente Wissensnutzung in Kooperationsnetzwerken formuliert:

- Instrumente der Wissensnutzung sollten kritische Bereiche abdecken und nur relevantes, kontextgebundenes Wissen bereitstellen, da Wissen nur im Kontext von Erfahrung relevant und nutzbar wird. D. h. aufgrund der Kontextabhängigkeit von Wissen ist die Definition gemeinsam benötigter Wissensbestände und gemeinsamer Ziele notwendig. Dies setzt folglich neben

---

[1] Hierbei handelt es sich um ein Führungs- und Kooperationsinstrument, das die Leistungsfähigkeit und Persönlichkeitsentwicklung durch gemeinsame Problembearbeitung fordert und fördert (Galler u. a. 2001).

einem gemeinsamen Verständnis zentraler Begriffe auch die Dokumentation neu gewonnenen Wissens voraus.

- Die Bereitschaft zum Wissenstransfer bzw. –austausch erfordert u. a. motivierende und formale Rahmenbedingungen, da der Wissenstransfer generell risikoreich und an Personen gebunden ist.

- Um einen „Datenfriedhof" bzw. „Datenmüll" infolge der Dynamik des Wissens zu verhindern, ist der Aufbau einer unternehmensübergreifenden Ressource zur Datenpflege und Informationsselektion erforderlich.

## 4. Resümee und Ausblick

Mit Hilfe der durchgeführten Evaluation der Kooperationsnetzwerke konnten Erkenntnisse in Hinblick auf kritische Erfolgsfaktoren und weitere konkrete Handlungsbedarfe der Koordination in Kooperationsnetzwerken gewonnen werden. Die weitere Forschung und Entwicklung zur Förderung der Wissensnutzung in wissensintensiven Kooperationsnetzwerken sollte an folgenden zentralen Problemen und Anforderungen ausgerichtet sein:

- Erstens besteht nach wie vor das Kernproblem der mangelnden Transparenz bzw. des fehlenden Überblicks über die Wissens- und Erfahrungspotenziale innerhalb der Kooperationsnetzwerke. Hierdurch wird nicht für jedes Netzwerkmitglied unmittelbar ersichtlich, wo die vorhandenen Erfahrungs- und Wissensbestände innerhalb des Kooperationsnetzwerkes lokalisiert sind und welche fehlenden Kompetenzen noch benötigt werden und evtl. außerhalb des Kooperationsnetzwerkes rekrutiert werden müssen. Dieses Problem wird nicht zuletzt durch Faktoren wie die laufende Anhäufung von Daten („Datenmüll"), den Wechsel von Netzwerkmitgliedern und Ansprechpartnern („Fluktuation") sowie die egozentrische Einstellung und Handlungsweise einzelner Netzwerkmitglieder („Bereichs- und Fachblindheit") verursacht. Somit entsteht in diesem Zusammenhang weiterhin der konkrete Bedarf an Instrumenten zur Identifikation relevanter Kompetenz-/ Erfahrungsträger (insbesondere Methoden der direkten „face-to-face" Kommunikation) sowie an Verfahren zur Identifikation von fehlenden Kompetenzen (insbesondere der Entwicklung geeigneter Kriterien der externen Rekrutierung).

- Zweitens besteht innerhalb der Netzwerke der immanente Widerspruch von Kooperation und Konkurrenz zwischen den beteiligten Netzwerkpartnern. Dieses Spannungsfeld kann unmittelbar in der Arbeitsorganisation zu Blockaden und damit zu kontraproduktiven Effekten führen, die mitunter durch Faktoren, wie „standortbezogene Präferenzen", „strukturelle Egoismen" und „Karrieredenken" verstärkt werden. Hierbei ergibt sich auf der zwischen- und überbetrieblichen Ebene der Bedarf, verbindliche Normen der Zusammenarbeit und des Umgangs weiterzuentwickeln und sie auch innerhalb der einzelnen Unternehmen bzw. Mitgliederorganisationen zu etablieren („strategische Verankerung").

- Drittens ist das grundsätzliche Problem des überhöhten Effizienzdrucks (insbesondere durch Zeitmangel und Kostendruck) bei den zumeist kleinen Unternehmen hervorzuheben. Diesen Netzwerkmitgliedern fehlt es oftmals an Zeit- und Personalressourcen, um sich außerhalb ihres alltäglichen Kerngeschäfts regelmäßig bei den Netzwerkaktivitäten zu engagieren und aktiv einzubringen. Dadurch besteht die Gefahr der fehlenden Nachhaltigkeit und Effektivität beim Übergang von der Einzelorganisation zum gesamten Netzwerk. Der Bedarf, ausreichend Zeit und Raum zum Austausch, Lernen und Ausprobieren zu schaffen, stellt sich als eines der ungelösten Probleme und damit als schwierigste Anforderung dar.

- Schließlich besteht ein zentrales Problem in der Dynamik von Fachwissen, d. h. das einmal innerhalb und außerhalb von Netzwerken gewonnene Wissen ist nicht nur an bestimmte Experten gebunden, sondern situationsabhängig und verändert sich im Zuge neuer Anforderungen fortlaufend. Dies hat zur Folge, dass der Wissenserwerb, das Lernen und die Aus- und Weiterbildung weniger an der reinen Akkumulation von Spezialwissen ausgerichtet werden können, sondern grundsätzlich in Hinblick auf allgemeine Problemlösungsfähigkeit ansetzen sollten. Demnach besteht hier Entwicklungsbedarf insbesondere im Bereich der Ausbildung.

## Literatur

Galler, K./Kopp, R./Vonesch, L. (2001): Kollegiale Fallberatung in der betrieblichen Praxis. In: Personal, Heft 2, S. 22 - 27

Howaldt, J./Kopp, R./Flocken, P. (Hg.) (2001): Kooperationsverbünde und regionale Modernisierung. Theorie und Praxis der Netzwerkarbeit, Wiesbaden

Howaldt, J./Klatt, R. (2003): Netzwerke des Wissens – Kooperationen im Kontext von Beratungs- und IT-/Multimediaunternehmen. In: Hirsch-Kreinsen, H./Wannöffel, W. (Hg.): Netzwerke kleiner und mittlerer Unternehmen. Praktiken und Besonderheiten internationaler Zusammenarbeit, Berlin, S. 133 - 150

Howaldt, J./Klatt, R./Kopp, R. (2003): Interorganisationales Wissensmanagement in wissensintensiven Netzwerken. In: profile, Internationale Zeitschrift für Veränderung, Lernen, Dialog, Heft 6, S. 36 - 41

Kalkowski, P. (2004): Wissensarbeit lässt sich nicht standardisieren. In: Mitbestimmung, Heft 3, S. 56 - 59

Kemmner, G.-A./Gillessen, A. (2000): Virtuelle Unternehmen. Ein Leitfaden zum Aufbau und zur Organisation einer mittelständischen Unternehmenskooperation, Heidelberg

North, K./Romhardt, K./Probst, G. (2000): Wissensgemeinschaften: Keimzellen lebendigen Wissensmanagements. In: io Management, Jg. 69, Heft 7/8, S. 52 - 63

Risch, W. (Hg.) (2001): Merkmalskatalog Kooperationsanbahnung. Kooperationsvoraussetzungen und –ziele von kleinen und kleinsten wissensintensiven Dienstleistungsunternehmen (Mikrounternehmen). Schriftenreihe ATB Chemnitz

Sydow, J. (Hg.) (1999): Management von Netzwerkorganisationen. Beiträge aus der „Managementforschung", Wiesbaden

# Verzeichnis der Autoren und Herausgeber

**Bernd Benikowski, Dr.**

>ist Geschäftsführer des TZZ – TrainingsZentrumZeitarbeit, **benikowski@t-z-z.de**

**Kurt-Georg Ciesinger**

>ist Geschäftsführer der gaus gmbh – medien bildung politikberatung, **ciesinger@gaus.de**

**Stefan Dietlein**

>ist Geschäftsführer der Xploit und Experte für Knowledge Management Implementierungen bei Arthur D. Little
>**dietlein.stefan@adlittle.com**

**Gerhard Fatzer, Prof. Dr.**

>ist Leiter TRIAS, Institut für Supervision und Organisationsentwicklung, **trias.ch@active.ch**

**Peter Heisig, Dr.**

>ist Abteilungsleiter beim Competence Center Wissensmanagement, Fraunhofer Gesellschaft, **peter.heisig@ipk.fhg.de**

**Pascale Holmgren**

>ist wissenschaftliche Mitarbeiterin am Lehrstuhl Wirtschafts- und Industriesoziologie der Universität Dortmund,
>**p.holmgren@wiso.uni-dortmund.de**

**Jürgen Howaldt, PD Dr.**

>ist Geschäftsführender Direktor des Landesinstituts Sozialforschungsstelle Dortmund (sfs) und Privatdozent der Universität Bremen, **howaldt@sfs-dortmund.de**

**Rüdiger Klatt, Dr.**

ist wissenschaftlicher Projektleiter am Lehrstuhl für Soziologie, insbesondere Arbeitssoziologie der Universität Dortmund, und bei der gaus gmbh – medien bildung politikberatung GmbH, **klatt@gaus.de**

**Ralf Kopp, Dr.**

ist Koordinator des Forschungsbereiches „Organisationsentwicklung und Beratung in der Netzwerkökonomie" des Landesinstitutes Sozialforschungsstelle Dortmund, **kopp@sfs-dortmund.de**

**Maciej Kuszpa**

ist Geschäftsführer von Peperoni Mobile & Internet Software GmbH, **kuszpa@peperoni.de**

**Peter Le**

ist wissenschaftlicher Mitarbeiter am Lehrstuhl Wirtschafts- und Industriesoziologie der Universität Dortmund, **p.le@wiso.uni-dortmund.de**

**Fredmund Malik, Prof. Dr.**

ist Verwaltungspräsident des Malik Management Zentrums St. Gallen, **fredmund.malik@mzsg.ch**

**Ursula Schneider, Prof. Dr.**

Universität Graz, Institut für Internationales Management, **ursula.schneider@uni-graz.at**

**Sabina Schoefer, Dr.**

ist Mitglied der bbh-Beratergruppe, **schoefer@vossnet.de**

**Patricia Spallek, Dr.**

ist Leiterin im Bereich Wissensmanagement bei Arthur D. Little International, **spallek.p@adlittle.com**

Verzeichnis der Autoren und Herausgeber

**Torsten Strulik, PD Dr.**

ist Privatdozent an der Fakultät für Soziologie der Universität Bielefeld, Fakultät für Soziologie, **torsten.strulik@uni-bielefeld.de**

**Sigita Urdze**

ist wissenschaftliche Mitarbeiterin am Lehrstuhl für Soziologie, insbesondere Arbeitssoziologie der Universität Dortmund, **sigita.urdze@uni-dortmund.de**

**Marion A. Weissenberger-Eibl, Prof. Dr.**

ist Inhaberin des Lehrstuhls Innovations- und TechnologieManagement an der Universität Kassel, Fachbereich Wirtschaftswissenschaften, **marion@weissenberger-eibl.de**

**Uwe Wilkesmann, Prof. Dr.**

ist apl. Professor für Organisationssoziologie an der Ruhr-Universität Bochum, Fakultät für Sozialwissenschaft, Sektion für Sozialpsychologie, **uwe.wilkesmann@ruhr-uni-bochum.de**

# Deutscher Universitäts-Verlag
Ihr Weg in die Wissenschaft

Der Deutsche Universitäts-Verlag ist ein Unternehmen der GWV Fachverlage, zu denen auch der Gabler Verlag und der Vieweg Verlag gehören. Wir publizieren ein umfangreiches wirtschaftswissenschaftliches Monografien-Programm aus den Fachgebieten

- ✓ Betriebswirtschaftslehre
- ✓ Volkswirtschaftslehre
- ✓ Wirtschaftsrecht
- ✓ Wirtschaftspädagogik und
- ✓ Wirtschaftsinformatik

In enger Kooperation mit unseren Schwesterverlagen wird das Programm kontinuierlich ausgebaut und um aktuelle Forschungsarbeiten erweitert. Dabei wollen wir vor allem jüngeren Wissenschaftlern ein Forum bieten, ihre Forschungsergebnisse der interessierten Fachöffentlichkeit vorzustellen. Unser Verlagsprogramm steht solchen Arbeiten offen, deren Qualität durch eine sehr gute Note ausgewiesen ist. Jedes Manuskript wird vom Verlag zusätzlich auf seine Vermarktungschancen hin geprüft.

Durch die umfassenden Vertriebs- und Marketingaktivitäten einer großen Verlagsgruppe erreichen wir die breite Information aller Fachinstitute, -bibliotheken und -zeitschriften. Den Autoren bieten wir dabei attraktive Konditionen, die jeweils individuell vertraglich vereinbart werden.

Besuchen Sie unsere Homepage: *www.duv.de*

Deutscher Universitäts-Verlag
Abraham-Lincoln-Str. 46
D-65189 Wiesbaden